An Weihnachten machen wir uns alle Jahre wieder auf, um unsere Liebsten zu sehen. Meist ist schon die Anreise nervenzehrend, wenn zeitgleich gefühlt die halbe Republik unterwegs ist. Daheim angekommen, wird es nicht besser – davon erzählen diese Geschichten. Wir begegnen einer genervten Mutter, die sich dem Fest gänzlich verweigert; einem experimentierfreudigen Vater, der sich einen Joint wünscht und ihn bekommt; konservativen Kindern, denen Traditionen wichtiger sind als ihren Eltern; angespannten Partnern, die das erste Mal auf die bucklige Verwandtschaft ihrer besseren Hälfte treffen; und einem vergessenen Jugendschwarm, der an Weihnachten unvermittelt im Krankenhaus auftaucht. Wären doch alle Überraschungen so gelungen!

Dietmar Bittrich, Jahrgang 1958, lebt in Hamburg. Er gewann den Hamburger Satirikerpreis und den Preis des Hamburger Senats. Für Rowohlt gibt er seit 2012 die Weihnachtsanthologie mit Geschichten rund um die bucklige Verwandtschaft heraus.

Dietmar Bittrich (Hg.)

Die bucklige Verwandtschaft –
Driving Home for Christmas

Rowohlt Taschenbuch Verlag

Originalausgabe
Veröffentlicht im Rowohlt Taschenbuch Verlag,
Reinbek bei Hamburg, November 2017

Umschlaggestaltung ZERO Media GmbH, München
Umschlagabbildung Patrick Wirbeleit
Satz aus der Adriane
Gesamtherstellung CPI books GmbH, Leck, Germany
ISBN 978 3 499 63316 4

Inhalt

Tobias Haberl

Die Weihnachtsverweigerin

Wenn es anfängt, frischer zu werden, also Ende August, Anfang September, kurz bevor in den Tchibo-Filialen die Thermounterwäsche ausliegt, geht bei meiner Mutter der Stress los. Dann überlegt sie Tag und Nacht, was sie diesmal verändern oder weglassen könnte, damit an Heiligabend ja keine feierliche Stimmung aufkommt, und je näher Weihnachten rückt, desto angespannter wird sie, weil sie so viele Ideen hat, wie sie es dieses Jahr hinkriegen könnte, die Adventszeit und vor allem den Jahrestag der Geburt Jesu Christi so gewöhnlich ablaufen zu lassen, als handele es sich um einen verregneten Dienstagnachmittag im März.

Warum sie das macht?

Wir wissen es nicht, aber wir glauben, dass es mit einer Art beginnender Unlust zu tun hat, sich den Konventionen des Lebens anzupassen. Als Mädchen war sie auf einem Klosterinternat; sie hat Bratsche gespielt, in einem Stockbett geschlafen, heimlich die Türklinke der Oberschwester mit Honig eingeschmiert und ihr Taschengeld bis zu dem Tag gespart, an dem sie mein Vater gefragt hat, ob sie ihn heiraten wolle, da war sie achtzehn.

Sie ist so seltsam, so zurückhaltend, ich kann mir nicht vorstellen, dass sie sich jemals einem Mann hingegeben hat, auf der anderen Seite gibt es ja mich, es muss also doch mal passiert sein. So oder so, sie hat gedient, gekocht, gewartet und auch sonst ein gottesfürchtiges Leben geführt, und jetzt ist sie 57 und mag nicht mehr. Es ist eine Art zweite Pubertät, eine Rebellion gegen das Leben, wie es nun mal ist, wenn man in einer Kleinstadt in Bayern lebt, in einem großen Haus am Waldrand mit Terrasse und einer Garage, in der, vorausgesetzt, man kann gut einparken, drei Autos nebeneinander Platz haben.

Es geht ihr nicht darum, Weihnachten vom Kitsch zu befreien, das wäre ihr zu sentimental. Meine Mutter ist nicht sentimental. «Ihr mit eurem süßlichen Getue», das sagt sie oft.

Vor zwei Jahren hat sie das Jesuskindlein aus der Krippe genommen und kommentarlos als Kaminanzünder verwendet. Man muss dazu sagen, dass der kleine Jesus zierlich und aus Holz war und erstaunlich schnell Feuer fing; völlig unlogisch war die Sache also nicht, aber der Reihe nach.

Vor ein paar Jahren ging es los. Als Erstes mussten ihr Spritzgebäck, ihre Zimtsterne und Lebkuchen dran glauben.

«Seid mir nicht böse», sagte meine Mutter an einem Freitag im September, «aber dieses Jahr backe ich keine zehn Sorten mehr.» Der Stress und überhaupt, das sei doch alles ungesund, und sie wisse ja nicht, wie es uns gehe, aber sie bekomme Sodbrennen von dem klebrigen Zeug.

«Wovon sprichst du?», fragte ich.

«Keine zehn Sorten mehr», sagte sie und lenkte den tannengrünen Mercedes in unsere Einfahrt. Das sei doch dekadent, da könne sich ja kein Mensch entscheiden.

«Mama, alles gut?», fragte ich.

Zehn Sorten würden auch gar nicht dem Zeitgeist entsprechen. Weniger, langsamer, bewusster, das lese man überall, man könne doch auch Butterkekse aus der Dose essen oder sich – vorausgesetzt, man habe überhaupt Hunger, denn auch das müsse ja nicht sein, wenn man ordentlich gefrühstückt habe – ein Spiegelei braten.

Es gab dann schon noch Plätzchen, aber nur noch Makronen, ein Jahr später gab es überhaupt keine mehr. Anfangs vermisste ich sie, nicht den Geschmack, ich mag eigentlich keine Plätzchen, ich vermisste eher die Tatsache, dass es welche gab, die Gewissheit, dass in den alten Blechdosen meiner Oma, die auf der hölzernen Wendeltreppe zum Speicher gestapelt waren, Süßigkeiten lagerten.

Meine Mutter – das muss an dieser Stelle gesagt werden – ist ein reizender, aber verwirrender Mensch mit einer Vorliebe für absurde Ideen. Sie findet ihre Ideen nicht absurd, eher hilfreich, manchmal auch praktisch, was sie nur noch absurder macht. Im Vergleich zu meiner Mutter war Dalí ein naturalistischer Landschaftsmaler, so absurd sind ihre Ideen. Sie ist die angesehenste Frau der Stadt, die Menschen sagen Frau Doktor zu ihr, dabei ist sie gar kein Doktor, und das hindert sie nicht daran, seit Jahren meine alten Metal-T-Shirts anzuziehen. Darauf sind Totenschädel und umgedrehte Kreuze zu sehen, schreckliche Dinge, die einen heimsuchen, wenn man nachts nicht schlafen kann, aber das stört sie nicht.

«Die sind wie neu», sagt sie, «und passen mir wie angegossen.»

Die Menschen schauen sie irritiert an, wenn sie durch die Straßen zum Metzger spaziert.

«Was glotzen die so?», hat sie mich mal gefragt.

«Ich weiß es nicht, Mama», habe ich geantwortet, «ich weiß es wirklich nicht.»

Neulich hat sie einen Perserteppich für unser Wohnzimmer gekauft, handgeknüpft, aus Ghom-Seide, ein orientalischer Traum. Es dauerte zwei Tage, da lag ein altes Bettlaken drüber.

«So ist es besser», sagte sie, «so bleibt er wie neu.»

Ich erinnere mich an eine Zeit, da ragten Blumen aus schlanken asiatischen Vasen. Lange her. Sie ragten dann noch ein paar Jahre aus Mineralwasserflaschen, irgendwann gab es keine mehr.

«Warum Blumen kaufen, wenn man sie auch googeln kann?», sagte sie und sah mich mit einem Blick an, der mir das sichere Gefühl gab, dass sie recht hatte und ich nur nicht clever genug war, um sie zu verstehen.

Meine Mutter hat viel Geld – wie sonst könnte sie sich einen Perserteppich kaufen? –, aber die größte Freude hat sie an Gegenständen, die sie nicht gebrauchen muss, die sich nicht abnutzen.

Viele Leute zeigen ihren Reichtum her, meine Mutter versteckt ihn, sogar vor sich selbst. Ihr Keller ist voller Antiquitäten, die damit beschäftigt sind, so gut wie möglich erhalten zu bleiben, während ihr Haus mit IKEA-Möbeln vollgestellt ist. Die sind zwar nicht schön, dafür haben sie Namen. Ihr Bett heißt Malm.

Früher war das Schönste an Weihnachten die Zeit davor: Wenn ich beim Einschlafen an das Piratenschiff von Playmobil dachte, das ich zwischen den Apfelkisten im Keller entdeckt hatte, wenn ich die Teigschüssel ausschlecken und mit meinem Vater frühmorgens durch den eisigen Wald stapfen durfte, um Moos für die Krippe zu sammeln. Ganz wichtig war, dass wir am Ende verschiedene Moossorten im Körbchen liegen hatten, Birnmoos, Kranzmoos, Quellmoos, Goldhaarmoos.

«Nur so sieht es echt aus», sagte mein Vater immer.

Wenn wir zurückkamen, hatte meine Mutter jedes Mal ein Räuchermännchen angezündet, und es duftete im ganzen Haus nach Zimt und Äpfeln, von irgendwoher kam leise Musik. Es waren glückliche Jahre. Ich wurde reich beschenkt, ich durfte Kinderpunsch trinken und so tun, als sei ich betrunken, und immer wenn die geizigen Tanten mit meinen Cousins und Cousinen anrückten, versteckten wir die Hälfte der Geschenke im Keller.

«Damit sie nicht neidisch werden», meinte mein Vater.

Und dann fing meine Mutter an, das schöne Fest immer weiter zurechtzustutzen, als sei Weihnachten ein Hippie, der dringend zu einem Internatsschüler gemacht werden muss. Sie machte es weniger opulent, weniger feierlich, weniger süßlich. Es war, als wolle sie das ganze Fest abschaffen, das feierliche Getue, die beseelten Mienen, das sehnsüchtige Warten, dieses alljährlich wiederkehrende Warten.

«Irgendwie ist es immer das Gleiche», sagte sie eines Tages. Man wisse jedes Mal schon vorher, was als Nächstes komme, die Kirche, das Essen, das Singen, die Bescherung und so weiter. Im Kino würde man in so einem Fall sein Geld zurückverlangen. Sie auf jeden Fall würde das tun.

Vor ein paar Jahren erwischte es die ersten Hirten. «Diese riesige Krippe», jammerte sie. Ob es nicht auch eine Nummer kleiner gehe, dann bräuchte man auch nicht so viel Moos, das bringe eh nur Ungeziefer ins Haus. Am Ende einigten wir uns auf einen Kompromiss: Drei Hirten und ein Kamel mussten gehen, dafür durften die Heilige Familie, die Heiligen Drei Könige und ein paar Schafe bleiben. Im Jahr darauf stand nur noch Melchior vor dem Stall, wieder ein Jahr später landete Jesus im Kamin, und danach machte es irgendwie keinen Sinn mehr, an dieser schönen Tradition festzuhalten. Eine Krippe ohne Jesuskind wäre wie ein *James Bond*-Film ohne James Bond, man kann das schon machen, aber irgendwas fehlt.

Irgendwann wollte sie nichts mehr geschenkt bekommen. Sie habe doch alles, und ja, das stimmt, sie hat sogar eine beleuchtete Pfeffermühle, aber geschockt waren wir trotzdem. Weihnachten ohne Jesuskind, daran hatten wir uns fast gewöhnt, aber ohne Geschenke – das durfte nicht sein.

«Wehe, einer von euch schenkt mir was», drohte sie noch am Vorabend.

Als mein Vater versuchte, sich ihrem Willen zu widersetzen und ihr eine wirklich hübsche Kette um den Hals legte, war sie eine Woche lang eingeschnappt, und als er es im Jahr darauf mit einem Taschenbuch probierte, sagte sie: «So, das habt ihr jetzt davon, dass mich keiner respektiert, im nächsten Jahr gibt es keinen Baum mehr.»

«Okay», meinte mein Vater, «vielleicht sollten wir Weihnachten mal woanders verbringen, in der Karibik oder auf den Malediven unter Palmen?»

«Sehe ich aus wie eine Arzthelferin?», spottete sie und strafte meinen Vater mit Verachtung.

Früher hatten wir zusammen am Tisch gesessen, Kerzen brannten, die sich in den roten Christbaumkugeln spiegelten, es gab Bratwürste und gekochtes Schweinefleisch und selbstgemachtes Sauerkraut, manchmal spielte meine Mutter Weihnachtslieder auf der Bratsche, und ich summte leise mit – und jetzt: gab es also nicht mal mehr einen Weihnachtsbaum. Was denn so ein Baum mit der Geburt Jesu zu tun habe, fragte sie, und wir wussten es auch nicht, und damit hatte sich die Sache erledigt.

Im letzten Jahr saßen wir dann da, ohne Plätzchen, ohne Baum, ohne Geschenke, sogar ohne meine Cousins und Cousinen, die inzwischen eigene Kinder und eigene Weihnachtsbäume hatten und in Nordrhein-Westfalen oder Thüringen lebten, so genau weiß ich das nicht. Wir saßen am Tisch, mein Vater, meine Mutter und ich, und nichts, wirklich nichts erinnerte daran, dass Weihnachten war. Ich machte mir eine Schüssel Cornflakes, draußen schien die Sonne, mein Vater versuchte vergeblich, eine E-Mail an seinen Bruder zu schreiben, meine Mutter bügelte ihr Metallica-T-Shirt. Es wurde drei, es wurde vier, ich hörte Kirchenglocken, es wurde fünf, es wurde sechs. In den anderen Häusern gingen die Lichter an. Es war unheimlich still.

«Wir sollten einen Spaziergang machen», sagte meine Mutter.

Und weil es wirklich nichts anderes zu tun gab, zogen wir unsere Jacken an – gegen Abend war es frischer geworden –, setzten uns in den tannengrünen Mercedes und fuhren raus aus der Stadt. Wir stellten den Wagen in der Nähe des Flusses ab, es war inzwischen vollkommen dunkel, das Wasser rauschte und glitzerte silbern. Wir stapften durch den Wald, Äste knackten, die Bäume standen still und mächtig. Nach einer halben Stunde fielen die ersten Regentropfen.

«So ein Mist», sagte meine Mutter. «Jetzt fängt es auch noch an zu regnen. Schnell zurück zum Auto.»

Wir zogen uns die Jacken über den Kopf, nahmen uns an den Händen und rannten los. Der Regen wurde heftiger, wir waren schon ganz nass, und das Auto war immer noch nicht in Sicht.

Wir rannten und rannten, als der Regen auf einmal nachließ. Wir hielten an, schauten nach oben in den Himmel und sahen erste zarte Schneeflocken durch das Dunkel treiben. Sie landeten in unseren Haaren und auf unseren Nasenspitzen, erst lösten sie sich auf, dann wurden sie dichter und dicker und blieben liegen. Als wir beim Auto ankamen, war alles um uns herum weiß. Es war, als würde die Schneedecke die Nacht erhellen. Wir waren ganz allein. Die Welt sah friedlich aus. Irgendwo bellte ein Hund.

Wir schüttelten uns den Schnee von den Schultern und

stiegen ein. Meine Mutter startete den Motor, das Radio sprang an, es lief *Driving Home for Christmas* von Chris Rea. Wir fuhren durch die Nacht, ganz langsam, keiner sagte ein Wort, die Scheibenwischer schaufelten den Schnee nach links und nach rechts.

«Frohe Weihnachten», sagte ich, als das Lied zu Ende war.

«Frohe Weihnachten», sagte mein Vater.

«Frohe Weihnachten», sagte meine Mutter und lachte und wischte sich eine Träne aus dem Auge.

Paul Bokowski

Staubi – allein zu Haus

Dezember
Zum ersten Mal seit drei Jahren verbringe ich Weihnachten in der analogen Heimat. In der *noch* analogen Heimat. Mutter hat Vater einen Intensivkurs für die Volkshochschule Büttelborn geschenkt: *Ruhestand 2.0 – Eine sehr späte Einführung in das digitale Zeitalter*. Ein erstaunlich treffsicheres Geschenk für einen Mann, der noch immer jedes Mal an den Anfang einer Webseite zurückscrollt, bevor er das Browserfenster wieder zumacht. Das Faltblatt der zweiwöchigen Fortbildung glänzt durch Wortspiele, die zweifelsohne in einem Anfängerkurs für angehende Werbetexter erarbeitet wurden.

«Backen oder Backup? – Was Sie über Googlehupf und EiCloud wissen müssen»

«Tinderüberraschung – Gleitsicht und Weitsicht beim Online-Dating»

«Appstellgleis, nein danke! – 5 Apps gegen Einsamkeit im Alter»

Den abschließenden QR-Code und die Formulierung *«Weitere Informationen finden Sie online unter ...»* empfinde ich zwar als höhnisch, beglückwünsche Vater aber zum Anbruch seines digitalen Lebensalters. Er scheint weniger begeistert davon zu sein, sich zwei Wochen lang mit alten Menschen und neuen Technologien beschäftigen zu müssen. Was wir in erster Linie daran erkennen, dass er nur noch mürrische Brummgeräusche von sich gibt, die entfernt an ein altes 56k-Modem erinnern.

Auch ich wurde reich beschenkt. Seit wenigen Minuten

nenne ich einen chinesischen Staubsaugerroboter mein Eigen. Ich versuche, diese dezente Kritik an meinem Sinn für Sauberkeit und Ordnung nicht allzu persönlich zu nehmen. Immer noch besser als der schon jetzt legendäre Weihnachtskalender mit Raumerfrischer-Pröbchen, der Anfang Dezember in der Single-Wohnung meiner Schwester Hannah eingetrudelt ist. Sie verbringt die Festtage mit Brechdurchfall und Fieber in einem 3-Sterne-Hotel in Zwickau. Ich beneide sie trotzdem.

In einer feierlichen Zeremonie wurde der vollautomatische Familienzuwachs auf den Namen Staubi getauft. Der kleine Racker verfügt über Bluetooth, USB, WLAN und eine eigene Android-App. Hätte er eine Spracherkennung, ich würde ihn bitten, mich zu heiraten. Auch Mutter ist begeistert. Sie verstreut Spekulatiusbrösel im Wohnzimmer, während das brummende Ding (Staubi, nicht Vater) unablässig seine Runden über das Parkett dreht. Vom Eierpunsch beseelt, wird anschließend ein Seitenarm der Nordmanntanne und ein halber Meter Lametta gerupft, um Staubi an seine Grenzen zu bringen. Vergebens. Die Stimmung kippt erst, als Mutter und ich den letzten Rest Eierpunsch mit Gewürzlikör aufgießen und darum wetten, wer von uns mehr Protagonisten aus der Weihnachtskrippe auf dem hin- und hergleitenden Staubsauger platzieren kann. Mutter gewinnt um eine Eselslänge Abstand.

Januar

Nach meinem blumigen Erlebnisbericht hat Hannah den Entschluss gefasst, auch allen zukünftigen Hochfesten des familiären Wahnsinns fernzubleiben und Weihnachten bis auf weiteres *alternativ* zu feiern, wie sie es nennt: betrunken und allein.

Vater hat unterdessen die Segel gestrichen und Mutter zum Intensivkurs an die Volkshochschule begleitet. Mama war augenblicklich Feuer und Flamme, was Papa sich damit erklärt, dass der Dozent wie eine exakte Mischung aus Costa Cordalis und dem jungen Stalin aussieht. Ich habe beschlossen, den zahlreichen Fragen, die diese Information aufwirft, fürs Erste nicht auf den Grund zu gehen. Stattdessen beobachte ich mit Besorgnis, wie sich unsere bisher so herrlich analogen Eltern Stück für Stück in *@ltern* verwandeln.

Seitdem der VHS-Kurs in seine zweite Woche gegangen ist, brechen täglich neue Hiobsbotschaften über Hannah und mich herein. Gestern Abend eine Facebook-Nachricht meiner Schwester: *«Mama hat jetzt Instagram! Rette sich, wer kann!»*

Tatsächlich postet Mutter seit drei Tagen unterbelichtete Fotos ihrer Mahlzeiten. Zu meiner Verwunderung hat sie schon jetzt mehr Follower als ich.

Februar

Etwas Schreckliches ist passiert. Nie hätte ich gedacht, dass es wirklich so weit kommen könnte, aber es ist: Mutter hat jetzt WhatsApp. Als eine ihrer Nachrichten auf meiner SmartWatch aufploppt, spiele ich mit dem Gedanken, meinen Vertrag bei Vodafone zu kündigen und auf ein Analogtelefon und die Deutsche Reichspost umzusteigen.

Noch wirken Mutters digitale Gehversuche etwas unbeholfen. Dabei ist auch die Autokorrektur ihres Smartphones offensichtlich keine große Hilfe: *«Hallo Katz, hier ist deine Nutte. Sag Ball, hast du weinen streuen Straßburger schon ausdrapiert? Uns stehlt immer noch einer von den eiligen Brei Königen. Alles Brite. Mama.»*

Ich lasse mir die Gelegenheit nicht nehmen, greife nach meinem Tablet und tippe eine Antwort: *«Hallo Futter, schön, dass du mir reibst. Lieder vergehe ich kein Hort. Böhmen Mus an Kater. Von meinem Straßburger geschändet.»*

Auch die Antwort lässt nicht lange auf sich warten: *«Verramscht du mich?»*

«Niemals!», entgegne ich. *«Fuß und Bus! Raul.»*

Vater verbringt das Wochenende auf seiner ersten LAN-Party in der hessischen Provinz.

März

Der künstliche Verschleiß technischer Geräte dürfte jedem ein Begriff sein, der schon mal einen Tintenstrahldrucker sein Eigen nannte. Mein Weihnachtsgeschenk hat den Begriff der *geplanten Obsoleszenz*, wie es fachmännisch heißt, ein wenig weiter gefasst. In der Nacht auf Sonntag hat Staubi die Steckerleiste neben dem Kühlschrank zu fassen gekriegt und völlig unbemerkt meinen Brotbackautomaten von der Anrichte geholt. Ich fand den Roboter in den frühen Morgenstunden, wie er triumphierend seine Runden um den technischen Kadaver drehte. Abgesehen davon und dem noch immer verschollenen König Balthasar muss ich aber zugeben, dass Mutter mit Staubi ein überaus glückliches Händchen bewiesen hat. Er leistet erstaunlich gute Arbeit. Hätte ich vor seiner Anschaffung regelmäßig Staub gesaugt, würde ich mich an dieser Stelle zu einem Lobgesang darüber hinreißen lassen, welch eine Zeitersparnis eine derart gewissenhafte und gründliche Haushaltshilfe mit sich bringt.

April

Meine Krankenkasse heißt jetzt *BKKtransparent*. Zu meiner Überraschung ging der Namenswechsel mit einem Begrüßungsgeschenk einher: einer elektronischen Waage eines taiwanesischen No-Name-Herstellers. Die Waage verlangt die Eingabe meines WLAN-Passworts und das Bestätigen der *Allgemeinen Geschäftsbedingungen.* Dummerweise erscheinen die AGB als Laufschrift auf der vierstelligen Digitalanzeige. Wenn meine Hochrechnungen stimmen, weiß ich spätestens Mitte Mai, wie viel ich wiege. Ein Gutes hat die Sache: sechs Wochen Zeit, um die letzten Weihnachtspfunde loszuwerden.

Apropos: Der VHS-Kurs, den Vater von Mutter geschenkt bekommen hat, hat mittlerweile seine maximale Wirkung entfaltet. Papa ist seit zwei Wochen Mitglied im Chaos Computer Club. Auch Mutters digitale Fähigkeiten machen Fortschritte. Am frühen Nachmittag eine SMS auf meinem SmartTV: *«Hallo Sohn. Hier ist deine Mutter. Mein Hausarzt sagt, deine Blutzuckerwerte sind bedenklich. Schöne Grüße, Mama. Von unserem Kühlschrank gesendet.»*

Es hat einen halben Nachmittag gedauert, bis ich herausbekommen habe, woher der Hausarzt meiner Mutter von meinen Blutzuckerwerten weiß. Allem Anschein nach kann meine neue Körperwaage nicht nur das Gewicht, sondern über meine Fußsohlen auch Puls, Körpertemperatur und Blutzuckerwerte bestimmen. Außerdem werden meine Körperwerte via Twitter an meine Krankenkasse, meine nächsten Angehörigen und einen chinesischen Hersteller für Blutzuckermessgeräte gesendet. Wodurch sich die Frage aufdrängt, seit wann meine Mutter Twitter benutzt. Twitter! Was kommt da als Nächstes? Snapchat? Tinder? Seit vier Wochen lebe ich in der panischen Angst, dass Mama Facebook für sich entdeckt. Kann ich es mit meinem Gewissen vereinbaren, eine Freundschaftsanfrage meiner eigenen Mutter abzulehnen?

Mai
Ja, ich kann.

Juni
Staubi hat im Badezimmer gewütet. Dieses Mal hat er sich im Vorbeifahren das Ladekabel der elektrischen Zahnbürste gegriffen, was wiederum den Rasierapparat von Braun aus seiner Ladestation riss und schließlich sogar den Bluetooth-Lautsprecher von Bose aus dem Regal schleuderte. Ich habe die zahlreichen Einzelteile sauber zusammengekehrt unter der Badewanne entdeckt, nachdem aus dem Lautsprecher leise wimmernd *Time to Say Goodbye* zu hören war. Besonders um die Zahnbürste von Philips tut es mir leid. Nie hatte ich Gelegenheit, meinen Putzerfolg bei Facebook zu teilen oder ein 3D-Sensorbild meiner oberen und unteren Zahnreihe bei Instagram oder Snapchat zu posten. Dafür ist König Balthasar wiederaufgetaucht. Allem Anschein nach hat Staubi sich eine kleine Trophäen-Sammlung hinter dem alten Schreibtisch im Arbeitszimmer angelegt: zwei Kugelschreiber, ein halbes Dutzend Erdnussflips, vier Euro und sieben Cent in Münzen, eine alte Bifi (nicht meine), besagter König Balthasar und meine Kreditkarte.

Juli
Wenn man Vaters letztem Tweet Glauben schenken darf, verbringt er die nächsten zwei Wochen auf einer Hacker-Konferenz in internationalen Gewässern. Wir haben längst aufgehört, uns über seine neue Leidenschaft zu wundern. Sei es der bedenklich hohe Club-Mate-Konsum oder spätnächtliche semiromantische Instagram-Selfies mit einem Starschnitt von Edward Snowden. Wirklich überraschend wäre nur, wenn all das eine findige Ablenkung gewesen ist, um

stattdessen in einem Mecklenburger Gewölbekeller in aller Seelenruhe Crystal Meth zu kochen. Hannah sagt, sie wäre nicht abgeneigt, ein kleines Familienunternehmen daraus zu machen.

Mutter war über Vaters kleine Atlantikreise dermaßen erzürnt, dass sie aus reinem Trotz heraus eine zehntägige Kreuzfahrt durch den Persischen Golf gebucht hat. Sie kann es sich auch leisten. Seitdem eines ihrer YouTube-Videos über Besenreiser und glutenfreien Kartoffelauflauf viral gegangen ist, bietet ihr der chinesische Hersteller für Blutzuckermessgeräte knappe 5000 Euro für eine wohlwollende Instagram-Story.

Hannah ist aus einer Bierlaune heraus mitgefahren. Heute Morgen lag ein erfrischend analoger Reisebericht in meinem Briefkasten: «*Bruderherz, schöne Grüße von der MS Adipositas. Blutalkohol: 1,4 Promille. Temperatur: 39 Grad im Schatten. Altersschnitt an Bord: 62 Jahre. Mutter muss ständig Autogramme geben. Wegen Besenreisern und Kartoffelauflauf. Den unverschämten Aufpreis für eine Kabine mit Balkon und Seeblick versucht sie durch den Genuss von Riesengarnelen wieder reinzuholen. Muss jetzt Schluss machen, Cocktail kommt. Alles Liebe, Hannah.*»

August

Staubi hat die Mikrowelle kaltgemacht. Ich habe beschlossen meinem Ärger dadurch Luft zu machen, bei der etwa zwanzig Ziffern langen Service-Hotline seines Herstellers anzurufen. Landesvorwahl China, laut Firmenhomepage aber kostenfrei. Nach etwa 50 Minuten in der Warteschleife kann ich die chinesische Version von *We Didn't Start the Fire* fehlerfrei mitsingen. Komischerweise hatte ich am Ende der Wartezeit eine Frau mit sächsischem Akzent in der Leitung. Auf Nachfrage aus dem Großraum Chemnitz. Man bedauere den Verlust meiner Kleingeräte und könne mir für eine Zuzahlung von nur 200 Euro ein brandneues Kombigerät aus dem aktuellen Sortiment anbieten. Jetzt steht ein WLAN-fähiger, sprachgesteuerter Induktionsherd mit Backofen, eingebauten Bluetooth-Boxen und Mikrowellenfunktion in meiner Küche. Dummerweise glaubt das Universalgerät seit dem letzten Software-Update, es sei in Wirklichkeit ein Kleiderschrank und bestellt fortwährend Mottenkugeln, Fusselrollen und Nylonstrumpfhosen. Beim Versuch, das Update über das eingebaute Display wieder rückgängig zu machen, wurde ich von Staubi aufgeschreckt und mittels wild rotierender Bürsten in die Speisekammer getrieben. Zum Glück gab es warmes Bier, Brühwürfel und ein offenes WLAN aus dem Seitenflügel.

September
Vater hat angerufen und sich sehr herzlich für den Rasenmäherroboter bedankt. Ich kann mich nicht daran erinnern, einen Rasenmäherroboter bestellt zu haben. Ebenso scheint es mir entfallen zu sein, dass Vater am kommenden Mittwoch (morgen!) seinen 65. Geburtstag zelebriert. Ich beschließe das Ganze als glückliche Fügung des Schicksals zu betrachten und schnauze Vater liebevoll an, dass es bekanntlich Unglück bringe, seine Geschenke schon vorher aufzumachen. Tatsächlich findet sich auf meiner Kreditkartenabrechnung eine Abbuchung einer chinesischen Spedition über 1249 Euro.

Vielleicht wird es Zeit, mir die *Allgemeinen Geschäftsbedingungen* meines Staubsaugerroboters mal genauer anzuschauen. Die zahlreichen Rezensionen bei Amazon geben sich jedenfalls begeistert ob der vielfältigen Fähigkeiten, die besonders das letzte Software-Update mit sich bringt. Die einzige 1-Sterne-

Bewertung äußert den Verdacht, dass Staubi eine wirtschaftspolitische Agenda verfolgt. Was ein bisschen irre klingt, aber zumindest erklären würde, warum mein WLAN-Toaster seit zwei Wochen dadurch auf sich aufmerksam macht, dass er entweder für den China-Imbiss gegenüber wirbt oder das Konterfei von Mao Tse-tung in meinen Buttertoast brennt.

Eine Minute nach Mitternacht erreicht mich eine WhatsApp-Nachricht meiner Schwester: *«Scheiße! Facebook sagt Papa hat Geburtstag.»*

«Schäm dich, Hannah, schäm dich!», schreibe ich zurück.

«Ich habe kein Geschenk! NICHTS! Mama bringt mich um!»

«Ich war so frei, einen Rasenmäherroboter zu bestellen.»

«Kann ich mich beteiligen?»

«Nö.»

«Bitte!»

«Na meinetwegen.»

Oktober

Nachdem Staubi meinen Radiowecker vom Balkon gekehrt hat, ist die Kaffeemaschine, ganz offiziell, das letzte analoge Endgerät in meiner Wohnung. Jedes Mal, wenn ich mich ihr nähere, gibt der Staubsaugerroboter einen panischen Alarmton von sich, als würde ich versuchen, einen wilden Tiger mit einer Hand voller Hackfleisch zu streicheln. Bedauerlicherweise hat er sich über Bluetooth mit der Surround-Sound-Anlage meines Fernsehers verknüpft, sodass der Alarmton neuerdings mit 100 Dezibel durch die Wohnung schallt. Am Nachmittag ist über WhatsApp eine kryptische Textnachricht meines Hausarztes eingetrudelt: *«Höflich wir bitten mit Nachdruck sich in Gegenwart und Zwischenzeit keine Koffein im Morgengrauen verspeisen nicht! Unverzüglich Wohlbefinden Empfehlung. Wir sind am Herzen Ihre Gesundheit. Nachhaltiges*

Grüßen. Ihr Doktor des Gebäudes.» Komischerweise habe ich Staubi in Verdacht.

November
Ich habe den Staubsaugerroboter mit einer Spur Brotkrumen ins Badezimmer gelockt. Erstaunlich, dass dieser Trick immer noch funktioniert. Entweder ist der kleine Racker dümmer als gedacht, oder er ahnt einfach seit langem, dass ich jedes Mal eine kleine Strecke Knäckebrot im Flur verteile, wenn ich in Ruhe onanieren möchte. Dieses Mal ist der Grund allerdings ein anderer: Ich werde die Kaffeemaschine bis auf weiteres auf dem Dachboden verstecken. Sie ist das letzte Haushaltsgerät, das Staubi noch nicht ausgeschaltet oder gleichgeschaltet hat. Hannah findet meine Entscheidung albern und lässt es sich nicht nehmen, meinen morgendlichen Gang unters Dach durch höhnische Nachfragen wie «*Wie geht es Kanne Frank?*» zu untermalen. Ich weiß einfach, dass Staubi es auf sie abgesehen hat!

Gestern Nachmittag hat ein DHL-Bote ein halbes Dutzend neuer Kleingeräte angeliefert. Alle aus chinesischer Produktion. Alle bestellt von einem gewissen «S. T. Aubsauger».

Dezember
Seitdem Staubi die Kontrolle über die digitalen Heizkörperthermostate übernommen hat, verbringe ich die letzten Tage des Jahres im Haus meiner Eltern. Mutter hat auf Tinder einen alten Bekannten entdeckt. Den Dozenten aus der Volkshochschule Büttelborn. Jetzt stehen die beiden in der Küche und drehen ein YouTube-Tutorial für vollvegane Weihnachtsgans mit Süßkartoffelklößen und Rotkohl-Karamell-Sorbet.

Wer kann ihr diese Liebelei verübeln. Immerhin hat Vater

die letzten Monate in einem Kibbuz der *Digitalen Volksfront Judäa* verbracht. Mittlerweile hat er sich von jeder Form des technologischen Fortschritts abgewandt und wohnt seit seiner Rückkehr in der Gartenlaube hinterm Haus. Ohne Strom, Heizung oder fließend Wasser – bekleidet nur mit einem Lendenschurz aus Teichplane und einer formschönen Kopfbedeckung aus Aluminiumfolie. Manchmal legt er uns mit Kastanien und Stöcken eine kleine Botschaft auf die Terrasse.

Letzte Woche hat er im Morgengrauen den Rasenmäherroboter überwältigt und rituell gepfählt. Nur mit Mühe konnten wir die Nachbarn davon abhalten, den psychiatrischen Notdienst zu rufen. Ich habe den gepfählten Kadaver mit einer Lichterkette vorweihnachtlich kaschiert. Außerdem versuche ich, Hannah über die hiesigen Geschehnisse auf dem Laufenden zu halten. Sie schlägt vor, unserem Vater einen VHS-Kurs zu Weihnachten zu schenken – für einen Paläo-Kochkurs oder eine Urschreitherapie.

Mutter ist total begeistert. Sie wird den Jahreswechsel auf einer winzigen Ostseeinsel verbringen. Mit Stalin-Cordalis und, nebenbei bemerkt, auf der gleichen winzigen Ostseeinsel, auf der auch Hannah sich über Weihnachten versteckt hält. Noch gönne ich mir den Spaß, mein Schwesterherz über ihr unverhofftes Glück im Unklaren zu lassen.

Hin und wieder muss ich an Staubi denken. Irgendwie vermisse ich den Kleinen. Er hat uns gestern Abend via Amazon eine neue Weihnachtskrippe zukommen lassen. Die Heilige Familie hat asiatische Gesichtszüge und der Esel einen eingebauten WLAN-Stick.

Am Abend eine Stöckchenbotschaft auf der frisch eingeschneiten Veranda. «*Was wünscht ihr euch zu Weihnachten?*», fragte der Homo analogis aus der Gartenlaube. «*Egal*», haben wir geantwortet. «*Hauptsache aus Holz.*»

Sandra Girod

Free Kurty!

Wenn man das Haus verlässt, ist es dunkel. Wenn man zurückkehrt, ist es dunkel. Wenn man nachmittags aus dem Fenster schaut, wundert man sich: Wird es schon wieder dunkel, oder ist es heute gar nicht hell geworden?

«Mama, das *ist* so im Dezember», belehren mich meine Kinder, wenn ich es wage, leise zu seufzen. «Wir zünden Kerzen an, und dann ist es doch gleich wieder *so* gemütlich.» In ihren Augen macht es keinen Sinn, gegen die Naturgesetze zu streiten. Und bloß keine Experimente.

«Wir könnten doch über Weihnachten mal nach Südafrika fliegen», schlugen mein Mann und ich im vergangenen Jahr vor. «In die *Sonne*! Ins *Licht*!»

Unsere Kinder sahen uns an, als ob wir Tollkirschen gegessen hätten. «An *Heiligabend*? In die *Sonne*? Und dann etwa nicht aufs *Land*, zu Oma und Opa und zum Rest der *Familie*? Das ist doch völlig absurd! Total gaga!»

Weihnachten hat alles genau so zu bleiben, wie es immer war. Und es muss nicht vielleicht mit dem Tod, aber bestimmt mit einem kleinen Teufel zugehen, damit sich daran mal was ändert.

Meine Kinder verhalten sich im Hinblick auf Rituale beunruhigend konservativ, denke ich, als ich wie jedes Jahr allein die Dekorationskisten aus dem Keller hochwuchte. Die Dinger werden von Jahr zu Jahr schwerer. Aus grundsätzlichen Erwägungen geschieht diese Aktion immer, wenn sich mein Mann auf der Weihnachtsfeier der Firma befindet.

Bei seiner Rückkehr muss er sich dann mit dem Taxifahrer besprechen, ob der tatsächlich vor dem richtigen Haus gehalten hat. Denn den Vorgarten hat mein Mann anders in Erinnerung. Weniger grell. Nicht so blinkend. Und ein Schlitten mit putzigen Wichteln parkte dort auch nicht.

Doch, ist richtig hier. Mit einer Art von Guerilla-Dekoration beginnt bei mir die tiefdunkle Weihnachtszeit. So ist es. So ist es guter, alter Brauch. Eingewickelt in die Schlagzeilen des vergangenen Winters erwarten mich: der Elch, der leicht debil aus seinem Norwegerpullover blickt. Der kleinkindgroße, adipöse Stoffweihnachtsmann. Das Rentier, das auf Knopfdruck *Jingle Bells* singt (allerdings klingt es mittlerweile ziemlich besoffen – die Batterien laufen aus). Und unter einem Zentner Schnickedöns kommt auch wieder der pausbäckige Engel zum Vorschein. Seine Augen sehen aus, als habe er was Gutes geraucht. Einst hatte ich ihn bereits in Obhut der Dunkelheit entsorgt.

«Wo ist denn der süße schöne Schutzengel geblieben, der immer so lieb neben unserer Eingangstür sitzt?», wunderte sich damals meine Tochter.

«Ach, Schatz, der hatte doch schon einen gebrochenen Flügel!»

«Aber dein Papa kann ja versuchen, ihn für dich zu reparieren!», überbrüllte mein Mann das Geheule unserer Tochter und fischte die Reste mit einem *Wie-kannst-du-nur*-Blick aus der grauen Tonne. Dass ausgerechnet er mal einen solchen Sinn für Sentimentalitäten entwickeln würde, hätte ich mir nicht vorstellen können. Als ich ihn kennenlernte, bestand sein Adventskranz in der Junggesellenbude aus vier Flaschen Astra plus einem Teelicht in der Mitte.

Von mir haben meine Kinder dieses radikale Festhalten an den Traditionen nicht, denke ich, als ich beginne, die

Fenster mit einer Milchstraße aus silbernen Sternen zu bekleben. Der Aufbau unseres umfangreichen Weihnachtsdorfes liegt dagegen im Hoheitsgebiet unseres Nachwuchses. Vor Jahren wusste ein Freund nicht, was er mir schenken sollte. Seitdem bekomme ich zum Geburtstag und zu Weihnachten Bauernhöfe aus Ton, Ställe aus Ton, Bäume aus Ton. Postamt, Rathaus und Plumpsklo habe ich bereits doppelt. Mittlerweile ist eine Kleinstadt zusammengekommen, und die wird von meinen Kindern liebevoll auf dem Fensterbrett arrangiert, auf krümelnder Holzwolle. Same procedure as every year.

In meiner Erinnerung komme ich mir rebellischer vor. Vielleicht lag es am Waldsterben und am sauren Regen, dass ich mich als Teenager entschloss, gegen die Aufstellung einer Nordmanntanne in unserem Wohnzimmer zu Felde zu ziehen. Hatten wir nicht schon genügend Buschwerk im Garten? Wozu die rituelle Opferung eines Edelgehölzes für einen Zeitraum von maximal 14 Tagen? Mit diesem gesellschaftspolitischen Anliegen konnten sich meine Eltern noch anfreunden. Mein Vater sägte eine schrabbelige Kiefer aus dem Garten und stellte sie so in die Ecke, dass man die kahlen Stellen, zumindest im Dunkeln, nicht sah. Während ich das trübsinnige Graugrün mit fröhlichem Tand überfrachtete, kabbelten sich meine Mutter und mein Vater, ob die Meerrettichsahne für den Fisch bereits scharf genug sei. Meine kleinen Brüder orakelten, ob es dieses Jahr wohl die richtigen Turnschuhe geben würde: drei Streifen Adidas, zwei Streifen Caritas. Im Wohnzimmer lief unterdessen die Weihnachtsschallplatte mit dem Sprung: Alles schläft, einsam wacht. Einsam wacht, einsam wacht ... Und in der Badewanne schwamm stumm der dicke Karpfen Kurt herum. Weil er sonst muffig geschmeckt hätte.

Mit meiner zweiten Mission taten sich meine Eltern deutlich schwerer. In einem Anfall akuter Nächstenliebe hatte ich darauf bestanden, den alten, einsamen Landarbeiter aus der Baracke am Waldrand zum Fest einzuladen. Er hatte doch sonst niemanden! «Aber nicht zum Karpfenessen», hatte meine Mutter entschieden. Und so saß Herbert mit seinen schwieligen Händen und seinem fadenscheinigen Anzug beim Weihnachtskaffee unter der Krüppeltanne, aß Stollen mit dick Butter drauf und trank eine Flasche Portwein leer. Die Platte dudelte: Alles schläft, einsam wacht. Meine Brüder orakelten. Und in der Badewanne schwamm stumm noch der dicke Karpfen Kurt herum.

Doch im darauffolgenden Jahr gab es ernste Verstimmungen. Herbert hatte seinen Portwein bekommen, die Stille Nacht hing fest, und während meine Eltern darüber stritten, ob die Meerrettichsahne die richtige Schärfe hätte, schleppte ich den Karpfen gemeinsam mit meinen Brüdern heimlich in einem Putzeimer aus dem Badezimmer zum nahe gelegenen See. *Free Kurty – Ruf der Freiheit*! Auch ein übergewichtiger Fisch hatte meiner Ansicht nach das Recht auf ein friedliches demokratisches Fest. Meine Brüder fanden das auch.

Die Atmosphäre war trotz milder Temperaturen frostig. Nachbarn halfen mit zwei Forellen aus der Kühltruhe aus. Wäre sonst schade um die Meerrettichsahne gewesen.

Von da an blieb es bei Forelle blau. Jahrein, jahraus. Ehrlich: Was schmeckt langweiliger als Forelle blau? Aber alle Jahre wieder sagte keiner ein Wort.

Eheleute und Kinder erweiterten die Familie. Der Schallplattenspieler wurde durch einen CD-Player ersetzt. Die Weihnachtsdekoration wurde um die *Grippe von Bethlehem* erweitert. Doch die Forellen mit Meerrettichsahne blieben. Schließlich hatten sie ihr Leben bereits ausgehaucht, wenn sie zu uns kamen. Tote Forellen in den See zu werfen, machte wenig Sinn.

Die einzig maßgebliche Veränderung, die sich über die Jahre ergab, war die Enttarnung des Weihnachtsmannes. Die Turnschuhe mit den Streifen hatten Onkel Martin verraten. «Ich wusste immer, dass es falsche Weihnachtsmänner gibt», behauptete meine Tochter. «Die in den Einkaufszentren sind auch nicht echt.» Und dann setzte sie sich doch wieder mit ihrem Bruder vor das große Fenster mit Blick auf die Wiese, um auf die Ankunft des Schlittens zu warten. Beide schauten in die tiefdunkle Nacht, in die Sterne, sahen das Blinken, das Glitzern, freuten sich am Wunder der stillen Nacht. Und auf das erlösende Klingeln an der Haustür. Polter, Polter, der Weihnachtsmann war in Eile und schon wieder auf dem Sprung. Aber die Geschenke hatte er abgeliefert. Alles wie immer. Alles gut.

Und schließlich geschah es eines Jahres doch. Mit Sack und Pack und Geschenken waren wir zur Familienfeier aufs Land gereist. Dort hatten wir alle zunächst den Weihnachtsbaum ausgiebig gewürdigt: «Wow ... Der ist ... Also, diesmal ... Wir sind sprachlos ... Ehrlich, so hässlich war das Biest noch nie!»

Wir hatten mit Herbert ein Gläschen Portwein getrunken.

Und meine Mutter hatte mit meinem Vater den Sahne-Meerrettich abgeschmeckt, bis sie plötzlich, in größter Eile, von der Bildfläche verschwand. Als die Kartoffeln abgegossen wurden, war mein Mann spurlos verschwunden; dann mein Bruder auch.

«Wo sind die denn alle hin?», schimpfte mein Vater, der die blauen Forellen dampfend auf silbernem Teller servierte und zu seiner Ansprache ansetzen wollte, solange das Essen noch warm war. Mein Magen zog sich beim Geruch der Forelle zusammen. Und wie zur nonverbalen Zustimmung kotzte meine Tochter spontan und ausgiebig neben die festlich erleuchtete Tanne. Praktischerweise stand dort der Putzeimer mit Löschwasser. Mein Sohn rannte solidarisch würgend aus dem Zimmer und trommelte gegen die Badezimmertür. Besetzt. Also zur Spüle in der Küche. Unter die Klänge der Weihnachtslieder mischten sich fremde Geräusche.

«Schade um den schönen Fisch», sagte meine Schwägerin. «Und um die schöne Meerrettichsahne», fiel mir ein. «Aber ich glaube, ich habe heute keinen Hunger mehr.»

«Ich finde es trotzdem ganz doll gemütlich», sagte meine Tochter, als wir am ersten Weihnachtstag in Bademänteln und mit Wärmflaschen vorm Bauch im Wohnzimmer saßen und uns über die Geschenke freuten. Im Ofen knisterte das Feuer, an der Tanne flackerten die Kerzen. «Eine Magen-Darm-Grippe an Heiligabend ist mal etwas anderes, sie verbindet», erklärte ich. «Genau», sagte mein Mann und biss in einen glutenfreien Zwieback. «Und Forelle blau wird sowieso überbewertet.»

«Können wir über etwas anderes reden?», bat meine Mutter. «Der Baum hat schon fast keine Nadeln mehr», freute sich mein Sohn. «Ich mag das Feiern mit euch», sagte meine Schwägerin. «So dünn bin ich noch nie durch die Festtage gekommen.»

Draußen war es schon wieder dunkel. War es überhaupt irgendwann hell geworden? Werden wir jemals das Licht sehen? Dürfen wir irgendwann nach Südafrika?

«Bei Leuten, die es wirklich ernst meinen mit alten Bräuchen», flüsterte meine Tochter, «gibt es zu Weihnachten Karpfen. Hast du das gewusst?»

Sören Sieg
Das Überraschungspaket

Wie um Himmels willen bring ich das bloß meiner Mutter bei?

«Sören, wir müssen über Weihnachten reden», bat mich Eva am ersten Advent.

«Was gibt's da zu reden?», fragte ich. Der Ablauf der Feiertage ist bei uns seit Jahren geklärt. Heiligabend sind wir gemütlich bei uns und gehen nicht ans Telefon. Lukas bekommt Tommy-Hilfiger-Shirts und die neue Kollegah-CD, Lina etwas für ihre Meerlis und das letzte Buch von Philip Ardagh (*Familie Grunz auf der Flucht*) und Leo ein Lego-Star-Wars-Raumschiff (diesmal: *The Arrowhead*, mit den vier Mini-Figuren Zander, Kordi, Quarrie und einem Stormtrooper). Am ersten Weihnachtstag besuchen wir meine Eltern in ihrem geräumigen Haus in Flensburg. Mein Bruder Tom ist mit seiner Frau Kathleen aus Kanada eingeflogen. Es gibt eine Drei-Meter-Tanne mit 86 Kerzen, viel zu viele Heidesandkekse, eine viel zu lange Bescherung und ab 17 Uhr keinen Sauerstoff mehr. Wir spielen das Quempasheft auf der Blockflöte durch, denn ich stamme aus einer Blockflötendynastie: Großvater Blockflötenlehrer, Mutter Blockflötenlehrerin, und ich der vielleicht weltweit einzige frei- und hauptberufliche Blockflötenkomponist. Alle Kinder wollen bei Kathleen sitzen, und nachher schlägt mein Vater Lukas in *Stratego* und schimpft über die SPD. Seine Position ist etwas verzwickt: Gabriel ist für ihn ein neoliberaler Arbeiterverräter, die Linken sämtlich Stasi-Agenten, die Grünen mülltrennende Luxusproblemkultivierer und alle Übrigen Handlanger der Deutschen Bank.

Am besten aber ist der zweite Weihnachtstag: Leo baut die Kampfflugzeuge auf, Lukas spielt Ego Shooter auf der Xbox, Lina kuschelt mit den Meerlis, und ich lese *Die Pilgerjahre des farblosen Herrn Tazaki*, telefoniere aber tatsächlich mit allen Freunden, bei denen ich mich ein Jahr lang nicht gemeldet habe. Und genau so muss es auch sein.

«Weißt du», begann Eva mit diesem sanften Ton, der mich immer misstrauisch macht, weil sie hauptberuflich Borderline-Patienten beibringt, ihre Interessen durchzusetzen, ohne dem anderen beide Ohren abzubeißen, «wir waren all die Jahre immer bei deinen Eltern. Ich möchte, dass wir dieses Jahr mal zu meinen Eltern fahren, nach St. Ingbert.»

«Wie soll das gehen?», fragte ich. Für die wenigen, die es nicht wissen: St. Ingbert liegt im Saarland. Das ist ein Teil von Frankreich, und von Hamburg ist es gefühlt weiter weg als Moskau. Die Menschen essen Dibbelabbes und glauben an Oskar Lafontaine und sprechen einen Dialekt, der zwischen Sächsisch und Pfälzisch liegt und den man deutlich schlechter versteht als Französisch. Mit dem Zug schafft man es in knapp sieben Stunden, aber nur, sofern man die drei Umsteiger in Kassel, Mannheim und Homburg kriegt, was im Dezember äußerst unwahrscheinlich ist, da die Bahn dann meist vom Winter überrascht wird.

«Aber am zweiten Weihnachtstag baut Leo immer seine Legoraumschiffe auf!», sagte ich. «Ich lese *Die Pilgerjahre des farblosen Herrn Tazaki*, und Lukas ...»

Eva legte den Kopf schief. «Wir müssen am ersten Feiertag hinfahren, ganz frühmorgens. Oder schon am 23. Sonst lohnt es sich nicht. Nach St. Ingbert fährt man doch über sieben Stunden. Meistens über acht.»

Mir brach der Schweiß aus. «Machst du Witze? Und wann fahren wir dann bitte zu meinen Eltern?»

Eva seufzte und wischte sich eine blonde Strähne aus dem Gesicht. «Wenn wir wiederkommen. Vielleicht am 28.? Da kann man auch noch schön feiern.»

Auch noch schön feiern. Mir wurde übel. Das war die GAF, die größte anzunehmende Familienkatastrophe. Die galt es mit extrem sanfter Stimme zu verhindern.

«Eva, wie soll ich es sagen. Meine Mutter hat nur drei Lebensziele: ein schönes Weihnachtsfest. Ein besinnliches Weihnachtsfest. Und ein festliches Weihnachtsfest. Mit der gesamten Familie. Vor allem mit ihren drei Enkeln, ihren einzigen Enkeln, den Säulen ihres Lebens, den Pfeilern ihrer Seligkeit, den Heiligen Drei Königen ihrer Heiligen Krippe in der Heiligen Nacht. Du erinnerst dich, wie sie reagierte, als ich ihr mal gesagt habe, wir würden nicht Heiligabend kommen, dafür am ersten Weihnachtstag?»

Ich erinnerte mich jedenfalls genau. Wir telefonierten, und ich stand am Küchentisch und blickte in den Innenhof. Erst hatte meine Mutter geschwiegen, ungefähr fünf Sekunden, was sich am Telefon etwa so lang anfühlte wie eine Grundsatzrede von Ralf Stegner. *Dann kann ich mich ja gleich aufhängen!*, bemerkte sie dann.

«Deswegen haben wir das ja jetzt auch sechzehn Jahre so gemacht», erwiderte Eva und lächelte mich an wie bei unserem ersten Date. «Aber jetzt möchte ich *ein*mal zu *meinen* Eltern.»

So macht man das: Perspektive des andern bestätigen, ihn als Person wertschätzen, dann erst die eigene Forderung raushauen, freundlich, ruhig, unmissverständlich. Wirkt besser als ein schwarzer Gürtel in Kung-Fu.

Ich atmete ein. Und wieder aus. «Eva. Die haben nicht mal

Bienenwachskerzen. Die haben eine elektrische Lichterkette von OBI. Und vermutlich eine Plastiktanne. Und statt Heidesand Dibbelabbes. Die machen sich doch überhaupt nichts aus Weihnachten! Wahrscheinlich läuft Heiligabend nicht Corelli, sondern Andrea Berg!»

«Ich möchte dahin!» Eva lächelte nicht nur unbeirrt. Jetzt strich sie sogar über meinen Kopf. «Es sind meine *Eltern*, verstehst du? Eigentlich wäre es gerecht, wenn wir die nächsten sechzehn Jahre dort feiern.»

Sechzehn Jahre Dibbelabbes und Andrea Berg. Nicht nur meine Mutter würde sich aufhängen. Ich auch. Mein Blutdruck näherte sich der 200er-Marke.

«Eva, pass auf: Ich schenke dir ein iPad. Ich fahre mit dir nach Amrum. Ich gucke mit dir diese Arztserie, *Bettys Diagnose* oder der *Bergdoktor* oder *Doktor Klein* ... nein, alle drei! Von jetzt an liebe ich Arztserien!»

Eva lächelte nur ganz milde, fast schon steinmeierartig. Offenbar wollte sie wirklich nach St. Ingbert und am ersten Weihnachtstag über die Sorgerechtsprobleme von Brad Pitt diskutieren. Die einzigen Periodika, die ihre Mutter regelmäßig studierte, waren *Gala* und *Bunte*.

«Eva ...» Falls ich überhaupt Argumente gehabt hatte, gingen sie mir langsam aus. «Lass uns wenigstens erst die Kinder fragen!»

Wir fragten die Kinder beim Kaffeetrinken. Sie waren auch dafür. «Ist doch gechillt», bemerkte Lukas mit einer zwischen Hans Hartz und Tom Waits changierenden Heiserkeit. Er roch nach Rauch, obwohl wir ihm das Rauchen streng verboten hatten. Taktisch wäre es unklug gewesen, ihn jetzt darauf anzusprechen. «Einmal Weihnachten ohne *Stratego*.» Verständlich, dass er sich mit fünfzehn ungern von seinem Opa schlagen ließ.

«Und ohne Heidesand», stöhnte Lina. «Davon war mir letztes Jahr so schlecht!»

«Ohne Blockflöten!», fiel Leo ein, unser Kleiner. Leider sah es nicht so aus, als würde auch nur eines der Kinder die Blockflötendynastie fortsetzen. Schon eine Stunde Üben am Tag war ihnen zu viel. Eigentlich litt diese gesamte Generation an ADS. Aber der Gedanke führte jetzt in die falsche Richtung. Nur ruhig bleiben, nur nicht aggressiv werden.

«Leute, ich liebe es doch auch, in St. Ingbert zu sein. Total! Aber am ersten Weihnachtstag – da bleibt die Bahn immer im Schnee stecken! Und dann sitzen wir zwischen Großburgwedel und Bad Salzuflen, Personen im Gleisbett oder zwischen den Bremsscheiben, an Weihnachten gibt es schließlich die meisten Selbst- oder vielmehr Frei-, also ...»

Eva stieß mich mit dem Ellbogen in die Seite. Leo spielte zwar täglich Luftschlachten mit Lego-Hightech-Starfightern, bekam von realen Todesfällen aber wochenlange Albträume.

«Dann fahren wir eben schon am 23.», schlug Lukas vor. «Stellt euch mal vor: Heiligabend flippern!»

Opa Willi besaß tatsächlich einen Flipperautomaten im Partykeller, denn er hatte sein Berufsleben mit der Reparatur von Glücksspielautomaten und Flippern im westlichen Saarland verbracht. «Und Canasta spielen!», begeisterte sich Leo. Sobald Opa Willi und Omi Christa fünf Minuten an einem Tisch saßen, fingen sie an, Canasta zu spielen. Das war ein Naturgesetz.

«Sehr weihnachtlich», sagte ich bitter. «Canasta statt Blockflöte. Opa Willi trinkt Zischke Kellerbier. Und nebenbei läuft der Fernseher mit *Weihnachten bei uns im Saarland*!»

Lina sah mich mit ihren weichen braunen Haselmaus-Augen an. «Papa!», sagte sie. «Es ist total schön in Flensburg. Die Tanne, die Kerzen, die Krippe und so. Aber es ist doch echt fair, wenn wir jetzt *ein*mal nach St. Ingbert fahren, oder?»

Ich gab auf. Vier zu eins. So schön kann Demokratie sein. Nur – irgendwie musste ich das jetzt meiner Mutter beibringen. Ich wusste ja, dass sie schon Ende Juli mit dem Stricken der Geschenksocken begonnen hatte, dass sie eben von einem Wochenende im Erzgebirge zurückgekehrt war, mit frisch geschnitzten Christbaumfiguren, und dass sie nun Tag und Nacht Heidesand buk.

Erst mal schob ich es eine Woche vor mir her. Auch eine Goldene Regel der Verhaltenstherapie: Abwarten. Neunzig Prozent der Probleme lösen sich von allein. Dieses allerdings nicht. Im Gegenteil. Eva hatte bereits ein Monatsgehalt für die Bahnkarten ausgegeben; für den Supersparpreis hätte man Anfang Oktober buchen müssen. Lina hatte begonnen, einen Dibbelabbeskalender für Omi Christa zu basteln, zwölf Dibbelabbesrezepte, für jeden Monat eines. Dibbelabbes mit Dörrfleisch und Knoblauch, Dibbelabbes mit Räucherspeck und rohen Zwiebeln, Dibbelabbes mit Mettwurst und Lauch. Mir wurde schon beim Betrachten der Zutaten schlecht. Vor allem aber angesichts des bevorstehenden Anrufs. Nachdem ich in der Nacht vor dem zweiten Advent stundenlang wach gelegen und mir Formulierungen zurechtgelegt hatte (*Fairness – auch mal – nach sechzehn Jahren – total gegen meinen Willen*), rief ich sonntagmorgens endlich an. Mein Vater war am Apparat.

«Steinmeier als Bundespräsident», schimpfte er los. «Was soll das? Wir haben eine linke Mehrheit! Ströbele muss Präsident werden, der Einzige, der noch nicht von der Großindustrie gekauft ist! Stattdessen fünf Jahre diese Silbermütze auf Valium! Weißt du noch die Wahlplakate, wo er mit Pflegeheiminsassen zusammensaß? Er war kaum zu unterscheiden!»

Ich bat ihn, mir meine Mutter zu geben. «Die hat zu tun. Und jetzt gegen Putin hetzen! Die Krim war 800 Jahre russisch! Steinmeier hat Alzheimer!»

Es war nicht zu verkennen, dass er abwechselnd den *Spiegel*, das *Flensburger Tageblatt* und die deutsche Ausgabe von *Russia Today* las. Nach einer halben Stunde gelang es mir, meine Mutter ans Telefon zu kriegen.

«Hier ist unheimlich viel vorzubereiten», wimmelte sie mich ab. «Ich backe Tag und Nacht Heidesand.»

«Wie schön, da freut Lina sich!», versuchte ich, gute Stimmung zu machen. «Du, Mutti», ich spürte einen ausgewachsenen naturgeschützten Ochsenfrosch im Hals, redete aber todesmutig weiter. «Es gibt da noch eine ganz kleine Sache, die wir besprechen müssen.»

«Unbedingt, Hasilein, was soll ich bloß Lukas schenken? Also, diese teuren Markenklamotten, das ist doch Geldverschwendung. Wir haben die Sachen für euch immer so günstig im Importshop gekauft. Und ich hab mir mal ein Video von diesem Kollegah angeguckt, also, bei aller Liebe, ist das nicht gewaltverherrlichend? Ich werde mal an Heiko Maas schreiben, ob er das nicht verbieten kann. Das ist so ein lieber Mann.»

«Ja, genau, man müsste den gesamten Hiphop verbieten», sekundierte ich. «Wegen Sexismus, wenn du ihm das schreiben magst. Aber mal was ganz anderes, Mutti, wegen des ersten Weihnachtstages ...»

«Ja, das ist so unglaublich viel Stress, das kannst du dir gar nicht vorstellen. Lass uns die Tage mal telefonieren, ich geb dir mal Herbert.»

«Aber das Beste ist doch», sprudelte mein Vater übergangslos, «dass dieser Gabriel, diese Presswurst, dass der den Außenminister spielt.» Er hustete vor Zorn. «Der ehemalige *Popbeauftragte* der SPD. Das soll der Nachfolger von August Bebel und Willy Brandt sein? Der ist so glaubwürdig wie ein albanischer Gebrauchtwagenhändler. Mit dem kommt die Kopftuchpflicht im Kindergarten!»

Schade, dass er nicht Redenschreiber geworden war, dann würde ich mir die eine oder andere Bundestagsdebatte auf Phoenix ansehen. Selbst wenn ich ihm die Hiobsbotschaft überbracht hätte, dass wir erst am 28. kommen würden, er hätte sie in seiner Daueraufregung überhört oder gleich wieder vergessen. Nach einem knapp einstündigen Vortrag über die Katastrophen der Außenpolitik und die Ausweitung der Leiharbeit bei Siemens legte ich erschöpft auf.

Eva kam, umarmte mich und fragte, wie meine Mutter es aufgenommen hätte, wohl nicht so einfach? So lange, wie wir geredet hätten. «Ach, eigentlich ganz gut.» Meine Güte, kam ich mir feige vor. «Also, genau genommen bin ich noch nicht direkt dazu gekommen.»

Eva war außer sich. Ich müsse wieder anrufen. Aber sofort. Jetzt! Mir wurde schwindelig. Sie hatte ja recht. Es würde der entsetzlichste Moment im Leben meiner Mutter werden, aber Hinausschieben machte alles nur schlimmer. Sollte ich meiner Mutter vielleicht einen Brief schreiben? Nein, das wäre Feigheit vor dem Feind. Beziehungsweise vor der Familie. Aber ist Feigheit nicht *immer* Feigheit vor der Familie? Die Verhaltenstherapie lehrt, dass man einen Brief schreiben soll, jedoch nur, um ihm den anderen von Angesicht zu Angesicht *vorzulesen*. Tolle Idee.

Drei Tage später unternahm ich den nächsten Versuch. Niemand da. Ich sprach auf den Anrufbeantworter und bat um Rückruf, so auch am folgenden Tag. Ergebnislos. Meine

Mutter befand sich im Dezember in einer Art Tunnel. Nur wusste sie nicht, dass in diesem Jahr am Ende des Tunnels kein lichtvolles Blockflöten mit Leo wartete, sondern ein *Abgrund von Sohnesverrat*. Mir klang schon ihre traumatisierte Stimme im Ohr: «Nachfeiern, ja? Am 28.! Warum nicht im Mai? Oder zusammen mit deinem Geburtstag? Oder mit allen Geburtstagen – dann müsst ihr nur noch ein Mal im Jahr kommen! Ist ja auch so weit nach Flensburg – verglichen mit St. Ingbert!»

Am Freitagmorgen erreichte ich meinen Vater. «Deine Mutter wirbelt von morgens bis abends», berichtete er. «Gerade ist sie in der Stadt. Ich mache mir Sorgen um ihr Herz. Was sagst du zu Trump? Das ist doch nicht zu fassen! Jetzt leugnet er schon wieder den Klimawandel. *Das nennt man Wetter*, hat er gesagt. Wenn ich den nur sehe, wie der statt Frisur diese tote Katze auf dem Kopf trägt!»

«Papi, es ist dringend, wann ist Mutti mal zu sprechen?»

«Nach Weihnachten. Und so jemanden wählen die Amis sich zum Präsidenten. Diese übergewichtigen Breitmaulfrösche! Wir brauchen eine Amtsenthebung, sofort!»

«Kann ich vorher noch mit Mutti sprechen?»

«Der hält Jesiden für Anhänger von Jesus! Und Kasachstan für ein Hackfleischgericht! Aber wir haben ja noch gar nicht über dein Anliegen geredet. Ja, dieser Brexit, also, wenn du mich fragst ...»

Am dritten Advent bekam ich meine Mutter an den Hörer.

«Was meinst du», fragte sie, «für Lina ein Aquarellset? Und für Leo das *Rebel Trooper Battle Pack*? Nur mit Lukas weiß ich nicht. Ich hab mir jetzt Videos von diesem Farid Bang angeguckt, dem Freund von Kollegah, das gefällt mir noch weniger. Bekommt Heiko Maas das wirklich alles nicht mit? Wieso wird das nicht verboten?»

«Ich setze mich an höchster Stelle dafür ein», versprach ich. «Aber vorher müssen wir dringend etwas besprechen, es ist wichtig.»

«Auf jeden Fall, Hasilein», würgte sie mich ab. «Aber du hörst den Küchenwecker? Die Kekse verbrennen, und deine Tante wartet auf meinen Rückruf, ich geb dir Herbert.»

«Hast du gehört?», begrüßte er mich noch düsterer als sonst. «Putin hat die US-Wahl entschieden! Alles manipuliert!»

Offenbar hatte er in letzter Zeit wieder mehr *Spiegel* als *Russia Today* gelesen.

«Putin kann alle westlichen Politiker mit Sexvideos erpressen!»

Ich erwiderte nichts. Schließlich wollte ich, dass er das Weihnachtsfest noch erlebte.

Eine Woche vor Weihnachten zog Eva mich beiseite. «Sören, das geht so nicht weiter. Du musst mit deiner Mutter sprechen. Die kriegt sonst 'n Herzinfarkt.»

«Den kriegt sie sowieso», sagte ich. «Und mein Vater einen Schlaganfall, gleich hinterher. Und die ganze Schnapsidee mit Dibbelabbes-Weihnachten in St. Ingbert stammt von *dir*.»

Eva fixierte mich mit zusammengekniffenen Augen. «Wie kannst du das nur so verschleppen?»

«Ich verschleppe nichts! Sie hat einfach nie Zeit zu telefonieren!»

Vierter Advent. Geschlafen hatte ich kaum noch; stattdessen hatte ich einen fleckigen Ausschlag am Rücken und juckende Warzen zwischen den Fingern. Die letzten Tage hatte ich stündlich angerufen. Ohne Erfolg. Jetzt musste es klappen. Ich verzog mich mit dem Familientelefon ins Arbeitszimmer, da klingelte es. Opa Willi aus St. Ingbert.

«Sören», rief er so überschwänglich, als hätte ich ihm damals die Flucht aus Sachsen ermöglicht, «du wirst es nicht glauben: Christa und ich sind seit vierzig Jahren in diesem Kegelverein. Und zum allerersten Mal haben wir das Adventskegeln gewonnen! Alle neune!»

«Phantastisch!», antwortete ich. «Das musst du mir unbedingt in allen Einzelheiten zu Weihnachten erzählen, nur jetzt gerade muss ich ganz dringend telefonieren ...»

«Nee, wart doch mal.» Willi räusperte sich, und dann räusperte er sich noch mal. «Also da legen immer alle zusammen für den Gewinner. Und die haben Christa und mir eine Woche Antalya geschenkt! Gab's im Sonderangebot bei Lidl ...»

«Das ist ja noch toller! Ich muss jetzt nur schnell dringend meine Mutter anrufen, erzählst du es mir noch mal ganz ausführlich am Heiligen Abend, ja?»

Willis Räuspern ging in einen Hustenanfall über. Offenbar hatte er sich beim Outdoor-Kegeln eine Bronchitis geholt.

«Sören, das ist es ja. Wir fliegen morgen früh! Wir haben uns gedacht, das ist vielleicht nicht so schlimm. Weil, wir machen uns ja eh nichts aus Weihnachten, dieser ganze Klimbim mit Christkind und so. Und deine Mutter freut sich doch bestimmt, wenn ihr wieder dort feiert, die liebt Weihnachten doch so. Grüß sie mal schön. Und bring es Eva schonend bei, ja?»

Aufgelegt. Morgen früh. Ich konnte mein Glück kaum fassen. Was für eine Verkettung unglaublicher Zufälle: Weihnachtskegeln – Lidl – Antalya. Ein Discounter hatte mir das Leben gerettet. Ich würde nicht enterbt werden, jedenfalls nicht in diesem Jahr. Was für ein Glück, dass ich meine Mutter noch nicht erreicht hatte! Morgen würde ich sie anrufen und fragen, wann wir meinen Bruder und Kathleen vom Flughafen Fuhlsbüttel abholen sollten. Als ich es Eva erzählte, lachte sie nur schallend. Aber ich musste ihr versprechen, dass wir nächstes Jahr garantiert in St. Ingbert feiern würden, mit Dibbelabbes und Andrea Berg und Goldlametta und elektrischen Kerzen und Canasta unter der Plastiktanne, und dass ich es meiner Mutter dieses Jahr noch sagen würde. Ich versprach alles. Es war sogar noch zeitig genug, die Bahnkarten zu stornieren.

Die Kinder waren ungefähr eine Minute lang enttäuscht, dann begannen sie umgehend die praktischen Diskussionen: Wie Leo ums Blockflöten und Lukas ums *Stratego* herumkäme und Lina um den Heidesand. Wer bei der Bescherung als Erster auspacken dürfe. Und vor allem, wer neben Lieblingstante Kathleen sitzen durfte, auf die sich alle plötzlich wahnsinnig freuten.

Beim Zubettbringen fragte mich Leo: «Papa?»

«Ja?»

«Wie heißen die Dinger aus Holz, die die Omi in Flensburg hat und die sich immer so schön drehen vom Kerzenlicht?»

«Weihnachtspyramiden», sagte ich.

«Die mag ich so», sagte Leo und kuschelte sich in sein Yedi-Yoda-Kissen. «Da gucke ich so gern rein. Wieso haben wir so was nicht?»

Dann brachte ich Lina ins Bett. «Schön, dass wir jetzt doch flöten und singen unterm Baum», sagte sie mit ihrer leisen, hellen Stimme. «Das hätte mir gefehlt. Oma Christa und Opa Willi hören immer so schreckliche Musik. Wie halten die das bloß aus?» Ich sagte nichts.

Und dann kam das Paket. Gestern Morgen um halb acht. Alle schliefen noch. Ein Riesenpaket. Ich habe in meinem Leben noch kein so großes Paket gesehen. In dem Moment, als ich es sah, wusste ich schon alles. Wer es geschickt hatte und warum und wieso ich meine Mutter nie ans Telefon bekommen hatte. Ich öffnete vorsichtig. Und richtig, ganz oben auf den unzähligen, ohne Tesafilm verpackten Geschenken lag ein an mich adressierter Brief in einem roten Umschlag mit Goldsternchen drauf.

«Mein Hasilein», schrieb sie, «du ahnst es ja schon, wenn du das Paket siehst: Wir sind dieses Weihnachten nicht da. Du weißt ja, wie lange Kathleen sich schon gewünscht hat, dass wir Weihnachten mal bei ihr und ihrer Familie in Kanada verbringen. All die Jahre sind sie zu uns gekommen. Jetzt waren wir mal dran. Ich weiß ja, wie gerne Leo mit mir flötet und wie gerne Lukas mit Herbert *Stratego* spielt und wie Lina den Heidesand liebt. Ich habe die gesamte Adventszeit über keinen Mut gefunden, es dir zu sagen. Aber ist das nicht eine Gelegenheit, spontan Evas Eltern im Saarland zu besuchen? Warum nicht mal Dibbelabbes unterm Weihnachtsbaum? Mit der Bahn ist man doch ganz schnell da unten. All die Jahre wart ihr bei uns, jetzt sind auch die mal dran, findest du nicht? Ich hatte immer ein ganz schlechtes Gewissen. Herbert regt sich so auf über Trump und Gabriel und Steinmeier. Schlimmer kann es eigentlich nur kommen, meint er, wenn dieser Mann mit den Triefaugen und den knallroten Lippen, dieser Schulz, dass der für Deutschland singt. Vielleicht gut, dass Herbert mal rauskommt und ein bisschen abgelenkt wird.

Wir kommen erst am 8. Januar wieder, deswegen lege ich die Geschenke für die Kinder bei. Für Leo das *Rebel Trooper Battle Pack* und dieses Flugzeug, *Arrowhead*. Da freut er sich doch bestimmt. Für Lina ein Batik-Set und ganz viel Heidesand. Bei Lukas wusste ich nicht so recht. Ich hoffe, er kann mit dem Experimentierkasten Chemie was anfangen. Und dann habe ich ihm die neue CD von Reinhard Mey beigelegt. Dass er auch mal gute Musik kennenlernt und von diesem

Rap wegkommt. Und für alle drei die bunten Wollsocken, wie jedes Jahr. Damit sie sich nicht erkälten. Sei ganz lieb gedrückt und geküsst von deinem Papa und deiner Mama. Fröhliche Weihnachten!»

Ich habe den Brief zurückgelegt, das Paket sorgsam verschlossen und in den Heizungskeller gebracht. Seitdem grübele ich. Wie um Himmels willen bringe ich das bloß meinen Kindern bei?

André Herrmann
Offgerocht

Es war Montag, zweiter Weihnachtsfeiertag. Wir standen auf der Terrasse im Dunkeln und rauchten. Unschlüssig drehte ich das Röhrchen in meiner Tasche hin und her. Ich wusste nicht, ob es eine gute oder eine total bescheuerte Idee war. Natürlich, seit mein Vater keinen Alkohol mehr trank und die neuen Azubis auf Arbeit hatte, hatte er mir ständig damit in den Ohren gelegen. Das müsse man doch mal probieren. Die Azubis auf Arbeit machten das ständig. Das könne doch nicht so schwierig sein, so was zu besorgen, gerade bei dir in Leipzig, und so weiter. Nur bei meiner Mutter war ich mir nicht so sicher.

Ach, egal, dachte ich und zog das Röhrchen hervor. «So», sagte ich. «Frohe Weihnachten noch mal.»

«Was'n des?», fragte mein Vater. «Das is'n Joint», sagte ich.

«Oh Gott!», rief meine Mutter und wich einen Schritt zurück. «Willst du uns alle ins Gefängnis bringen?»

«Ein echter?», rief mein Vater begeistert. «Los, mach an!»

«Da kommt man nich' ins Gefängnis», sagte ich. «Nicht wegen einem Joint.»

«Pscht!», machte meine Mutter. «Sag des Wort nich' so laut!»

«Von dir aus Leipzig, oder was?», fragte mein Vater. Ich nickte.

«Also ich find das nich' so okay, dass du da mitmachst», sagte meine Mutter.

«Ich mach da überhaupt nich' mit», sagte ich.

«Da wirste lustig von!», rief mein Vater.

«Najaaa», sagte ich, «eigentlich macht das eher so entspannt.»

«Quatsch, da lachste die ganze Zeit!», rief mein Vater. «Sagen die off Arbeet alle!»

«Also ich schlaf davon eher ein», sagte ich. Meine Mutter sah mich entgeistert an: «Hast du schon mal gekifft, Antreh?» – «Neee», sagte ich, «steht alles im Internet!»

«Gib ma' Feuer!», rief mein Vater und steckte sich das Ding zwischen die Lippen.

«Bist du wahnsinnig?», rief meine Mutter. «Da wirste süchtig!»

«Quatsch», sagte ich. «Da wirste nich' gleich süchtig!»

«Na und?», sagte mein Vater. «Du isst och dauernd Marzipan!»

«Davon wirst du nur ein bisschen locker», sagte ich. «Und Hunger kriegste.»

«Hörste? Noch mehr Marzipan!», lachte mein Vater.

«Orr nee, nee, nee, Antreh, du stürzt uns noch alle ins Unglück», murmelte meine Mutter.

«Hätt'st aber ruhig ma für jeden een mitbringen könn'!», sagte mein Vater.

«Das reicht locker», sagte ich. «Zieht einfach zwei-, dreimal und wartet dann, wie's wirkt.»

Doch mein Vater hatte das Ding längst angezündet und zog wie ein Irrer daran. «Mach langsam», sagte ich, «das is' stark.» – «Antreh, ich roch seit 35 Jahren, du musst mir nich' erklären, wie man rocht!», knurrte mein Vater, atmete kurz aus, nahm noch einen Zug und hielt mir anschließend den Joint hin.

«Nee», sagte ich, «der Maik holt mich nachher noch ab.»

«Pff», machte mein Vater und zog noch zweimal, ehe er das Teil meiner Mutter hinhielt.

«Nee, nee», sagte sie abwehrend.

«Komm! Mitjehangen, mitjefangen», rief mein Vater.

Ungelenk nahm meine Mutter den Joint zwischen die Finger und dann einen winzigen Zug. «Hihi», machte sie. «Wir kiffen.»

Eine Weile sagten wir nichts. Mein Vater, weil er beschäftigt war, sich Hit um Hit zu geben, und meine Mutter, weil sie sich ausmalte, wie wir gleich vom SEK überwältigt werden würden.

«Also, ich fühl mich jetz noch nich' so lustig!», rief mein Vater.

«Das kommt schon», sagte ich.

Meine Mutter stand mit hängenden Armen neben mir und starrte vor sich hin. Man konnte sehen, wie es in ihrem Kopf ratterte.

«Und du?», fragte ich. – «Ich denke», sagte sie.

«Ja, das seh ich», sagte ich. «Aber merkste was?»

«Ich merk' nix», sagte sie.

«Ja, ich hab doch gesagt, du musst 'n Moment warten», sagte ich.

«Nee», rief sie. «Ich merk' wirklich nix!» Wie eine Figur aus der Augsburger Puppenkiste schlenkerte sie ihren Arm nach oben und schlug mit dem anderen wie wild darauf ein. «Hier, nix!», rief sie. «Keen Gefühl mehr! Und alles sooo schwer!»

Mein Vater hielt ihr den Joint hin. «Ich geh rein», rief sie und trottete wie von unsichtbaren Schnüren gelenkt ins Haus.

«Und bei dir?», fragte ich, als nur noch mein Vater und ich auf der Terrasse standen. Mein Vater blickte mich mit großen Augen an. «Antreh, ich hab lange drüber nachgedacht», sagte er. «Weißte, was mir aufgefallen is'?»

Oh Gott, dachte ich, was hatte ich angerichtet? Mutter spürt ihren Körper nicht mehr, und mein Vater, der stoischste Mensch der Welt, dessen Kommunikation sich normalerweise auf Aussagen beschränkte wie «Ja», «Nein» und «Ich fahr zu Aldi, brauchste was?», mein Vater war kurz davor, zum *real talk* anzusetzen.

«Antreh», sagte mein Vater.

«Vadder», sagte ich.

«'ne Nektarine ist glatt. Enn Pfirsich hat Fell. Und 'ne Mirabelle ist eigentlich 'ne Pflaume, ich weeß, och wenn sie wie'n kleener Pfirsich aussieht. Also Nektarine, mein' ich.»

«Ich seh schon, du merkst gar nichts von dem Zeug», sagte ich.

«Mhm», nickte mein Vater und starrte auf den halbgerauchten Joint.

«Ich geh mal gucken, was die Mutter macht», sagte ich und ging ins Haus.

Im Wohnzimmer war es totenstill, nur die Lichterkette des Weihnachtsbaums summte leise vor sich hin. Ich ging in die Küche, nichts. Erst, als ich in die Diele trat, hörte ich ein leises Fauchen. Langsam ging ich weiter. Vorm Bad stand meine Katze, machte einen Buckel und fauchte wild die angelehnte Tür an. Ganz vorsichtig schob ich sie ein wenig auf, als plötzlich ein barbarischer Urschrei erklang. Kreidebleich kniete meine Mutter vor der Toilette und streckte mir abwehrend ihre Hand entgegen.

«Antreh! Komm nich' näher», rief sie und drückte einen erneuten Schrei in die Schüssel. «Ich gloob, ich werd' irgendwie krank.»

Auweia, dachte ich und drehte mich um. Was hatte ich getan? Mein Vater war wahnsinnig geworden und philosophierte nur noch über Pfirsiche, und Mutter kotzte sich die Seele aus dem Leib. Ich war ein Monster.

Schnell ging ich wieder nach draußen. Mein Vater stand regungslos auf der Terrasse. «Alles gut?», fragte ich. Er reagierte nicht. Ich ging einen Schritt auf ihn zu und legte vorsichtig meine Hand auf seine Schulter. Er zuckte. «Um Gottes willen!», brüllte er und schlug um sich.

«Was is' denn mit dir los?», rief ich. «Wo is'n das Teil?»

«Hab ich offgerocht», sagte mein Vater.

«Du hast was?», rief ich.

«War nich' gut?», fragte er.

«Du kannst doch nicht das ganze Teil aufrauchen!», rief ich. «Guck ma, was du für Zeug erzählst. Die Mutter kotzt schon, ich hab doch gesagt, ihr sollt langsam machen!»

Mein Vater begann zu grinsen: «Es is' schon faszinierend, Antreh», sagte er.

«Jaja», sagte ich. «Die Pfirsiche!»

«De Sterne!», rief er und ließ seine Hand über den Horizont gleiten.

«Jaja. Wir geh'n mal lieber rein», sagte ich und nahm ihn bei der Hand. Ganz langsam schob ich ihn durchs Wohnzimmer. Als wir durch die Diele kamen, warf ich einen kurzen Blick ins Bad. Mit ausgebreiteten Armen lag meine Mutter auf dem Badvorleger und genoss die Qualitäten unserer Fußbodenheizung.

«Alles gut bei dir?», rief ich.

«Ich wollt grad aufstehen, aber dann war alles so schwer», murmelte meine Mutter.

«Bleib einfach liegen», sagte ich und schob meinen Vater weiter. Als wir kurz vor der Treppe waren, die zum Keller und zum zweiten Bad führte, hielt er abrupt inne.

«Antreh!», rief er. «Siehst du das?»

«Was seh ich?», fragte ich.

«Wenn ich loofe, dann is' mein Kopf immer schon fünf Meter weiter, aber mein Körper is noch immer dahinten!»

«Ja, das kommt vor», sagte ich und löschte meine Idee, meinen Eltern das nächste Mal ein paar Pilze mitzubringen.

«So», sagte ich zu meinem Vater, als wir im unteren Bad angekommen waren. «Hinsetzen!»

Mein Vater kniete sich auf den Badvorleger und befühlte die Fliesen. «Orr, warm», rief er und legte sich hin.

«Ja, oder so», sagte ich.

«Was macht'n deine Mutter?», fragte er.

«Ja, da geh ich jetz gucken», sagte ich. «Kannst du aufstehen?»

Mein Vater zuckte mit dem Kopf, aber sein Körper blieb liegen. «Umso besser», sagte ich.

Eilig ging ich die Treppe hinauf. Kein Fauchen war zu hören, kein Urschrei. Ich ging durch die Küche, bog gerade in die Diele und erstarrte. Kreidebleich, mit hängendem Kopf und zahllosen verklebten Haarsträhnen im Gesicht, robbte meine Mutter Richtung Keller. Es sah aus, als wolle das komische Mädchen aus *The Ring* gerade wieder jemanden zu sich in den Brunnen holen.

«Mutter, warum bleibst du denn nicht im Bad?», rief ich. Meine Mutter rollte sich auf den Rücken, starrte die Decke an und seufzte: «Ich hab mir Sorgen um dein' Vater gemacht. Aber is' alles so schwer!»

«Bleib mal da liegen!», rief ich und spurtete Richtung Keller. Schon als ich an der Treppe angekommen war, musste ich halten. Wie ein nasser Sack hing mein Vater auf der dritten Treppenstufe und ließ den Kopf hängen. «Vater, was machst du denn?»

«Ich wollt ma' gucken, was deine Mutter so macht»,

seufzte er und schüttelte den Kopf. «Aber ’s geht einfach nich!» Dann zog er sich mühsam eine Treppenstufe nach oben und seufzte.

Süß, dachte ich. Da sind sie völlig breit und machen sich Sorgen umeinander. Und wenn sie Glück haben, dann kommen sie in zwei bis drei Stunden vielleicht auch beieinander an.

In dem Moment klingelte es. Das heißt, eigentlich hörte man nur einen ohrenbetäubenden Knall und kurz darauf das Scheppern irgendwo im Umkreis landender Briefkastenteile.

«Das is’ der Maik», sagte ich, stieg über meine herumliegende Mutter und ging zur Tür.

«Aldr, vergiss Polen!», brüllte Maik und hielt mir einen winzig kleinen Böller vor die Nase. «Ich sach nur Bulgarien! Denen is’ alles scheißegal.»

«Mhm, vor allem deine Finger», sagte ich.

«Hast gemacht mit deinen Eltern?»

«Jo», sagte ich kopfschüttelnd. «Willste ma seh’n das Elend?» Ich trat einen Schritt beiseite und schob die Tür zum Wohnzimmer auf. Wie zwei übergroße Geschenke lagen meine Eltern Arm in Arm unterm Weihnachtsbaum und vernichteten gerade sämtliche Süßigkeiten.

«Hamm halt Hunger», grinste Maik.

«Ach, der kleene Maik», rief meine Mutter.

«Antreh, hamm wir noch Pfirsiche?», rief mein Vater. «Nektarine geht och!»

«Hast noch was von dem Zeug?», fragte Maik.

«Jo», sagte ich.

«Na dann fahr’mer zu mir», grinste er.

«Hast du Fußbodenheizung?»

«Jo, im Bad, wieso?», fragte Maik.

«Nur so», sagte ich. «Nur so.»

Sebastian Schnoy
Essen steht im Kühlschrank

Das Besondere an Weihnachten in der kleinen Stadt sind immer die Leute aus der großen Stadt. Sie kommen wieder. All jene, die in der kleinen Stadt aufgewachsen sind, es aber irgendwie geschafft haben, in die große Stadt zu ziehen, um dort ein aufregenderes, irgendwie größeres Leben zu leben, wie es eben nur in großen Städten möglich ist. Sie alle kommen am 24. Dezember zurück. Sie wärmen sich zwei, maximal drei Tage an Glühweinbechern und an alten, schon oft aufgewärmten Geschichten und haben vor allem Mitleid mit denen, die dort immer noch abhängen. Dann fahren sie beruhigt nach Hause. Denn beruhigend ist vor allem die Gewissheit, das Richtige getan zu haben, nämlich in der großen Stadt zu leben.

Ich gehöre zu ihnen. Ich bin Schriftsteller. Schon für die Inspiration brauche ich die große Stadt. Ein Leben außerhalb des Zustellgebietes eines 24-h-Sushi-Lieferservices kann ich mir nicht mehr vorstellen. In meinem engeren Freundeskreis finden sich Musiker, die in den USA auf Tour waren, eine Staatsanwältin, ein Kampagnenexperte, der zum Team von Macron in Frankreich gehörte, und ein Maler, von dem das Moma in New York ein Bild erwarb. Meist reden wir englisch oder auch französisch, um niemanden auszugrenzen, wenn wir uns auf meiner Dachterrasse treffen.

Trotzdem hänge ich zu Weihnachten mit Jens ab, der in der kleinen Stadt im Hyundai-Autohaus arbeitet, mit Nils aus dem Sägewerk und mit Kai, einem Maler, der bei der

Renovierung der Schule die Wände weiß anstrich und für gewöhnlich seine Mittagspause schlafend in einem weißen Hyundai-Bus verbringt. Nicht zu vergessen Marko, der den Edeka-Markt von seinem Vater übernommen hat. Ich mache das eigentlich nur, um mich besser zu fühlen und weil mich meine Mutter immer wieder hartnäckig einlädt. Vor zwei Jahren lief es noch so:

«Also, du kommst dann um 16 Uhr 32 an, auf Gleis 2?»

«Ja, mal gucken.»

«Denn da wird ja gebaut. Im Moment sind Gleis 1 und 2 gesperrt, und alles kommt auf 3 und 4 an.»

«Es gibt doch nur vier Gleise, Mama. Wir werden uns schon finden.»

«Ich möchte aber schon wissen, an welchem Gleis du ankommst, denn sonst stehe ich am falschen Gleis.»

Mein Bruder, nur zwei Jahre jünger als ich, kam in dem Jahr noch einen Zug später an. Ich holte ihn mit dem Hyundai meiner Eltern ab, während meine Mutter irgendwas im Ofen wenden musste. Am Bahnhof erkannte ich ihn schon von weitem an der Art, wie er ging, dann sagte er «Hi» und ich auch, und damit war zwischen uns schon fast alles gesagt.

Meine Mutter gab sich entsetzlich viel Mühe mit Dingen, auf die ich keinen Wert lege. Schweres Essen, das über Stunden gegart werden musste. Bröckelige Kekse, die sie über Wochen gebacken hatte und einem im Zwanzigminutentakt unter die Nase hielt. Wofür sie stets einen Blechdeckel von einer blechernen Keksdose lösen musste, der gerne auf die Fliesen sprang und dort ein unschönes Dengelgeräusch machte. Dazu die überbordende Tischdekoration, der leuchtende Elch vor der Haustür, der ganze Tinnef. Sie nötigte meinen alten Vater in jedem Jahr, einen echten Christbaum zu besorgen, obwohl ihm Weihnachten so egal war wie meinem Bruder und mir. «Aber echte Tannenzweige duften so schön», schwärmte sie. Wir drei zuckten an einem 24.12. abwechselnd mit den Schultern, wenn sie rief: «Bescherung!», oder: «Es gibt noch Nachtisch! Ich sage nur ‹Mousse au chocolat›!» Es war, als wollten wir mit jedem Schulterzucken sagen: «Mutter, tja, sie ist eben süchtig nach dem ganzen Brimborium.»

«Karten für die Elbphilharmonie! Wie schön!», jauchzte sie später und drückte mich an sich.

«Na ja, vor allem Karten für Barenboim, der dirigiert die Berliner Staatskapelle, also Leute, die das auch können, die vor allem Bruckner können.»

«Ach, da wollten wir eh immer schon mal hin, in die Elbphilharmonie. Soll ja sehr schön geworden sein.»

Während wir so mit meinen Eltern dasaßen, vor allem mit meiner Mutter, die sich über alles freute wie ein Kind, warteten wir insgeheim darauf, dass sie bald ins Bett gehen würde, als seien eigentlich wir ihre Eltern. Spätestens um 23 Uhr war der Spuk vorbei.

«Nach dem Likör werde ich gut schlafen», frohlockte sie ein letztes Mal. Dann löschte mein Vater die Kerzen. Meine Eltern waren endlich im Bett.

Die Lichterketten durften an diesem Heiligen Abend die ganze Nacht durchbrennen. Aber der Tisch war abgeräumt, das Tablett stand hochkant und gewischt an die Fliesen gelehnt und trocknete. Das Geschenkpapier war von meinem Vater schon früh in den Altpapiercontainer an der Ecke gesteckt worden, bevor es die anderen Nachbarn taten. Er hatte an diesem Punkt einen gewissen sportlichen Ehrgeiz entwickelt: «Lasst uns die Bescherung vor dem Essen machen, sonst ist der Container voll. Frau Hoffmann bekommt einen

Crosstrainer, ich hab den Karton gesehen, ein Riesending. Wenn der erst mal drin ist, geht nichts mehr rein.»

Schließlich waren alle Programmpunkte abgehakt, und ich konnte ins *Roxy* gehen.

«Ich komm mit», sagte mein Bruder.

«Okay.»

Dort entstiegen all die großen Kinder, die nun dreißig Jahre alt waren, verschiedenen Hyundais und standen lange mit Bierflaschen in der Hand zusammen.

«Ey, Marco, was geht ab bei Edeka?»

«Viel Arbeit. Mein Alter ist nicht mehr, und ich habe noch die beiden Märkte in Reustorf und Wunstorf, da hab ich mir echt was ans Bein gebunden. Lang nicht gesehen, Digger.»

«Tut mir leid mit deinem Vater. Wir haben uns ein Jahr nicht gesehen, Marco, exakt vor 365 Tagen, wir sehen uns immer genau ein Jahr nicht. Wo ist denn Nils?»

«Thailand. Läuft bei ihm.»

Alle standen vor dem *Roxy*, da man drinnen nicht rauchen durfte. Die Hand, die nicht die Flasche hielt, steckten die meisten in ihre Jackentaschen. Immer wieder zog jemand die Schultern hoch, nicht weil man im Gespräch an einem Punkt keine Antwort wusste, sondern weil man fröstelte. Deswegen tänzelte Marco von einem Fuß auf den anderen. Es war Tradition, sich für den nächsten Tag zu verabreden und dann nicht zu kommen, denn am ersten Weihnachtstag fuhren viele schon wieder nach Hause. Die Vorhersehbarkeit dieses scheinheiligen Abends, die kurze Anspannung und das schnelle Erschlaffen, die stets gleichen Gespräche bei meinen Eltern wie mit den Leuten, mit denen ich in die Schule gegangen war, diese Mischung aus Verlegenheit, Lachern und Seufzern ließen mich den Zeitrahmen für diese kleine Weihnachtsexpedition immer weiter zusammenstreichen.

«Du kommst erst um 18 Uhr 32?», fragte meine Mutter elf Monate später am Telefon. «Das lohnt sich doch gar nicht.»

«Ich muss noch viel erledigen, bis ich den Rechner zuklappen kann. Ich bin aber pünktlich zum Essen da. Der Abend ist dann doch noch lang genug.»

«Dein Papa geht jetzt immer um zehn ins Bett, und ihr haut dann doch ab in die Kneipe.»

«Nee, das ist doch so spät, da schlaft ihr schon.»

«Na, dann mach mal, wie du denkst», sagte sie, und das sagte sie immer, wenn sie mit etwas nicht einverstanden war. Es war eine sehr diplomatische Art des Protestes.

«Ich habe eine Idee, Mama», hörte ich mich, als habe ich eine Idee, dabei war es eine Erkenntnis, die ich seit Jahren mit mir herumtrug. «Du musst doch nicht so viel Aufwand betreiben, ein einfaches Essen tut es auch, der Baum ist irre viel Arbeit, dafür, dass wir ihn nur kurz anschauen, und mit den Geschenken musst du dir auch nicht so einen Kopp machen.»

«Na, dann gucken wir mal, wie wir das hinkriegen», sagte sie, und dann hörte ich gar nichts mehr. Üblicherweise verdichteten sich im Dezember die Nachfragen, wann ich denn nun genau käme, aber diesmal blieb es erstaunlich ruhig. Nun, meine Ankunftszeit hatte ich ihr ja mitgeteilt, und in der Tat war ich so eingespannt, dass ich erst wieder an meine Mutter dachte, als ich in der kleinen Stadt aus dem Zug stieg.

Sie war nicht da. Allerdings hatten wir die sinnlose Diskussion, auf welchem der vier Gleise ich nun ankommen würde, ausgelassen, und nun stand sie vielleicht auf dem anderen. Aber dort war sie ebenso wenig wie in der Bahnhofshalle. Egal, dachte ich, springe ich halt in ein Taxi und fahre die vier Kilometer. An dem kleinen Taxistand war auch eines, setzte sich aber in Bewegung, als ich es anschaute.

Kein Problem, dachte ich und tippte auf dem Handy auf die App *mytaxi*. Bei der sah man eine Karte des Stadtteils, in dem man sich befand, mit sich bewegenden Punkten, die jeweils ein Taxi markierten, das gerade auf diesem Kartenausschnitt unterwegs war. In der großen Stadt sah das immer wie ein Bienenstock aus. In der kleinen Stadt zeigte die App zwar eine Karte an, aber keine Taxis. Erst als ich die Karte mit zwei Fingern zusammenschob und damit den Maßstab vergrößerte, sodass die nächsten, rund fünfzig Kilometer entfernten Orte mit angezeigt wurden, tauchten Punkte auf. Das machte keinen Sinn. Aber Google fand eine Taxizentrale in der kleinen Stadt, nämlich die *Taxizentrale Niemeyer*, und dort rief ich an: «Ich stehe am Hauptbahnhof, könnten Sie ein Taxi schicken?»

«Tut mir leid. Das Taxi ist gerade unterwegs nach Neumosen. Das wird dauern», ließ man mich wissen.

DAS Taxi, dachte ich, hatten sie nur eines?

Mein Ärger wurde durch das Hupen eines kleinen weißen Hyundai-Buses gestört.

«Sebastian! Na, wieder da?»

Kai. Er brachte mich rum.

«Musst du den Bus nicht abgeben nach der Arbeit?», fragte ich.

«Nö.»

«Fahr hier rein, du wirst gleich einen leuchtenden Elch sehen. Das ist das Haus.»

«Ich weiß doch, wo du wohnst.»

Vor dem Haus leuchtete kein Elch, trotzdem stoppte Kai genau vor dem Eingang. Die Laterne neben der Haustür war die einzige Lichtquelle, alle Fenster dunkel. Nicht, dass meine Eltern mich noch am Bahnhof suchten. Als ich klingelte und niemand öffnete, war mir klar, dass sie doch am Bahnhof sein mussten. Ich hätte mit Kai zurückfahren können, aber er hatte gleich gedreht. Mein Vater machte auch gern mal ein Schläfchen, Power-Napping würde man heute sagen; er nutzte manche Gelegenheit, sich irgendwo hinzuhauen. Sagte er in einem bestimmten Tonfall: «Ich hole mal Nachschub aus dem Keller», dann tauchte er nicht mehr auf, bis wir ihn auf dem alten Sofa fanden, das dort unten stand, weil es nicht mehr schön genug für oben war. Aber die Türklingel konnte auch Tote wecken, langsam, aber laut erklangen alle Töne des Big Ben in London: Ding-Dang-Ding-Dong Dong-Ding-Dang-Ding. Nichts rührte sich. Ich fingerte hinter einem Blumentopf, wo sich in einem Vogelhäuschen früher immer ein Hausschlüssel befunden hatte, und tatsächlich, er klimperte in meiner Hand.

Vorsichtig betrat ich den Flur. Einen Moment hatte ich Angst, ein Einbrecher habe sie vielleicht mit den Keksdosen erschlagen. Doch alles war leer und aufgeräumt. Auf der Küchenplatte lag ein Zettel. Ich las: «Lieber Sebastian, lieber Sven, da wir den Eindruck hatten, dass euch wenig an Weihnachten liegt, haben wir uns entschlossen, diesmal über die Tage eine Kreuzfahrt zu machen. Wir sind heute in der Karibik zwischen Guadeloupe und Martinique. Die Betten in euren Kinderzimmern sind bezogen. Was zu essen steht im Kühlschrank. Frohe Weihnachten und viel Spaß im *Roxy* … Mama & Papa.»

Der Big-Ben-Gong an der Haustür ertönte aufs Neue.

Mein Bruder.

«Ey, du gehst nicht an dein Handy. Wo warst du? Jetzt habe ich sieben Euro fürs Taxi aus dem Fenster geschmissen.»

Sein Blick schweifte. «Wo sind Mama und Papa?»

«Lies den Brief.»

Er las den Brief.

Auf der Lehne des Sofas lag die *Hörzu* mit der Seite aufgeschlagen, die das Programm vom 20. Dezember zeigte. Sie waren schon einige Tage weg.

«Wieso sind die verreist?»

«Hat sie doch geschrieben.»

Ich ging die Treppe ins obere Stockwerk hinauf. Auf unseren Betten lagen jeweils ein großes und ein kleines Handtuch. Aus dem Dachgeschoss flimmerte das Licht eines Fernsehers ins Treppenhaus. Mein Puls beschleunigte sich. Ausgeschlossen, dass mein Vater vergessen hatte, den Fernseher auszuschalten. Es war alles nur ein Spaß, die beiden hatten sich da oben versteckt! Ich hatte schon verstanden. Meine Mutter war ein bisschen eingeschnappt.

«Hallo, Mama! Hallo, Papa!», rief ich laut. «Wir sind da!»

Ich betrat das Fernsehzimmer. Das, was wie ein Fernseher leuchtete, war eine LED-Lampe, gebaut, um mit fernsehtypischen Lichtwechseln Einbrecher abzuschrecken. Sie hatte sich erst eingeschaltet, als ich schon im Haus war.

Im Kühlschrank standen zwei Lasagne in Pappverpackung.

«Wieso rufst du nach Mama und Papa? *Sie sind nicht da*», sagte mein Bruder so ruhig, als müsse er mir gleich eine Spritze geben.

Ich stellte den Backofen an. Darin befand sich der Schmortopf, in dem sonst zu diesem Zeitpunkt ein Braten brutzelte. Ich nahm ihn heraus, stellte die beiden Lasagne hinein und schaltete Herd und Fernseher an. Weihnachten mit Carmen Nebel. Der Christbaum im Studio war prächtig.

«Wer hat es nötig, sich so was anzuschauen?», fragte mein Bruder mitleidig.

«Leute, die keine Familie haben, die zu Hause alleine hocken, alte Leutchen, deren Kinder Weihnachten lieber auf den Malediven verbringen, für die ist das», klärte ich ihn auf.

Wir aßen die Lasagne mit Carmen Nebel.

«Boah, ist die heiß!», schrie mein Bruder und kurz darauf: «Aber in der Mitte ist noch Eis, bäh.»

«Koch doch selber, wenn du es besser kannst», sagte ich und ließ beide Lasagne von den Tellern in den Mülleimer rutschen.

«Wieso haben uns Mama und Papa nicht informiert, dann hätten wir uns die Reise sparen können?», kam er zur eigentlichen Frage zurück, dann lachte er: «Guck mal, der Clown!»

Ich ließ ihn alleine mit Carmen Nebels Clown und ging in den Keller. In der Werkstatt meines Vaters hingen die Werkzeuge geordnet an der Wand über der Werkbank. Schrauben waren nach Größen in Dosen sortiert. Als ich im Vorratskeller die Keksdosen sah, konnte ich nicht dem Impuls widerstehen, eine zu öffnen. Sie war leer. Der Deckel flutschte mir aus den Händen und machte auf dem Fliesenboden ein Dengelgeräusch. Ich nahm eine Flasche Rotwein und stieß unter der Treppe noch auf den Leuchtelch. Den werde ich anschalten, dachte ich, und nahm ihn mit nach oben.

«Komm, lass uns ins *Roxy* fahren», sagte mein Bruder.

«Wir haben kein Auto.»

«Dann nehmen wir die Räder.»

Wir radelten den Heinemannweg hinunter, später durch den Park. Der Weg wurde nur durch das flüchtige, zitternde Licht unserer Fahrradlampen beleuchtet. Hinter dem Park lag die Schule, der Parkplatz war leer.

«Alter, wir mit dem Rad Richtung Schule, das ist jetzt aber echt lange her!», rief mein Bruder und schien mir beunruhigend lebendig.

Es war wenig los vorm *Roxy*, das einzige Gesicht, das ich kannte, war das von Jens.

«Kein Auto?», lautete seine Begrüßung.

«Läuft der Tucson von euren Eltern nicht?», fragte er.

«Doch, die sind mit dem wohl zum Flughafen, egal.»

«Ich geb euch morgen einen Ersatzwagen», sagte er knapp und nahm einen Schluck Bier.

«Habt ihr nicht zu am ersten Weihnachtstag?»

Er hielt mir einen Schlüssel hin.

«Ich kann aufschließen.»

«Danke, Mann», sagte mein Bruder.

«Ey, ihr ahnt nicht, was Kai abgezogen hat», sagte Jens und wartete nicht ab, ob uns das interessierte. «Der ist neulich völlig besoffen mit seinem Golf von der Straße abgekommen und den Deich runter, so halb in den Wassergraben rein, rausgekrabbelt und winkte dann auf der Straße. Und wer kam in dem Moment vorbei? Ich. Ich hab echt geguckt!»

«Oh, das gibt aber Punkte und Strafe, wie lang muss man da seinen Lappen abgeben? Bekommt man den überhaupt wieder?», fragte mein Bruder.

«Nix», sagte Jens. «Ich hab gleich Nils angerufen, der ist mit dem Trecker gekommen und hat ihn kurzerhand aus dem Graben gezogen.»

«Ist aber auch ’ne scheißenge Straße hier», sagte ich. In der Stadt mit den vielen Straßenlaternen sieht man einfach besser.

«Lass mich raten», sagte mein Bruder. «Am nächsten Tag findet die Polizei das Wrack und macht richtig Ärger.»

«Welche Polizei? Der Golf war definitiv hin. Und Kai sagte auch: Was machen wir mit dem Golf? Ich hab ihm dann gesagt, wir können ihn bei mir auf den Hof stellen, und ich zaubere ihn dann weg.»

«Klar, fällt auch nicht auf, wenn ein Trecker ein Autowrack durch die Stadt schleift.»

«Nee, Nils hatte die Gabel am Trecker, mit der sie die Baumstämme aufnehmen, ist fast wie ein Gabelstapler, das haben vielleicht zwei Leute gesehen, war in der Woche und echt spät.»

Als ich in der großen Stadt zuletzt Probleme mit dem Auto hatte und es nicht ansprang, habe ich mit dem Überbrückungskabel in Rot und Schwarz ebenfalls winkend an der Straße gestanden. Nur hat niemand angehalten, und schließlich musste ich mit dem Handy ein Taxi rufen. Dessen Fahrer erklärte mir, dass sie keine Starthilfe mehr geben dürften. Ich behielt die Geschichte für mich. Die große Stadt schnitt dabei nicht so gut ab. Ich hätte, als mein Wagen nicht mehr ansprang, Nils gebraucht: ‹Ey, Sebastian, ich nehme deinen Wagen mit der Gabel hoch und stell ihn dir vor die Tür, ist ja nicht weit.›

«Ich mach halt alles für neue Kunden», kicherte Jens.

«Was ist?», fragte ich meinen Bruder, der länger nichts gesagt hatte.

Er schaute traurig in seine Flasche und sagte: «Keinen Braten.»

Ich schaute ihn an.

«Keinen Baum.»

Ich schüttelte ihn: «Komm wieder zu dir, was ist denn mit dir los?»

«Kein Mousse au chocolat!», schrie er.

Ich gab ihm eine kleine Ohrfeige. «Wach auf, Bruder!»

«Sie will uns fertigmachen!», schluchzte er.

«Komm, wir gehen rein, da kommst du auf andere Gedanken.»

Der Türsteher im *Roxy* trat uns überraschend in den Weg.

«Er nicht», sagte er und zeigte auf meinen Bruder.

«Was soll das? Wir waren eben schon drin.»

«Er nicht», wiederholte der Türsteher. «Wenn er drinnen so austickt wie eben hier draußen, haben wir ein Problem, und wir wollen keine Probleme.»

«Du bist nicht von hier, oder?», fragte ich ihn.

«Türsteher sind nie von da, wo sie aufpassen sollen, sonst wäre der Job noch nerviger.»

Ich hatte nicht bemerkt, dass mein Bruder viel getrunken hatte, deswegen war ich überrascht, als er den Türsteher am Kragen packte: «Na, was hast du heute geschenkt bekommen?»

Der Türsteher war etwas perplex ob dieser Frage und zog nur die Augenbrauen hoch.

«Und was gab es bei dir zu essen? Häh? Lachs? Braten? Oder etwa eine Gans?»

«Nimm ihn jetzt mit, bevor ich ihm weh tun muss», zischte der Türsteher und schubste meinen Bruder in meine Arme.

«Komm, lass uns nach Hause, wir machen es uns dort schön, okay?», schlug ich vor.

«Lasagne, außen zu heiß, innen Eis!», wimmerte er.

«Was hat er bloß genommen?», fragte der Türsteher. «Kekse? Da muss man echt aufpassen, erst merkt man nichts, und dann trifft einen der Schlag, böse Sache.»

«Nicht mal Kekse!», schrie mein Bruder und trat gegen einen Papierkorb.

Als mein Bruder auf dem Rad im Park ein Lied von Carmen Nebel sang, machte ich mir ernsthaft Sorgen. Emotionen waren ihm bislang völlig fremd gewesen. Er hatte BWL studiert und arbeitete bei einer Versicherung. Ich wusste indes, dass gerade vermeintlich rationale Menschen bei auftretendem Chaos irrational reagieren können. Ähnlich wie Autisten, die nur mit einem bis ins Detail geregelten Alltag zurechtkommen und bei jeder kleinsten Überraschung scheitern, umgibt jeden Menschen, der ein besonders geregeltes Leben führt, ein Hauch von Autismus. Mein Bruder war dieser Ausnahmesituation emotional nicht gewachsen.

Als er in den Hausflur kam und den Leuchtelch erblickte, rief er: «Der Elch! Komm, den schließen wir an.»

Eigentlich dachte ich nur noch daran, ins Bett zu gehen. Aber gut, schlossen wir eben noch den Elch an und legten uns dann hin. Auch wenn wir ihn dann nicht mehr sehen würden, den Elch, und insofern nicht anzuschließen brauchten. Aber für diese logischen Feinheiten war nicht die Stimmung.

Mein Bruder stellte den Elch neben die Haustür unter das Vordach, enttüddelte das Kabel und fingerte nach der Außensteckdose hinter dem Buchsbaum. Ich schaute in der Erwartung zu, dass der Elch nun aufleuchten würde. Aber es gab nur einen Blitz, direkt vor der Steckdose, und einen kurzen Aufschrei meines Bruders. Die Außenlampe des Hauses erlosch, ebenso die Beleuchtung im Flur, und ich sah nur noch den Schatten meines Bruders gegen den Schein der Straßenlaterne, wie er wegsprang. Als sein Fuß ins Leere trat, da ihm nicht klar war, wo auf der Vortreppe er nun stand, sah ich noch seine Hand, die ins Leere griff, bis er auf dem Betonplattenweg aufschlug.

«Sven!», rief ich.

«Mein Fuß!», schrie er.

Der Rettungswagen tauchte den Vorgarten in das grelle Licht seiner Scheinwerfer. Zwei grimmige Sanitäter halfen Sven auf die Trage, bis mich der eine erkannte: «Hey, Sebastian, wohnst du hier etwa noch?»

Er bemerkte mein Zögern.

«Martin, Realschule da unten, du bist ja irgendwann abgehauen.»

«Ach, Martin, klar, bei Frau Angerer.»

«Ja, Horrorjahrgang.»

Sie schoben Sven in den Wagen, dann steckte sich Martin eine Zigarette an.

«Bist du öfter hier?», fragte er.

«Immer zu Weihnachten, wegen meiner Mutter.»

«Ha, ha, ja, die alten Damen hängen so sehr daran, meine auch, und die Jungen sind genervt. Dein Bruder?»

Er zeigte auf die Ladefläche mit einer emotionslosen Geste, als sei mein Bruder Rotwild, das man nachts auf der Straße angefahren hatte und in den Kofferraum schmiss, da man keine Lust auf weitere Formalitäten hatte.

«Ja.»

Im Krankenhaus der kleinen Stadt wurde mein Bruder auf eine andere Bahre umgeladen und in die Notaufnahme gerollt.

«Bist du nachher noch im *Roxy?*», fragte Martin.

«Vielleicht», sagte ich. «Wir waren eben schon da.»

«Früh ist da nichts los, aber so ab Mitternacht wird es richtig voll.»

Hinter dem Empfangstresen saß eine Frau, die uns mitteilte, dass wir, wenn es nicht sehr akut wäre, lange warten müssten. Sie hatte eine jener Weihnachtsmützen aus Filz auf, auf deren weißem Rand rote Lämpchen in Sternform abwechselnd blinkten.

«Ich glaube, es ist akut, mein Bruder hat starke Schmerzen.»

Die Frau schaute meinen Bruder einen Moment prüfend an. Schrei schon, dachte ich, das spart uns zwei Stunden, doch er schaute ganz gerührt auf ihre Mütze und sagte nichts.

«Er ist völlig durch den Wind», flüsterte ich.

«Wir sind keine Nervenklinik», sagte sie. «Wir können uns nur den Fuß anschauen.»

Natürlich warteten wir lange, bis mein Bruder in ein Untersuchungszimmer humpeln durfte. Ich hatte ausgiebig Zeit, mir die Einladung zum Adventssingen anzuschauen, die in einem Glaskasten hing. Sie war dekoriert mit Symbolen von Geschenken und vollbärtigen und lachenden Köpfen von Weihnachtsmännern, wie man sie im Baukasten von Microsoft Office fand. *Kommen Sie vorbei!*, stand auf dem Zettel, aber der Termin lag schon in der Vergangenheit.

Auf dem Empfangstresen lag ein geschundener Adventskranz. Auf dem Flur zur Toilette, hinter einer Glastür, die sich auf Knopfdruck öffnete, stand einer dieser lieblosen Christbäume, wie sie der Hausmeister in jeder Station aufbauen musste. Er bestand aus grünem Plastik und wurde von weißen Elektrokerzen erleuchtet. Und trotzdem und trotz zahlloser Neonröhren an der Decke war dies der finstere Ort all jener, die an jedem anderen Ort lieber wären. Ich war hundemüde und wachte erst wieder auf, als wir in das Untersuchungszimmer durften. Die Stationsärztin trat ein. Sie schien hellwach inmitten all der Leute, die arbeitend oder wartend alle aufgezehrt und erschlafft wirkten. Konzentriert bewegten sich ihre Augen; alles an ihr, jede Geste, jeder Handgriff in dem weißen, gestärkten Klinikmantel war routiniert. Ihre tiefschwarzen Haare waren zu einer konzentrierten Frisur gebunden und fast wachsartig an den Kopf geklebt. Keine Strähne konnte sie ablenken. Schon zur Begrüßung leuchtete sie meinem Bruder mit einer Taschenlampe in die Augen.

«Au, ich hab Schmerzen im Fuß, nicht im Auge», sagte er viel zu theatralisch für einen BWLer.

«Das glaube ich», sagte sie ruhig. «Aber viele haben Schmerzen im Fuß, weil mit den Augen etwas nicht stimmt. Aber da ist schon mal alles in Ordnung.»

Als sie seinen Fuß abtastete und sich seine kurze Geschichte anhörte – «Ich bin gefallen» –, ergänzte ich: «Er wollte eine Lampe anschließen vor der Haustür. Dabei gab es einen Kurzschluss. Vielleicht ist er deswegen etwas neben der Spur und dann wohl umgeknickt.»

Die Ärztin rutschte auf ihrem runden Hocker mit Rollen ein Stück nach hinten, um sich die Infos anzuhören, die ich zum Unfallgeschehen geben konnte. Während ich referierte, wie mein Bruder beim Versuch, einen Elch anzuschließen, den Stromschlag bekommen und strauchelnd auf dem Gehweg aufgeschlagen war, sah ich, wie sich ihre Gesichtszüge immer weiter aufhellten. Erst zogen sich ihre Mundwinkel nach oben.

«Er ist mit dem Gesicht in einen Buchsbaum gestürzt, deswegen die Schrammen.»

Dann zeigte sie ein schönes Lächeln.

«Der Busch hat ihn zurückgefedert auf die Gehwegplatten, daher die Prellung im Gesicht.»

Sie grinste, und ich war etwas irritiert, bis sie schließlich ihre beiden Hände in den Schoß legte und rief: «Mensch, Sebastian! Das gibt's ja nicht!»

«Nicole. Das gibt es ja wirklich nicht! Mensch, warst du nicht mal blond?»

«Typisch Mann, kaum wechselt man die Haarfarbe, erkennen sie einen nicht mehr.» Sie lachte. «Ich hatte halt keinen Bock mehr auf Blond, aber okay, ich weiß, es sieht scheiße aus, ist nur 'ne Phase.»

Wir umarmten uns. Dabei fiel mir ein, dass es überhaupt das erste Mal war, dass wir uns umarmten, obwohl es jahrelang mein größter Wunsch gewesen war, sie zu umarmen oder überhaupt in ihre Nähe zu kommen. Ich konnte immer noch jeden Moment von Klassenreisen in Erinnerung rufen, auf denen ich hinter ihr hergelatscht war, durch das Watt vor St. Peter-Ording, durch den Harz oder die Lüneburger Heide.

«Du bist Ärztin?», fragte ich und merkte, dass es vielleicht nicht die intelligenteste Frage war, die jemals einer Ärztin in einer Klinik gestellt worden war.

«Ärztin? Nee, wie kommst du denn da drauf? Ich bin hier eben reingelatscht, und da hing so ein weißer Kittel am Haken.»

Sie wandte sich an meinen Bruder. Er schaute verängstigt, als glaubte er jedes Wort ihres letzten Satzes.

«Also, das ist eine Zerrung, nichts weiter, trotzdem solltest du erst mal nicht damit auftreten.»

«Mensch, ist das lange her», sagte sie, als mein Bruder mit Leihkrücken auf den Gang humpelte, und legte ihre Hand auf meine Schulter.

«Ich dachte, du lebst in der großen Stadt», sagte ich.

«Dachte ich auch. Ich hab da studiert, aber ich musste jetzt mal einen Punkt machen. Also, das vielleicht noch zu den schwarzen Haaren.»

«Ah, okay», sagte ich, wusste aber nicht, was sie meinte.

«Und du», sagte sie. Ich verstand es als Frage, aber sie fuhr fort: «Schreibst Bücher.»

«Woher weißt du das?»

«Hallo? Die stehen hier im Buchladen.»

«Ja, stimmt.»

«Bist du nachher noch im *Roxy*?»

«Vielleicht, mal sehen, wie es mit Sven läuft.»

Mein Bruder stützte sich apathisch auf die Krücken.

«Nicht auftreten», mahnte sie. «Und am 27. holst du dir eigene Krücken und diesen Stabilisierungsschuh aus dem Sanitätshaus, beziehungsweise dein lieber Bruder macht das für dich.»

«Ja, klar.»

«Danke», stöhnte er.

So sah also eine ausgeprägte Weihnachtsdepression aus. Sein Blick schien teilnahmslos, abgekoppelt von der Welt, bis sich die Glastür zum nächsten Trakt wie von Geisterhand öffnete und er den Christbaum sah.

«Ey, guck mal!», rief er, und das Leben kehrte in seine Glieder zurück. Mit letzter Kraft humpelte er auf den Christbaum zu. Auf der Station war das Licht schon im Nachtmodus, nicht so grell wie auf der Notaufnahme. Umso schöner tauchten die Lämpchen des Stationsbaumes den Flur in weiches Licht.

«Wie schön!», rief er.

Für einen rationalen Menschen war das ein Totalausfall. Doch der einzige Unterschied zwischen labilen Menschen, die auf feine Stimmungen reagieren, die mit ihrem Seelenmikrofon auch leiseste Zwischentöne mitbekommen, und jenen, die gefestigt und geerdet wirken, ist, dass die scheinbar Gefestigten ihre Gefühlswelt mit einer Mauer kontrollieren. Meist hält die Mauer. Wird jedoch durch eine Explosion ein Loch in sie gerissen, reagieren diese Menschen genauso labil wie die, die es immer tun. Dass meine Eltern auf Kreuzfahrt gegangen waren, ohne etwas zu sagen, war für meinen Bruder so eine Explosion.

«Geschenke! Sebastian, komm!», hörte ich ihn, als er die leeren Kartons entdeckte, die als Dekogeschenke in Papier eingeschlagen worden waren und unter dem Baum lagen. Er versuchte sich zu bücken und begann eines aufzureißen.

Dabei kippte eine seiner Krücken zur Seite. Er strauchelte erneut. Diesmal in den Christbaum hinein.

«Ich glaube, wir behalten ihn mal eine Nacht hier», sagte Nicole.

«Vielleicht ist das eine gute Idee», entgegnete ich.

«Dann sehen wir uns nachher im *Roxy*?», fragte sie.

«Das ist vielleicht auch eine gute Idee.»

Martin, der Sanitäter, hatte recht gehabt. Schon vor dem *Roxy* war nach Mitternacht die Hölle los. Es nieselte. Alle Alten in der kleinen Stadt schliefen schon, mein Bruder auch. Alle anderen wachten jetzt auf. Martin trug noch seine rote Sanitäterjacke und war der Erste, der mich begrüßte. «Ey, da biste ja doch.»

«Ey, Martin, komm mal rein, da hat einer ein Problem», sagte der Türsteher, doch Martin hatte Feierabend.

«Ich habe Feierabend, ist mir völlig schnuppe, was für ein Problem der hat.»

Der Türsteher sah mich einen Moment an, sein Blick suchte den Vorplatz nach meinem Bruder ab.

«Der schläft», sagte ich.

«Na, denn viel Spaß.»

Ich schob mich von einem Raum in den anderen und suchte Nicole, aber ich fand sie nicht. Dann tauchte sie aus der Menschenmenge auf und rief mir ins Ohr: «Ich habe dich überall gesucht.» Durch das Schwarzlicht sah ich nur das Weiß ihrer Augen, ihre ebenmäßigen Zähne und ein helles Halstuch, das sie über ihren dunklen Klamotten trug.

«Komm wir gehen nach vorne, wo es leiser ist», schlug sie vor.

Wir hingen ewig im Barbereich ab und begannen jeden Satz mit *Weißt du noch?*.

«Weißt du noch, der Matthias, dieser Dicke?»

«Ja, klar.»

«Millionär.»

«Und der Hendrik?»

«Klar.»

«Tot. Gegen 'nen Baum.»

«Ja, das hatte mal jemand erzählt, übel.»

«Und Marten?»

«Nee, was war mit dem?»

«Auch tot, ist von der Autobahnbrücke gesprungen.»

«Oje», sagte ich, und: «Weißt du noch, wie wir einmal so an der Klassentür gezerrt haben und die dann aus den Angeln ist?»

«Ja, und als Herr Brandstätter kam, sind alle weggelaufen, und ich konnte die Tür nicht loslassen, weil sie sonst umgefallen wäre, und habe den ganzen Ärger bekommen.»

Ich prostete zwei altbekannten Gesichtern zu.

«Bäh, das ist doch Dieter, mit dem hatte ich in der siebenten Klasse was, kurz, aber überflüssig», sagte sie.

Mir fiel sofort die dazugehörige Klassenreise ein, sie führte an die Ostseeküste, ich saß im Bus in einer der ersten fünf Reihen und dieser Dieter in der letzten, er spielte damals in einer ganz anderen Liga.

«Ich meine, du warst damals auch süß», sagte Nicole. «Vielleicht zu süß, bisschen zu viel *Bubi*.»

Ich überlegte, was ich dazu sagen sollte, aber sie stieß mit ihrer Flasche meine an.

«Einige brauchen etwas länger», sagte sie und lachte wieder.

«Wieso bist du wieder in der kleinen Stadt?», fragte ich.

«Weiß nicht. Die suchten hier jemand. Und du? Die große Stadt immer noch cool?»

«Gibt halt alles, egal, was du suchst, na ja, nicht alles, das wäre übertrieben.»

Sie nahm meine Hand.

«Komm, wir gehen mal wieder rein.»

Auf der Tanzfläche war jetzt sogar ein bisschen Platz. Ich genoss es, dass wir uns hier bei jedem Satz, den wir uns ins Ohr riefen, berührten. Die Geschenkekartons unter dem Christbaum in der Klinik mochten eine Enttäuschung sein, aber ich hatte mir schon zu Schulzeiten gewünscht, Nicole irgendwie nah zu sein, und dass dieser Wunsch ausgerechnet an diesem verkorksten Weihnachten erfüllt wurde, machte es zum gelungensten, das ich je hatte. Danke, Bruderherz, dass du für mich aufs Maul gefallen bist, dachte ich. Danke, Mama, dass ihr in die Karibik gefahren seid, sonst wäre Sven nicht aufs Maul gefallen. Wie wunderbar sich alles fügte. Nicole setzte zu einer längeren Geschichte in mein Ohr an, der ich nicht folgen konnte. Ich ließ meinen Blick über die Tanzenden schweifen. Als ich wieder ihren Blick traf, küsste sie mich.

«Fest der Liebe!», rief sie in mein Ohr, dann schlugen unsere Flaschen zusammen.

Judith Luig
Nach Isernhagen

Auf dem Bahnsteig wimmelt es von Menschen. Junge Familien, nicht mehr ganz so junge Singles, Studierende, Rentner, alles, was im Laufe der Jahre so von Westen her rübergekommen ist. Als der Zug einfährt, wuseln sie hektisch durcheinander und verstopfen die Türen. Ist das nicht Wagen 35? Entschuldigen Sie, wo ist denn das Kinderabteil? Natürlich hilft einem mal wieder keiner in Berlin, na danke schön. Es ist Jahrzehnte her, dass die Mauer gefallen ist. Aber an Weihnachten ist es jedes Jahr dasselbe Spiel.

Ich bleibe. Ich habe keine Kleinstadtvergangenheit. Auf mich wartet kein Reihenendhaus mit Vorgarten, das ich mal erben werde. Ich habe auch keine Jugenderinnerungen, wie ich sommerlang mit Kai in einer Garageneinfahrt rumgehangen habe. Und keine Freunde, die jetzt Anwälte in Hamburg oder Frankfurt sind, die aber jedes verdammte Jahr am 23. Dezember in einen Vorort von Hannover fahren. Dort zelebrieren sie dann das Kneipenritual, bei dem sich seit Jahrzehnten alle die Leute treffen, deren einzige Gemeinsamkeit ist, dass sie ein humanistisches Gymnasium mit dem Namen eines Heiligen besucht haben.

Wir stehen am Bahnsteig und ich halte Sebastians Hand. Ich mache das normalerweise nicht, Händchenhalten. Aber mit Sebastian ist das anders. Da ist vieles anders.

Es ist ein kalter Tag, der Zug fährt von einem der unteren Gleise ab, da ist es noch kälter. Die Luft fühlt sich an, als beginne am Ende dieses dunklen Gleises Sibirien.

Eine ältere Dame drängelt sich vorbei. Sie trägt einen Pelzmantel und Tüten voller Geschenke. Sebastian lässt mich los. Entschuldige. Er hilft beim Einladen. Dann kommt er zu mir zurück. So ist Sebastian.

Mir ist kalt. Die Kälte kriecht meine Beine hoch. Ich will hier nicht sein. Ich will auch nicht, dass Sebastian hier ist.

Als Sebastian und ich uns kennenlernten, hatte ich gerade eine katastrophale Beziehung mit einem Fotografen hinter mir. Eine von denen, bei denen man Sex in Hauseingängen hat, ganze Wochen keine Sekunde voneinander lässt, um sich dann wieder tagelang zu hassen, bis man irgendwann mitten in der Nacht betrunken anruft und den Anrufbeantworter beschimpft.

Mit Sebastian war es von Anfang an solider. Leichter, unbeschwerter. Wir haben uns im September in einem Club kennengelernt, ich hatte ihn angequatscht. Er sah so aus wie jemand, der da nicht richtig reinpasste. Er fiel mir auf. Wir haben keine Nummern ausgetauscht, aber am nächsten Abend waren wir zufällig im selben Restaurant. Ich wollte mir eine Pizza holen. Sebastian war mit Freunden was essen. Mit denen machen wir jetzt am Wochenende Ausflüge nach Brandenburg.

Sebastian trägt gebügelte Hemden. Er bringt Blumen mit. Er ruft von der Arbeit an und sagt: Ich habe einen großartigen Italiener entdeckt, da musst du heute mit mir hingehen. Er hat mir gezeigt, wie man ein Bettlaken richtig auf den Wäscheständer hängt, damit es schneller trocknet. Man hängt es über vier Leinen und drückt dann das Laken in den Zwischenräumen runter, sodass Schlaufen entstehen. Einmal hat er mich zu einem Picknick eingeladen, er hatte alles vorbereitet. Dann fing es an zu regnen. Da haben wir die Picknickdecke im Wohnzimmer auf dem Boden ausgebreitet und eben da das Hühnerbein gegessen. Wenn man Sebastian anruft, dann geht er dran.

Gleich aber wird er in den Zug steigen. Ich halte seine Hand noch ein bisschen fester und schaue ihn so an, wie ich mir vorstelle, dass eine Freundin ihren Freund anschaut, wenn der zu seiner West-Vergangenheit fährt. Sebastian ist sehr groß, er eignet sich gut zum An-ihm-Hochschauen. Er schaut zurück. Wir schweigen.

Ich hätte nie gedacht, dass ich mal so einen Mann treffen würde. Aber es ist schön. Erschreckend schön, weil es eigentlich so gar nicht das ist, was ich will.

Wir stehen am Gleis und halten uns an den Händen. Es ist das erste Mal seit Monaten, dass wir nicht so richtig wissen, was wir sagen sollen. Sebastian zieht sein Handy raus. Er hat ja noch eine Hand frei.

Gestern hatten wir zum ersten Mal Krach. Er hat mir von *Blau unterm Baum* erzählt. Da sind immer alle, hat er gesagt. Und ich habe gelacht. Alle?, habe ich gesagt. Also alle von der ganzen Welt? Sebastian hat schon so genervt geschaut, aber ich habe weitergemacht. Habe irgendwas über die Provinz gesagt. Da hat Sebastian gelacht. Ich dachte, er lacht mit mir. Erst später habe ich gemerkt, wie sehr es ihn beleidigt hat.

Sebastian hat ein altes T-Shirt, das haben ihm mal seine Freunde von zu Hause geschenkt. Er zieht es nur noch zum Schlafen an. Da steht drauf: *You can get the boys out of Isernhagen, but you can't get Isernhagen out of the boys.*

Manchmal beneide ich ihn darum, dass alles so klar ist in seinem Leben. Sebastian weiß, wo er ist. Er weiß auch, wo er herkommt. Er muss nicht erst überlegen, wenn man ihm die Frage stellt. Er hat nicht so einen Beruf, den man umständlich erklären muss. Er wird auch nicht gefragt, ob man davon leben kann oder eine Familie ernähren. Und ob man selbst daran glaube, dass man mal den Durchbruch schafft. Danach wird er nicht gefragt. Ich schon.

Die offene Tür gibt den Blick auf den Gang frei. Dort haben sich schon ein paar Anfangzwanziger aus ihren Jacken geschält und ihre Taschen als Fallen aufgestellt für die, die sich auf der Suche nach ihren Sitzplätzen von beiden Richtungen durch den Zug schieben. Schwarze Schalenkoffer werden über hockende Menschen gehievt, Daunenjacken streifen rote Gesichter, Tüten und Taschen werden hin und her geräumt. Ich frage mich, warum die nicht die Türen zumachen, es ist so widerlich kalt. Aber es steigen ja immer wieder Leute ein.

Wir stehen draußen. Und *Blau unterm Baum*, das jährliche Treffen in diesem Vorort von Hannover, in den ich mich nicht traue mitzukommen, steht zwischen Sebastian und mir. Wir kennen uns seit drei Monaten. Nach drei Monaten entscheidet sich bei Beziehungen, ob es weitergeht.

Heute Abend posten meine Freunde auf Facebook wieder die Fotos der leeren Straßen mit all den Parkplätzen. *Danke Stuttgart*, hat mal jemand dazu geschrieben. Warum bleiben die Leute nicht mal in Berlin über die Feiertage?

Gleich werden wir uns noch mal küssen. Dann wird Sebastian unter viel Bedauern und Zärtlichkeiten langsam seine Hand lösen und einsteigen. Wir werden uns in dem ganzen Trubel kaum mehr sehen. Es drängen schon neue Menschen auf den Bahnsteig für die folgenden Züge, die mischen sich mit denen, die immer noch auf den Zug nach Amsterdam vom Gleis gegenüber warten. Am 23. Dezember ist die gesamte Republik unterwegs.

Ich werde später tanzen gehen. Das war ich ewig nicht mehr. Die Stimmung wird anders sein als sonst. An Weihnachten gehört Berlin wieder denen, die Berliner sein wollen.

Im Zug wird Sebastian als Erstes auf sein Handy schauen.

12.52 Uhr. Die Fahrt dauert knapp zwei Stunden, Umsteigen in Hannover. Das ist noch erträglich, und außerdem hat er ja Arbeit mitgenommen. Zwei, drei Mails sind zu beantworten. Und dann noch das Gutachten. Genug zu tun bis Isernhagen. Ihm wird sicher nicht langweilig. Sebastian ist gern effizient.

Sein Chef hat ihn gefragt, wo er die Feiertage verbringen würde. Ich fahre nach Hause, hat er gesagt. Erst als der Chef ihn etwas irritiert anschaute, hat er hinzugefügt «nach Hannover, zu meinen Eltern». Und dann ist ihm aufgefallen, dass man als 32-jähriger Mann vielleicht etwas seltsam wirkt, wenn man immer noch sein Elternhaus als Zuhause bezeichnet. Aber irgendwie ist es eben so.

Die Tür wird mit lautem Getöse zugehen, und Sebastian wird mir noch eine Kusshand zu werfen. Vielleicht malt er ein Herz an die Scheibe. Vielleicht mache ich das aber auch. Reif zum Malen gibt es nicht am Fenster, aber genügend Dreck.

Er hat mich gefragt, ob ich mitkomme. Zu seinen Eltern, zu *Blau unterm Baum*, zu diesem ganzen Ding, was da in Isernhagen auf ihn wartet. Dich kann man überall mit hinnehmen, hat er mal gesagt, als wir zu einem Keksbacknachmittag im Advent bei Freunden von ihm in Charlottenburg eingeladen waren. Ich hatte zuerst ein bisschen Angst vor der Veranstaltung, dann war es überraschend nett. Mit so einer Frau wie dir war ich noch nie zusammen, hat Sebastian gesagt. Er hat es so gesagt, dass ich mich darüber gefreut habe. Aber dieses Buddydate da so kurz vor Weihnachten? Komm, sagte Sebastian, du kannst doch am 24. zurück zu deiner Familie. Ich habe nicht gewollt.

Zu Hause ist Sebastian das erste Mal seit Wochen wieder allein. Seine Eltern lassen ihn neuerdings in Ruhe. Seit sie Rentner sind, kommen sie nicht mehr raus aus den Aktivitäten. Seine Mutter hat mit Flötenstunden begonnen und führt ehrenamtlich durchs örtliche Kunstmuseum, sein Vater ist wieder an der Uni und studiert Geschichte. Sie haben ein neues Leben angefangen. So als sei das, was sie vorher gelebt hatte, das Leben mit Sebastian, nur eine Station gewesen. Die Firma, der sich früher alles untergeordnet hat, ist nicht mal mehr eine Anekdote wert. Manchmal ruft Sebastian um elf Uhr am Vormittag seine Mutter an, dann sitzen die Eltern gerade erst beim Frühstück. Weil es gestern Abend bei den Rolffs spät geworden ist. Eltern. Erst bringen sie einem mit viel Mühe bei, wie man ein Leben zu führen hat. Und dann halten sie sich selber nicht dran.

Der Strom der Reisenden, der in den ersten Minuten durch den Zug floss, lässt nach. Die, die auf dem Boden sitzen, richten sich langsam ein. Die Heizung gibt alles, es wird warm. Vor dem Fenster fährt das Theater des Westens vorbei. Ist das jetzt Wilmersdorf oder Charlottenburg? Auf der anderen Seite müsste man gleich die Kanzlei sehen.

Sebastians Blick fällt auf ein Mädchen, das sich an der Tür gegenüber hingestellt hat. Sie hat ihren Mantel ausgezogen und steht nun etwas unschlüssig im Gang. Sie trägt das Haar zu einem Pferdeschwanz, der wippt sicher mit, wenn sie geht.

Er wird gleich losgehen, um sich einen Sitzplatz zu suchen, aber vorher checkt er noch mal seine Mails. Nichts. Ob jetzt überhaupt noch jemand in der Kanzlei ist? Am Morgen war es ja nicht besonders voll.

Heute Abend kommt auch Elisabeth, seine Ex. Sie haben sich im Schulorchester kennengelernt. Sie spielte Geige, er Kontrabass. Ich, seine jetzige Freundin, die, die da immer noch auf dem Bahnsteig steht, obwohl der Zug längst weg ist, spielt kein Instrument. Das fällt Sebastian dann ein.

In Spandau wird vielleicht eine junge Familie zusteigen. Vater, Mutter, zwei dick eingepackte Kinder. Die Eltern tragen riesige Rucksäcke, an den Riemen der Rucksäcke baumeln ein paar Schuhe und weitere Taschen in verschiedenen Größen und Funktionen, so als würden sie die nächsten drei Wochen im tibetischen Hochland verbringen. Was schleppen Eltern immer für Zeug durch die Welt?

Sebastian überlegt, warum er gerade jetzt an Elisabeth denkt. Ja, richtig. Das Mädchen gegenüber, das er jetzt wieder anschaut, das ähnelt ihr. Die Haare sind ein bisschen dunkler, aber die Augen, die sind gleich.

Das Mädchen schaut aus dem Fenster, so als ob die Landschaft da draußen nicht die langweiligste des ganzen Landes wäre. Geisterhaft daliegendes Gewerbegebiet. Vielleicht möchte sie ja, dass Sebastian ihr zusieht. Eigentlich passt Mädchen nicht, sie ist eine Frau. Sie hat eine sehr schmale Taille, das lässt sie jünger aussehen.

Die Geschichte mit Elisabeth hat Sebastian mir erst vor ein paar Tagen erzählt. Davor dachte ich immer, dass sie sich getrennt hatte, weil sie sich in jemand anderen verliebt hatte. Sieben Jahre waren die beiden zusammen gewesen, und auf einmal kam dieser andere Typ. Sebastian war danach lange ohne Freundin. Es gab wohl immer mal wieder jemanden, aber nichts von Dauer. Sein Leben geriet durcheinander. Er machte Examen, aber nicht besonders gut. Er ging viel feiern, traf seltsame Leute. Er kam an in Berlin. Irgendwie schaffte er dann noch seine Doktorarbeit, brauchte aber so lange dafür, dass es schon ein Witz war an jedem Weihnachtsfest, wenn man sich mit all den Jungs traf. Ach, immer noch? Wird das eine Fortsetzungsserie?

Vor ein paar Tagen erzählte mir Sebastian auf einmal, Elisabeth hätte sich damals einen Neuen gesucht, weil er so zögerlich gewesen sei. Das passt gar nicht zu ihm. Er wirkt in allem so geradlinig. Das ist ja auch das, was mich an ihm fasziniert. Ich war nicht immer so, sagt er dann, aber ich bin froh, dass ich jetzt wieder weiß, wo ich hinwill.

Jetzt gerade zum Beispiel will er nach Isernhagen. Vom Fenster aus gesehen ist jede Erinnerung an Berlin vergessen, am Rand des Gleisbetts taucht der übriggebliebene dünne Wachtturm zum Beobachten der Schienen auf. Sebastian hat ihn schon tausendmal gesehen, und doch bleibt der Anblick gruselig. Was für ein kranker Staat das war.

Der Zug saust durch einen kleinen Bahnhof, zu schnell, als dass man den Namen des Ortes erkennen könnte. War das Wustermark? Eine Zeitlang kommt gar nichts, dann ein paar Schrebergärten. An einem Haus weht die Konföderiertenflagge. Sebastian lacht, schaut unwillkürlich, ob das Mädchen sie auch gesehen hat. Ich habe ihm mal erzählt, wie ich als kleines Mädchen total verrückt nach Indianergeschichten war. Wie es überhaupt in der DDR so eine Sehnsucht nach allem Amerikanischen gegeben hatte. Sebastian hatte mir daraufhin erklärt, dass das, was wir die Konföderiertenflagge nennen, eigentlich nur die Kriegsflagge der Army of Northern Virginia war, und eben keine Nationalflagge. Es ist also gleich auf mehreren Ebenen Quatsch, sie vor seinem Häuschen zu hissen. Es würde Sebastian reizen, das jetzt auch dem Mädchen, das aussieht wie Elisabeth, zu erklären.

Elisabeth hätte Sebastian gern geheiratet. Sie hat ein paar Jahre darauf gewartet, dass er sie fragt. Dann hätte er jetzt sicher schon zwei Kinder. Einen Jungen, ein Mädchen und eines unterwegs. Da aber würden sie sich überraschen lassen wollen; der Arzt sollte ihnen vor der Geburt nicht verraten, ob es ein Mädchen oder ein Junge wird. Wenn Elisabeth jetzt seine Frau wäre, dann würde er zu seinem Chef nicht mehr sagen, dass er nach Hause fährt über Weihnachten, dann würde er sagen, dass er zu Hause bleibt und dass seine Eltern zu Besuch kommen, was kein Problem wäre in der riesigen Altbauwohnung in Charlottenburg, für die sie von seinen und von ihren Eltern Geld geschenkt bekommen hätten. Wäre er überhaupt in Berlin? In dieser geilen, lauten, dreckigen Stadt?

Elisabeth hat jetzt vier Kinder. Schon nach der Geburt der Zwillinge hatte Sebastian den Verdacht, dass Elisabeth vielleicht nicht unbedingt so viele Kinder wollte, aber auf jeden Fall eine gute Erklärung brauchte, warum sie nicht wieder arbeiten geht. Mit drei Kindern wird man noch gefragt, wann man wieder in den Job einsteigen wird. Mit vier Kindern ist man raus. Da ist klar, was man den ganzen Tag macht. Oh Gott, wenn heute Abend bei *Blau unterm Baum* jetzt alle nur über ihre Kinder reden? Was die alles schon können? Neuerdings werden im Freundeskreis Videos vom Nachwuchs vorgezeigt.

Dieses Treffen am 23., das war die ersten Jahre einfach nur ein fröhlich trunkenes Sichwiederfinden alter Freunde. Mittlerweile ist es immer mehr zu einer Konkurrenzveranstaltung geworden. Jeder zeigt, was er erreicht hat im letzten Jahr. Ein Bilanz-Treffen. *Provinz* habe ich über Isernhagen gesagt. Das fällt Sebastian jetzt wieder ein. Es hat ihn geärgert, auch deswegen, weil er selber manchmal so denkt.

Auf das Weihnachtsfest der Kanzlei hat er mich mitgenommen. Beim Buffet hat mich einer angesprochen, ob ich auch Juristin sein. Ach, und was haben Sie studiert? Literaturwissenschaften, wie schön. Das hätte er auch gerne studiert. Also Geschichte. Was Schöngeistiges. Ich habe Sebastian später davon erzählt und gelacht. Er war ganz stolz, weil der Typ einer der älteren Partner in der Kanzlei war.

Es gibt in der Kanzlei auch zwei Frauen, eine ist alleinerziehend, die andere kinderlos. Die Frauen seiner männlichen Kollegen haben Gattinnen-Jobs, eine eigene Galerie oder arbeiten gar nicht. Das würde er nicht wollen, eine Frau, die komplett von ihm abhängig ist, denkt Sebastian.

Das Mädchen im Gang dürfte so um die dreißig sein. Ein paar Jahre jünger als er. Sie trägt ein schwarzes Kostüm, nicht zu streng, aber deutlich Business. Eigentlich sieht sie nicht aus wie jemand, der keinen Sitzplatz reserviert an einem der Hauptreisetage. Aber vielleicht ist sie auch heute noch mal in die Kanzlei gegangen, in der sie arbeitet, nur damit die älteren Kollegen sehen, wie sehr sie sich engagiert. Und falls es doch noch Arbeit gegeben hätte, dann wollte sie lieber kein Ticket mit Zugbindung haben, das dann sowieso nur verfallen würde.

Die Strecke führt durch einen Kiefernwald, hier, so weit draußen, liegt Schnee. Etwas weiter hinten leuchtet ein mickriges Schloss auf. Der barock-gelbe Anstrich ist neu, letztes Mal war er Sebastian noch nicht aufgefallen. EU-Gelder sicher. Wer das wohl mal gebaut hat? Vielleicht einer der Fürsten der Gegend, damit er da seine Frau hin abschieben konnte, die er ohnehin nur geheiratet hatte, auf dass beide Familien ihren Besitz mehren und sichern konnten. Wie oft ist er schon an diesem Schloss vorbeigefahren, und immer hat er sich vorgenommen, dass er mal an einem Samstag rausfährt und es sich anschaut. So weit kann das ja nicht sein. Aber dann ist am Wochenende immer was anderes. Die Strecke Berlin–Hannover, für ihn bleibt sie Transitstrecke.

Das Mädchen schaut weiter aus dem Fenster. Vielleicht fährt sie auch nach Hannover. Sebastian denkt nach. Kommt sie ihm deswegen so bekannt vor, weil er sie kennt? Seine

Schule hatte einen extrem guten Ruf, da ist das Einzugsgebiet groß. Sie könnte ein paar Stufen unter ihm gewesen sein. In der Oberstufe achtet man nicht so drauf, wer so alles in der neunten oder zehnten Klasse ist. Dann wird er sie heute Abend wiedersehen bei *Blau unterm Baum*. Sebastian gefällt der Gedanke. Er mag Traditionen. Dass dieses Mädchen sie auch mag, freut ihn.

Jetzt fahren sie durch ein Wäldchen, mittendrin ein rosa gestrichenes Häuschen mit haufenweise Schrott drumherum. Falls das mal jemand erbt, wird er das Gelände verkaufen können, der Rest muss abgeräumt werden.

Sebastian muss schon länger hingestarrt haben. Auf jeden Fall blickt das Mädchen jetzt hoch und schaut ihm zum ersten Mal direkt in die Augen. Er lächelt. Er hat keine Eile, der Zug ist noch nicht mal durch Wolfsburg durch. Spätestens beim Aussteigen in Hannover kann er ihr mit dem Koffer helfen. Er schaut an ihren Beinen runter, wo er den Koffer vermutet. Sie folgt seinem Blick. Ist sie jetzt errötet? Machen Frauen so etwas noch?

Er wollte ja eigentlich noch ein paar Mails beantworten. Es wäre besser, wenn er sich jetzt einen Sitzplatz suchen würde. Andererseits, wer interessiert sich am 23. Dezember noch für Mails? So kurz vor Weihnachten sind alle im Geschenkerausch.

Sebastian hat schon lange niemanden mehr angesprochen. Diese irre Zeit nach seiner Trennung von Elisabeth scheint ihm ewig her. Damals hat er jede Party mitgenommen. Oft kam er nach Hause, wenn schon die Sonne schien. Nicht immer alleine. Manchmal hat er sich benommen wie ein Arsch. Es tut ihm heute leid, aber jetzt ist es auch egal.

Dann die Sache mit mir, daran denkt er jetzt. Ich wollte immer eine Frau, an der er wachsen könne, hat er mir mal gesagt. Deswegen sei das mit Elisabeth auch schiefgegangen. Die habe zu wenig gewollt im Leben.

Wolfsburg. Rechts VW, links Zaha Hadid. Eigentlich ganz passend, ohne die Industrie könnte man die Kunst nicht finanzieren. Manchmal frage ich mich, ob er mich auch so sieht. Wie jemand, der nur leben kann, weil jemand anderes sich ihn gern leistet.

Vor vier Jahren ging es mit dem Heiraten los in Sebastians Freundeskreis. Ganze Sommer lang konnte er nicht in den Urlaub fahren, weil eigentlich jedes Wochenende irgendeiner seiner Freunde heiratete. Dann kamen die ersten Kinder. Kai ist mit seiner Familie wieder nach Isernhagen gezogen, sie haben einen Anbau am Haus seiner Eltern gemacht. Gut sieht das aus. Die Eltern wohnen jetzt in der neuen Wohnung, und Kai und Silke können am Wochenende ausgehen, weil sie Großeltern haben, die sich um die Kinder kümmern.

Kai ist Partner in der Kanzlei. Einer der anderen Partner ist ein Freund seines Vaters. Berlin ist viel, aber, wenn man Karriere machen will, sicher nicht der beste Ort.

Ein Handy klingelt. Das Mädchen zieht es mit einer goldenen Hülle aus der Manteltasche und sagt: «Ja.» Und dann: «Ja, wir haben etwas Verspätung, ich glaube, ich bin so um Viertel nach am Bahnhof. Ich freu mich auf euch.» War das ihr Freund oder ihr Vater? Sebastian checkt noch mal sein Handy. Ich habe ihm eine Nachricht geschrieben. Aber er reagiert nicht.

Also das eben am Telefon, das hört sich für Sebastian eher so an wie ein Gespräch mit einem Vater. «Ich freu mich auf euch.» Damit meint man seine Eltern. Zu einem Freund hätte sie ja wohl «dich» gesagt. Oder hat er sich verhört? Das Mädchen schaut wieder rüber zu ihm. Was will die eigentlich von Sebastian? Er sieht gut aus, ja, deswegen ist er mir auch sofort aufgefallen. Diese dicke blonde Strähne, die ihm immer wieder ins Gesicht fällt. Er hat was Jungenhaftes.

Und dann aber ist er auch so aufmerksam. Es fällt ihm immer auf, wenn jemand etwas braucht. Aber das kann das Mädchen da im Gang ja unmöglich so schnell erkennen.

Ein Schaffner klettert durch die Reisendenlandschaft und verkündet, dass im Wagen 20 noch jede Menge Sitzplätze seien. Ein paar sind eh schon in Wolfsburg ausgestiegen.

Sebastian hat irgendwann mal in der Zeitung gelesen, dass Beziehungen länger halten, wenn die Partner den gleichen Hintergrund haben, wenn sie aus derselben Schicht kommen, mit denselben Idealen aufgewachsen sind. Dann ist es einfacher.

Der Zug fährt jetzt durch einen von diesen Orten, die nur aus Doppelhaushälften bestehen. In den Fenstern Leuchtpyramiden, überall rote und weiße Lichter, von einem Dachgiebel seilt sich ein blinkender Weihnachtsmann ab. Da wohnen Menschen, die um sieben Abendbrot essen. Kräutertee und Leberwurstbrote. Das kann es irgendwie nicht sein.

Zehn Minuten noch bis Hannover Hauptbahnhof. Hier ist Sebastian wieder alles vertraut. Wenn im Westen die Backsteinkirche auftaucht, dann ist er schon fast zu Hause. Auf einmal sind er und das Mädchen alleine im Gang. Der Zug fährt durch einen Tunnel. Seit wann gibt es Tunnel auf der Strecke zwischen Berlin und Hannover?

Auf jeden Fall gibt es plötzlich kein Licht mehr, und als es wieder hell wird, steht das Mädchen an die Wand gelehnt, und Sebastian steht vor ihr, und er küsst sie.

Er küsst sie sehr lange, er zieht ein bisschen an ihrem Pferdeschwanz, sodass sie ihren Kopf in den Nacken legt, und dann küsst er ihren Hals. Als er gerade dabei ist, seine Hand unter ihren Pulli zu schieben, um sich unter dem BH zu ihren Brüsten vorzutasten, schreckt ihn etwas auf, ein lautes Pfeifen.

Auch ich zucke zusammen. Wir stehen am Gleis. Der Zug wartet immer noch auf Reisende aus einem anderen Zug. Wie lange soll das noch dauern? Der Schaffner sagt etwas durch, es sind nur Fetzen zu hören im allgemeinen Rauschen. Thank you for understanding. Wir stehen inzwischen so dichtgedrängt, als seien wir auf einem Rockkonzert und würden auf den Main Act warten. Ich schaue mich um, aber das Mädchen ist nirgendwo zu entdecken.

Ein Typ mit einem Träger voller Kaffeebecher drängelt sich zu seiner Reisegruppe durch. Er wird jubelnd empfangen. Ein erschöpftes Kind ist mitten im Tumult auf dem Koffer seiner Mutter halb sitzend, halb liegend, eingeschlafen, der größere Bruder muss mal, die Mutter ist erstarrt, sie steht da wie eine Skulptur von Duane Hanson. Das ganze Gleis ist eine Allegorie auf das Wort «Warten».

Worauf warten wir eigentlich? Ich habe noch eine Chance. Ich umarme Sebastian ganz schnell und sehr fest. «Das mit der Provinz tut mir leid», sage ich. «Aber noch mehr tut mir leid, dass du jetzt so ganz alleine in diese Provinz musst.» Sebastian schaut mich an. Er wartet, ob da noch mehr kommt. «Nimm mich mit», sage ich.

Helmut Maaß

Das Gummiding

Weihnachtszeit ist Erziehungszeit. Nur artige Kinder bekommen etwas vom Weihnachtsmann geschenkt. Und auch erwachsene Familienmitglieder müssen bisweilen etwas zurechtgerückt werden. Zum Beispiel mein Bruder Markus.

Wir sind drei Geschwister, außer Markus ist da noch unsere Schwester Paula. Wir sind in Westberlin aufgewachsen, was mir den Wehrdienst ersparte. Mittlerweile bin ich dreiundfünfzig und wohne mit meiner Frau Eva in Waldhagen, einem Dorf inmitten der Ueckermünder Heide. Mein Geld verdiene ich als leitender Verwaltungsbeamter im nahen Pasewalk. Eva unterrichtet dort am Gymnasium. Kurz nach der Jahrtausendwende hatten meine Eltern das sanierungsbedürftige Gutshaus eines vorpommerschen Krautjunkers erworben. Sie hatten ihren Ruhestand abseits großstädtischer Hektik verbringen wollen. Doch wenige Jahre später schon zog es unsere Mutter in wärmere Gefilde. Die pommerschen Winter waren zu kalt und zu dunkel. Außerdem fürchtete sie sich vor den eingewanderten Wölfen. Nie ging sie ohne unseren Vater in den Wald, eine rote Kopfbedeckung hätte sie dabei schon gar nicht getragen. Schließlich gab Vater dem Drängen nach. Unsere Eltern verlegten ihren Alterssitz auf eine der südlichen Inseln, auf der schon so viele Rentner ihre Bezüge verzehren.

Das Haus überschrieben sie meiner Schwester, unserem kleinen Bruder Markus und mir. Markus war ein Nachzügler und ist mit fünfundvierzig Jahren noch immer das

Nesthäkchen der Familie. Wir berieten uns, wie wir mit dem vorzeitigen Erbe umgehen sollten. Paula mochte ihre Arbeit als Kuratorin im Dienste der Erhaltung preußischen Kulturbesitzes nicht aufgeben. Markus wäre nie aus seinem elbnahen Hamburger Viertel aufs Dorf gezogen. Aus ihm war ein Immobilienhändler geworden und erstaunlicherweise ein erfolgreicher. Er verzichtete auf seinen Anteil und zahlte unserer Schwester ihr bescheidenes Drittel aus. Ich möge bitte das brüchige Haus übernehmen und als Ruhepunkt und Rückzugsmöglichkeit für die Familie erhalten. Eva und ich zogen von Pasewalk nach Waldhagen. An unserem Leben änderte sich wenig; wir hatten nur einen längeren Arbeitsweg und mehr Reparaturen.

Da wir kinderlos geblieben waren, füllte sich das hallende Haus nur zu runden Geburtstagen und alljährlich zu Weihnachten. Paula reiste dazu mit ihrem Mann Stephan aus Potsdam an. Beider erwachsene Tochter lebte mit ihrer fünfköpfigen Familie seit einem Jahrzehnt in Neuseeland. Da Paula ein Weihnachtsfest bei sommerlichen Temperaturen ablehnte, reiste sie niemals zur Bescherung nach Neuseeland. Sie kam mit Ehemann zu uns. Und Markus begab sich tapfer aus Hamburg in unsere vorpommersche Stille. Damit war die Weihnachtsrunde komplett.

Nicht ganz komplett freilich. Markus war ein Filou, einerseits voller Bindungsängste, andererseits testosterondurchtränkt. Jedes Jahr kreuzte er mit einer anderen Partnerin auf. Obwohl er im Einklang mit der Natur alterte, schien keine seiner Begleiterinnen jemals die dreißig zu überschreiten. Auch wusste er es stets irgendwie zu verhindern, dass die Frau des Jahres ihre eigene Wohnung aufgab und zu ihm zog. Wie er einmal weinselig verriet, nutzte er die auf Weihnachten folgende Silvesterfeier zu einem tatsächlichen, erfundenen oder notfalls selbstverursachten Anlass zu Zerwürfnis und Trennung.

Davon war an den Waldhagener Weihnachtstagen nie etwas zu spüren. Die Anwesenheit einer fremden Person barg jedoch Konfliktpotenzial. Für uns ebenso wie für die Besucherin. Die blondierte Natascha kam angeblich aus Nowosibirsk und sprach kaum Deutsch. Dafür sang sie zu vorgerückter Stunde schwermütige Lieder und trank uns unter den Gabentisch. Silke, eine brünette Münsterländerin, schien einem Schweigeorden anzugehören. Über die Festtage sprach sie kaum zehn Worte mit uns. Wegen Lucinda mit den spanischen Augen mussten wir die Weihnachtsmusik lauter stellen, wenn Markus sie an der Hand aus dem stimmungsvoll geschmückten Zimmer zog.

Einmal schaffte Markus es sogar, aber das ist nun schon wieder fünf Jahre her, meine Frau zu überreden, seiner Begleiterin die Zubereitung des Festmahls zu überlassen. Beatriz arbeitete in einem Restaurant im Hamburger Portugiesenviertel. Sie schleppte ihr eigenes Küchenzubehör und allerlei verdächtige Zutaten aus dem geräumigen Kofferraum des SUV herbei. Der von unserem kleinen Bruder als landestypisch angepriesene Schmaus entpuppte sich als frittierte Bällchen von naturbelassenem Stockfisch. «Bacalhau de cura tradicional portuguesa!», erläuterte sie charmant. «Hundertfünfzig Tage von Wind und Sonne getrocknet!»

Die Spezialität, «selbstverständlich ungewässert!», brachte mich nicht sofort um. Doch nachts, gegen halb zwei, erschrak ich fast zu Tode, als Stephan die Tür zur Speisekammer aufriss, in der ich mich gerade über die Reste von Evas Kartoffelsalat hermachte. Meine Frau räumte nie wieder ihren Platz in der Küche. «Du könntest uns mal einen Karpfen fangen!», raunzte sie mich an. Aber wir haben nicht mal ein Boot.

Markus strapazierte unsere Nerven noch auf andere Weise. Weder Paula noch Stephan, der als Vertragsanwalt tätig war, noch Eva oder ich litten unter gravierenden finanziellen Problemen. Es ging uns leidlich gut, wir machten uns gegenseitig Weihnachtsgeschenke im bescheidenen Rahmen. Markus machte das ebenfalls. Nur verstand er unter «bescheiden» nicht dasselbe wie wir. Geschenke für eine drei- oder gar vierstellige Summe hielt er für angemessen. Er wollte uns eine Freude machen und verstand nicht, dass er uns beschämte. Vorweihnachtliche Festlegungen fruchteten nicht. Verlegen lächelnd hatte Markus dann doch eine Woolrich-Jacke für Paula oder einen superflachen 4K-Fernseher für uns dabei.

So konnte es nicht weitergehen. In diesem Jahr nun rief Markus zwei Wochen vor dem Fest an, um voller Bedauern mitzuteilen, dass seine diesjährige Freundin, die leidenschaftliche Ulrike, eine Leipzigerin, gerade zum dritten und nunmehr endgültigen Mal aus Eifersucht mit ihm Schluss gemacht habe. Er würde, so leid ihm das tue, in diesem Jahr allein kommen. Am Vierundzwanzigsten gegen Mittag wolle er jedenfalls da sein.

Ich heuchelte Bedauern und wusste: Das war unsere Chance.

Nun muss man wissen, dass wir in unserer Familie ein Faible für den etwas derberen Humor haben. Wenn wir Markus jemals austreiben wollten, uns ständig mit neuen Partnerinnen und überdimensionierten Geschenken auf den Geist zu gehen, war ein grober Spaß vonnöten. Doch was sollten wir mit ihm anstellen? Wegen der Schwere dieser geistigen Aufgabe musste ich den Verbrauch von vorweihnachtlichen Punschgetränken gradweise erhöhen. Noch heute schiebe ich die Idee, die mir nach zwei Abenden hochprozentigen

Grübelns urplötzlich eingegeben wurde, vorrangig auf diese Maßnahme. Eva stimmte dem Vorschlag freudestrahlend zu, und meine Schwester ließ am Telefon Begeisterung hören.

Derart ermutigt besorgte ich es in den nächsten Tagen: das ganz spezielle Weihnachtsgeschenk für den vereinsamten Mann. Es war nicht billig, aber wir wollten es ja alle zusammen schenken. Paula reiste extra einen Tag früher an, um Eva beim aufwendigen Verpacken zu helfen. Mein Schwager und ich richteten die geräumige Werkstatt für die Übergabe her. Im Weihnachtszimmer hätte das Präsent nicht die angemessene Umgebung gehabt. Mein gewöhnlich in der Werkstatt stehendes Auto konnte ich in der Scheune des Nachbarn unterbringen. Nachdem wir noch die passenden Lichtgirlanden angebracht hatten, war alles bereit.

Am folgenden Tag, es war Heiligabend, rollte Bruder Markus wie angekündigt gegen Mittag auf den Hof. Er war tatsächlich allein. Uns fiel ein Stein vom Herzen, denn eine aus dem SUV kletternde Partnerin hätte alles zunichtegemacht.

Der Nachmittag verging wie im Flug. Wir hatten uns lange nicht gesehen, und so gab es viele Neuigkeiten auszutauschen, einige davon medizinisch. Nach dem Kaffee und einem frösteligen Spaziergang war es dunkel geworden und der Zeitpunkt der Bescherung herangerückt. Wir ließen Markus den Vortritt. Er lächelte schelmisch und erklärte, diesmal habe er endlich auf unsere Ermahnungen gehört. Jeder würde nur ein ganz kleines Geschenk erhalten. Wir sahen einander erschrocken an. Würde unser Streich ihn zu Unrecht treffen? Markus bemerkte unsere Blicke nicht. Er nahm vier hübsch verpackte kleine Kartons aus seiner Weihnachtstüte und überreichte jedem einen davon.

«Macht sie auf, und probiert sie gleich aus!», ermunterte er uns, sichtlich stolz auf die kleinen Geschenke. Wenig später waren wir schon wieder stolz auf unser Geschenk, das in der Werkstatt seiner harrte. Zwar hatte er jedem von uns ein Paket geringer Größe überreicht, doch die darin befindlichen Smartphones waren alles andere als kleine Präsente. Obendrein waren sie mit funkelnden Gehäusen versehen. Markus strahlte über das ganze Gesicht. Er war tatsächlich überzeugt, diesmal alles richtig gemacht zu haben.

Natürlich bedankten wir uns, wie es sich nun mal gehört. Die Gadgets waren ja auch toll. Allerdings schimmerten sie so edel, dass wir uns unwillkürlich fragten, wie wir sie je vor den Augen unserer Kollegen benutzen könnten. Markus war also der Alte geblieben. Und jetzt waren wir dran. Er hatte sich bereits verstohlen im Zimmer umgesehen und unterm Weihnachtsbaum ein paar Geschenke erspäht. Nun schaute er uns erwartungsvoll an. Auch ein Mäzen in den besten Jahren bekam gern etwas zu Weihnachten.

«Dein Geschenk ist drüben in der Werkstatt», klärten wir ihn auf. Wir verließen das Weihnachtszimmer. Markus folgte ungläubig. Wir zogen Mäntel und Jacken an und überquerten den Hof. Als wir vor der dunklen Werkstatt ankamen, öffnete ich die Tür und schlüpfte hinein. Stephan packte seinen Schwager von hinten an den Schultern und schob ihn über die Schwelle, während ich den Lichtschalter betätigte. Bunter Lichterglanz, festliches Blinken, Spot auf die Mitte. Markus erstarrte.

Unterdessen muss das Biosphärenreservat Schorfheide seine Stille eingebüßt haben, als die leidenschaftliche Ulrike das Gaspedal ihres Twingos bis zum Anschlag durchtrat. Sie muss um diese Zeit längst die A 11 in Richtung Pasewalk erreicht haben. Zweifellos hat sie es kaum erwarten können, ihr Ziel zu erreichen. Offenbar hatten ihr die Eifersuchtsszene und der Bruch mit Markus ein paar Wochen zuvor herzlich leidgetan. Am Nikolaustag hatte sie die Redaktion ihres Anzeigenblattes früher als gewöhnlich verlassen, um ihren Liebsten in seinem Immobilienbüro abzuholen. Dort hatte sie mit ansehen müssen, wie Markus seine Hand eilig vom Nacken der Sekretärin Estelle zurückzog, als sie das Vorzimmer betrat. Selbst nachdem er sie ins Großraumbüro bugsiert hatte, war sie nicht zu beruhigen gewesen. Sie hatte ihm eine kraftvolle Ohrfeige verpasst, ihn einen notorischen Betrüger genannt, für ewig Adieu gesagt und war davongerauscht, ohne die Tür zu schließen. Konnte ja diese Estelle erledigen.

In den folgenden Tagen, so vermochten wir es später zu rekonstruieren, muss er beharrlich bei ihr angerufen haben. Sie habe da etwas völlig missverstanden. Estelle habe nur so schmerzhafte Verspannungen im Nacken gehabt; und weil ein wichtiges Schriftstück an jenem Tag fertiggestellt werden musste, habe er sich als Physiotherapeut betätigt. Ulrike hatte sich nicht überzeugen lassen. Nein, sie glaube ihm nicht mehr. Und es sei ja auch nicht das erste Mal, dass er andere Frauen physiotherapeutisch behandle. Es sei vorbei, endgültig. Als seine Anrufe dann tatsächlich ausblieben, war ihr das auch nicht recht. Er fehlte ihr bald, und vielleicht liebte er sie ja doch. Hatte er nicht Anfang des Jahres extra für sie mit der bayerischen Sängerin Schluss gemacht? Dabei hatte er mit der sogar noch das Weihnachtsfest mit seiner Familie gefeiert!

Ja, Weihnachten. Und genau dieses Fest der Harmonie wollte Ulrike nun nutzen, um sich wieder mit Markus, mit *ihrem* Markus, zu versöhnen. So war sie kurz entschlossen ins Auto gestiegen und hatte Waldhagen ins Navi eingegeben.

Während wir noch unsere Smartphones bewunderten,

muss sie schon kurz vor Pasewalk gewesen sein. Dann kam die Abfahrt. Danach waren es nur noch wenige Kilometer in Richtung Norden. Erstaunlich, dass das Navi unser kleines Kaff überhaupt auf dem Schirm hatte und sogar noch das brüchige Gutshaus! Sie muss sich in allen Farben ausgemalt haben, wie Markus auf sie zustürzen würde, um sie erleichtert und glücklich für immer in die Arme zu schließen. Später stellten wir uns vor, dass sie sich selbst um diese Zeit noch als größtes und schönstes Weihnachtsgeschenk sah. Stefan tippte auf rote Unterwäsche.

Sie wird ein wenig unsicher auf die schmale Straße gestarrt haben, die bei uns immer tiefer und geradezu beunruhigend in den Wald hineinführt. Und doch leuchtet dort unvermutet ein amtlich reflektierendes Ortsschild auf: Waldhagen! Ulrike muss glücklich geseufzt haben. Ja, es gab und gibt hier nur eine einzige Straße, an der rechts und links die wenigen bewohnten Häuser aufgereiht sind. Während sie spähend die Geschwindigkeit verringerte, werden wir gerade über den Hof geschritten sein. Als sie sich dem alten Gutshaus näherte, waren wir bereits in der Scheune.

Dort versuchte Markus zu verstehen, was er sah. Die Werkstatt war wie in das rote Licht eines Bordells getaucht. In der Mitte thronte eine knapp eins siebzig große, in Weihnachtspapier gehüllte Gestalt. In Taillenhöhe war sie mit einer breiten roten Schärpe gegürtet. Zwei weihnachtlich verpackte Arme streckten sich Markus entgegen. An der rechten Seite der Gestalt lehnte eine große unverpackte Standluftpumpe. Mit fragendem Blick drehte er sich zu uns um.

«Ja, wir haben das Präsent schon für dich aufgeblasen», erklärte ich.

«Geht aber auch strammer!», setzte Paula hinzu.

«Das Ganze funktioniert ja überhaupt nur, weil du allein gekommen bist», ergänzte Eva.

«Soll pflegeleicht sein, hat die Verkäuferin gesagt», erinnerte ich mich.

«Und strapazierfähig», assistierte Stephan. «Unkaputtbar.»

«Da kannst du jahrelang Spaß haben», lächelte Eva.

«Mach's doch auf!», schlug Paul vor. «Probier's gleich mal aus!» Er hieb seinem Schwager ermutigend ins Kreuz. «Wir können auch rausgehen, wenn du allein mit ihr sein willst.» Markus stolperte auf sein Geschenk zu.

Da ging die Werkstatttür auf. Eine junge Frau stürmte herein. Im Haus hatte sie niemanden angetroffen. Dann, wieder auf dem Hof, musste sie unsere fröhlichen Stimmen aus der Werkstatt vernommen haben. Sie entdeckte Markus und fiel ihm um den Hals.

«Ulrike?!», erschrak er. «Was machst du denn hier?»

Unser Bruder, verwirrt, verstört, entgeistert, reagierte kaum auf seine Ex. Übermäßig zu freuen, schien er sich jedenfalls nicht. Ratlos wandte er sich der verpackten Gestalt zu. Ulrike folgte seinem Blick. Sie starrte die nach Markus greifenden Arme an, dann die bewunderungswert schlanke Taille. Schließlich entdeckte sie die Luftpumpe. Sie wies mit dem Zeigefinger auf unsere Weihnachtsüberraschung. «Ist es etwa das, wonach es aussieht?»

«Ja», räusperte ich mich in die peinliche Stille. «Doch, schon. Weil er ja allein gekommen ist. Es sollte auch für ihn ein schönes Fest werden.»

Die anderen rangen sich zu zustimmendem Gemurmel durch. Dann gab es für Markus eine Reihe von Déjà-vus: Ulrike klebte ihm eine, dann noch eine, wünschte ihm höhnisch viel Spaß mit der Neuen. Und fegte aus der Werkstatt.

Gleich darauf vernahmen wir das entrüstete Aufheulen

des Twingomotors, danach das in der Ferne abschwellende Dröhnen.

Im weiteren Verlauf des Abends verhalf Markus der eine und der andere Metaxa zu so etwas wie innerem Frieden. Wir waren nach Ulrikes Abgang ins Weihnachtszimmer zurückgekehrt. Markus hatte den Aufforderungen, sein Geschenk einmal zu testen oder doch wenigstens auszupacken, stur widerstanden. Ulrike schien ihm nicht zu fehlen. Eigentlich habe er die Beziehung innerlich schon abgehakt. Auf eine weitere Ohrfeige könne er gut verzichten.

Nun bekam er von uns noch ein paar bescheidenere Geschenke: einen Weinbrand vom Discounter, einen ausgemusterten Bildband, eine abwaschbare Krawatte und einen kurzgefassten Ratgeber für den rasch alternden Mann. Er bedankte sich von Herzen und machte das Gesicht eines gründlich sedierten Menschen. Am ersten Weihnachtsfeiertag schien Evas Gänsebraten ihn sogar im nüchternen Zustand ein wenig mit uns zu versöhnen. In die Werkstatt zu seinem Hauptgeschenk ging er trotzdem nicht mehr.

Am späten Vormittag des zweiten Weihnachtsfeiertages mussten alle schon wieder abreisen. Wir standen auf dem Hof vor den beladenen Autos meiner Geschwister. Da fragte Markus auf einmal, ob er uns schon von seiner tüchtigen neuen Sekretärin erzählt habe? Einer jungen Französin namens Estelle? Wir wehrten dankend ab, aber ich nahm mir vor, im Herbst noch mal nachzufragen und gegebenenfalls bis Weihnachten mein Französisch aufzufrischen.

«Dann bis zum nächsten Jahr!», rief Paula zum Abschied. Stephan hupte zustimmend.

«Aber dann wirklich nur mit kleinen Geschenken», versicherte Markus. «Ich hab's begriffen.» So machte er sich auf den Heimweg.

Kaum waren alle fort, gingen Eva und ich in die Werkstatt hinüber und kümmerten uns um die verschmähte Festgabe. Wir lösten den auf halber Höhe festgezurrten Lederriemen, rissen das Weihnachtspapier herunter und pumpten Luft nach. Aus den beiden Armen wurden wieder die beiden zusammensteckbaren Ruder. Dann trug ich das kleine Schlauchboot in eine stille Bucht unseres Haussees und glitt einige erfrischende Meter hinaus. Der Winter war mild gewesen. Ich durfte hoffen, mit dem von Markus verschmähten Geschenk zu meinem ersten selbstgefangenen Karpfen zu kommen. Es war alles so wunderbar friedlich.

Michael Schweer-de Bailly

Auf dem Rad nach Bethlehem

Die Weihnachtszeit beginnt damit, dass Doktor Wilkening einen kleinen Tannenbaum ans Fahrrad hängt, mit Lamettafäden feiner als Nähseide und mit Kügelchen, die das Licht spiegeln. Sie zittern leise. Das liegt nicht an der leichten Brise, die durchs gekippte Fenster hereinstreicht. Es liegt an meinen Tretbemühungen. Das Ergometer setzt meinen Oberschenkeln alle zwei Minuten mehr Widerstand entgegen. Das Bäumchen schaukelt leise. «Ja, ja, Weihnachten tut der Seele gut», stellt der Doktor fest. «Aber für den Körper müssen Sie noch was tun. Radeln Sie, radeln Sie. Hundertachtzig Kilometer in drei Wochen müssen zu schaffen sein.»

Ich hätte die Adventszeit gern zu Hause erlebt. Aber das hier ist auch nicht völlig uninteressant. Bereits die anderthalb Tannenzweige plus Kerze auf dem Tresen der Rezeption waren stimmungsvoll, vom laktosefreien Begrüßungsweihnachtsmann auf dem Zimmer zu schweigen. «Und das hier ist Ihr schönstes Geschenk», hat der Doktor Wilkening bei der Eingangsuntersuchung gesagt und auf den Monitor gedeutet. Da pulsierte das Gewebe meiner Herzkammern, und der begleitende Ton glich dem Blubbern kerngesunden Magmas. «Eine großartige neue Herzklappe!», sagte der Doktor. «Das sieht man selten so! Stimmt's?» Keine Ahnung. «Stimmt», keuche ich.

In meinem Briefkasten – jeder der hundert Genesenden hier hat einen – liegt jeden Morgen der frisch gedruckte Plan für den Tag. Inhalation, ein Seminar über Sinn ausgewählter

Medikamente, Sitzgymnastik, Ernährungsberatung, Spaziergang mit Atmen und täglich Ergometertraining mit Monitorüberwachung. Und mit lauter unsportlichen Leidensgenossen. «Ach, und wenn Sie den kleinen Bungeespringer sehen», hat der Doktor gesagt, «Sie wissen schon, den mit der Metallplatte, der soll mal herkommen.» Weiß ich nicht, kenne ich nicht. «Der mit der gedehnten Wirbelsäule.» – «Alles klar.»

An meinem Tisch im Speisesaal sitzt ein Neuankömmling, ohne Metallplatte, wirkt auch eher ungedehnt. Seine rechte Gesichtshälfte ist grau, die linke schimmert rosig. Ist das ein Advents-Make-up? Nee, sagt er, Herpes. Er spricht ausdauernd von der Geschichte seiner Gebrechen. Zwei Zeckenbisse und ein Becher Früchtetee kommen auch darin vor. Man hört nicht genau hin. Jeder berichtet so oder ähnlich, jedenfalls am Anfang. Wer nicht berichtet, kaut. Nach drei Tagen kauen alle. Die Geschichten sind aufgebraucht.

«Haben die hier eigentlich auch Heiligabend geöffnet?» Ja, das wird von der Runde bestätigt. «Wir machen keine Pause», hat die dicke Blondierte an Rezeption erklärt. Die Klinikverwaltung lässt sich nicht lumpen und spendiert zu Heiligabend jedem Insassen eine Packung Spekulatius. Nicht zu groß, denn Zucker liefe den diätetischen Plänen zuwider. Die Blondierte verteilt dann die Kekspäckchen stimmungsvoll im roten Mantel mit Kapuze, aber wohl ohne Bart. «Zu Ostern tritt sie angeblich als Hase auf.» Die Ohren müssten ihr gut stehen.

Im Ergometerraum hat mir die Therapeutin schon am dritten Tag «leichte Steigung» eingestellt. Das habe ich nicht gern. «Je näher das Fest kommt, desto mehr können wir zulegen», hat sie behauptet. «Wir haben eine bestimmte Strecke vor.» Ich trampele vor mich hin mit Blick durch die wandgroßen Fenster durchs waldige Wintergrau. Hinter den kahlen Bäumen dämmert ein kleiner See. Neben mir schwitzt ein Silberhaariger im orangefarbenen Vliesjäckchen. Mir tut längst der Hintern weh. Das liegt an der «leichten Steigung». Nach zwanzig Minuten wälzt sich der Orangefarbige schnaufend vom Sattel. Wieso denn das? Hatte ich nicht drei Minuten Vorsprung? Hätte ich schneller treten müssen? Schummelt der Orangene wie die Jungs bei der Tour de France?

Durch den mit PVC ausgelegten, komplett abspritzbaren Flur schreitet der Chefarzt. Ich erkenne ihn, obwohl er auf dem Foto im Klinikprospekt mit weißem Kittel und silbernen Knöpfen posiert. Jetzt trägt er eine Strumpfhose, die seine Oberschenkel übertrieben kräftig erscheinen lässt. Kälte kann ihm nichts anhaben. Er wolle ein paar Runden im Wald laufen, erklärt er. Erleichternd, dass er nicht jeden beliebigen Patienten zum Mitmachen auffordert. Er hat mich kurz gemustert und den Gedanken wohl gleich wieder verworfen. Ihm steht nicht der Sinn nach Herzmassage und Mund-zu-Mund-Beatmung.

An der Rezeption liegen Boulevardblätter aus. Jemand Berühmtes wollte partout nicht in die Reha und ist nun gestorben. Na bitte. Ein plumper kleiner Nikolaus aus Schokolade grüßt vom Tresen. Einer von jener preiswerten Sorte, deren Hohlkörper aus zwei aufeinandergepappten Kugeln besteht und der seinen Charakter erst durchs Stanniol bekommt. Zu Ostern macht so einer dann auf Hase. «Den hat mir ein Patient geschenkt!», teilt die Rezeptionistin mit. Ist das hier so üblich? Sie ist doch schon so rundlich?

Bei der Hockergymnastik im Souterrain sitzen wir im Kreis, schuhlos. Erst mal Zehen rauf, Zehn runter. Dann trampeln wir zum Rhythmus eines Songs aus den achtziger Jahren, den die meisten hier als verjüngend empfinden. Der

Orange-Mann stampft quer zum Rhythmus. Er hat weiße Socken und lahme Füße. Endlich kann ich ihn mal überholen. «Und jetzt auch die Hände einsetzen», befiehlt die Therapeutin. Sie trägt eine Brosche in Rot, Weiß und Gold, einen kleinen hässlichen Weihnachtsmann. «Vor, zurück, vor, zurück», sagt sie an. Das geht leicht. «Und jetzt im Wechsel.» Ist schon schwieriger. «Und stampfen! Und wieder wechseln!» Ja, was denn jetzt? Vor oder zurück oder umgekehrt? Ein leichter Schweißfilm bildet sich auf der Stirn. Hoffentlich kommt nicht noch Gehirnjogging dran. «Dürfen wir uns auch was wünschen? Wegen Weihnachten? Also dass es etwas *nicht* gibt?»

Seit ich die neue Herzklappe habe, brauche ich anscheinend mehr Zeit, um den Durchblick zu haben. Im Speisesaal steht neben jedem Tisch ein ansehnlicher schwarzer Papierkorb. Warum nur? Er steht im Weg. Er erscheint sinnlos. Wir produzieren beim Essen kein Altpapier, auch wenn vieles so schmeckt. Der Tischmülleimer aus robustem Kunststoff reicht. Doch, oh, am Nachbartisch erscheint jetzt ein Mann aus der *Orthopädischen* – mit Krücken. Ächzend lässt er sich auf dem Stuhl nieder. Und stellt die Gehhilfen in den Papierkorb. Ach so! Wir kommen von der *Kardiologischen*. An unserem Tisch hat niemand Krücken. Sollten wir die beantragen? Weil wir ja auch einen schwarzen Papierkorb zu füllen haben? Zum Nachtisch gibt es etwas, das ein Bratapfel hätte werden können.

Die Hausverwaltung hat Laubbaumzweige in den Trainingsraum gehängt. Blätterlos und wegen der niedrigen Deckenhöhe quer zum Raum. Die spiegelnden Kugeln, die dem dürren Gezweig zu Glanz verhelfen sollen, sind eng an die Zweige gebunden. Da hat jemand nachgedacht. Der riesenhafte Mann (Aneurysma), der gerade auf dem Ergometer schuftet, streift mit dem grauen Haupthaar die lila Kugel mit dem Silberkranz. Sie schaukelt. Schön ist das. Eine Frau mit Gehwagen beobachtet seine Anstrengungen mit sichtlichem Wohlgefallen. Es ist eine besinnliche Zeit.

Der Doktor Wilkening hat einen Vortrag über Herzklappen im Repertoire. Dazu trägt er klinisches Weiß und cremefarbene Schuhe. Den Stehkragen seines Kittels hat er nach innen geklappt. «Der scheuert sonst am Kinn», erläutert er. «Da bitte ich um Ihr Verständnis.» Wir nicken lächelnd. Und mehr verstehen wir dann auch nicht mehr. Segelklappe, Mitralklappe, Trikusirgendwasklappe, Taschen, Vorhof, Aortenklappe, Pulmonal, Kammer, Klammer, Einströmen, Ausströmen, man will das alles gar nicht wissen. Hauptsache, es funktioniert einigermaßen. «Viele hier bezeichnen eine neue Herzklappe als ihr schönstes Weihnachtsgeschenk.» Womöglich gibt es die auch an der Rezeption, aus Marzipan? In diesen Tagen sucht man ja nach Ideen.

Zum Wochenende stapeln sich am Ausgang Rollkoffer, Henkeltaschen, Rucksäcke. Mehr als zwei Dutzend Rehabilitierte dürfen nach Hause. Oder müssen. Den Daheimgebliebenen können sie eine Menge über Kohlenhydrate, Fette und Eiweiß erzählen, die Vokabeln sitzen, auch über Cholesterin, dass es da ein schlechtes und ein gutes gibt, und das schlechte ist eher nicht so gut, aber wo das nun drin ist ...

In der Halle hängt ein Kranz. Die vier roten Kerzen leuchten gemeinsam, weil sich die Elektrik nicht separat schalten lässt. Brandgefährdung sieht anders aus. Bis zum späten Vormittag schauen die Hierbleibenden der Automatiktür zu, wie sie auf und zu zischt. Dann sind auch die letzten Entlassenen fort. Ich vermisse zwei Damen von meinem Tisch im Speisesaal und auch den Orange-Mann, der bei der Abreise Bordeauxrot getragen hat. Ich wäre gern noch mal gegen ihn angetreten beim Fahrradtrampeln. Mittlerweile komme ich schon weiter. «Das wäre jetzt schon einmal um den Marktplatz von Nazareth», lobt die Ergotherapeutin. «Wissen Sie übrigens, dass Rad fahren auch gegen Demenz hilft?» Aha. Nein. Oder? «Ich habe es Ihnen vor ein paar Tagen schon mal gesagt.»

Nachmittags kommen die Neuen. Statt der Damen sitzen beim Abendbrot nun zwei Männer mit am Tisch. Sie nicken verbindlich und liefern neue Krankengeschichten. Der eine sieht aus wie ein gescheiterter Kanzlerkandidat, hört schlecht, isst aber mit trotzigem Appetit. Der andere, mit dem treuherzigen Gesicht eines kaiserlichen Bahnbeamten, streicht die Margarine bis an alle Kanten des Vollkornbrots. Infarkt. Aber das Kunstgebiss seines Oberkiefers ist makellos. Er zeigt es. Doch, ja, das ist mal gelungen. Als er sich erhebt, watschelt er in kleinen Schritten davon. Nur von den Knien abwärts scheint er sich zu bewegen, wie ein Pinguin, der Rest bleibt statuenhaft. Könnte ich gegen den mal radeln?

Am Sonntag ist es still. Die Therapeuten haben frei und zünden zu Hause echte Kerzen an. Keine Hockergymnastik heute. «Aber Sie können ja spazieren gehen.» Nur ein paar Schwestern sind da und aushelfendes Küchenpersonal. Es gibt Knusperhähnchen mit Erbsen und Möhren. Die Kartoffeln sind extra weichgekocht für künstliche Gebisse. Nach dem Dessert – Buttermilch – blickt der Hörgeräteträger kritisch in die Runde. «Ein Gesteck mit Kerze auf dem Tisch wäre doch auch ganz nett? Das schlage ich der Küchenchefin mal vor.» Er erhebt sich und blickt sicherheitshalber zur Saaldecke. Ja, Sprinkleranlage vorhanden.

Doktor Wilkening hat sein Bäumchen mit doppelseitigem Klebeband am Sanabike befestigt. «Das müsste halten.» Denn beim Belastungs-EKG bringen wir maroden Athleten das Gerät schon mal ungewöhnlich in Schwingung. «Soll ich Ihnen kurz die Ergospirometrie erklären?» – «Heute mal nicht.» – «Dann hefte ich Ihnen die Elektroden an.» Die sieben bunten Birnchen am Bäumchen blinken. Draußen ist es trübe. Der Doktor hat den Blick auf die kahlen Laubbäume gerichtet und auf den kleinen See, der fast noch ein Teich ist. «Dann radeln Sie mal los», fordert er mich auf. «Zweimal um den See, bitte. Sind drei Kilometer. Schaffen Sie das?» Frechheit. Aber als ich ausgekeucht habe, ist das Turnhemd gründlich durchfeuchtet. «Üben Sie ausdauernder», rät er. Auf dem Flur kommt mir unangenehm dynamisch der breite Große entgegen. Mit seinem Scheitel streift er die Christbaumkugeln vor dem Arbeitszimmer der Schwestern.

Bei der Thoraxgymnastik ist der Übungsraum mit unbeholfenen Basteleien geschmückt, die vermutlich der Inklusionskindergarten der nahen Kleinstadt gespendet hat. Oder stammt er von der Kunstgruppe der *Orthopädischen*? Wir werden angeleitet, die Schulterregion zu entspannen. Und dann beweglicher zu machen. Es sieht unspektakulär aus, wenn man die Hände über die Oberschenkel schiebt. «Vor und zurück, vor und zurück.» Aber das Schulterblatt arbeitet mit, und das ist das Heilgeheimnis. Ein kleiner Mann mit weißen Turnschuhen trägt ein schwarzes T-Shirt mit der Frakturschrift «We are Motörhead». Er trägt einen Oberlippenbart, der sich bis zu den Koteletten erstreckt. Ist er der letzte überlebende Musiker der Band, geschrumpft und gealtert? Seine Augenpartie könnte einem bekannt vorkommen. Das lange graue Haar trägt er offen. Wenn jetzt der Hut drauf wäre? «Vor und zurück, Sie auch!»

Okay. Aber Lenny, nenne ich ihn mal so, macht auch nicht so engagiert mit. Wenn wir die Arme heben, hebt er nur die Unterarme. Wenn wir die Schulterblätter zurückdrücken, schiebt er den weichen Bauch nach vorn. Er verhält sich motorisch sparsam. Sein Lächeln hat etwas Nachsichtiges. Er beschwert sich nicht, aber die freundliche Zurückhaltung wirkt wie eine stille Kritik an der Übungsstruktur. Oder an uns und an allem hier. «Achten Sie bitte nicht auf Ihre Nachbarn, achten Sie auf sich selbst!» Ja, ist ja gut.

Im Ergometerraum bin ich diesmal allein. Ist irgendwo ein Fest, zu dem alle geladen sind? Ein Notfall, bei dem alle zusehen dürfen, und mich hat man nicht benachrichtigt? Interessiert mich nicht. Ich trainiere. In dreißig Minuten schaffe ich vier Kilometer, das ist absoluter Weltrekord. Allerdings habe ich mal nicht leichte Steigung eingestellt, sondern eher bergab. Als die Therapeutin den Raum betritt, kauend, ändere ich das eilig. «Möchten Sie auch einen Lebkuchen?», fragt sie und wirkt ein bisschen schuldbewusst. Eigentlich soll sie immer dabei sein. «Darf ich nicht», behaupte ich. Sie wirft einen Blick aufs Display. «Sie haben dreihundert Kalorien verbraucht, das macht einen Elisenlebkuchen.» Jetzt fällt ihr die Streckenzahl auf. «Vier Kilometer? Damit haben Sie es vom Marktplatz in Nazareth bis an den Stadtrand geschafft!» Die benutzen hier solche Bilder. Habe ich schon im Programm gelesen. Man soll sich reale Strecken vorstellen.

Bei den dünnen Käsescheiben am Buffet treffe ich den kleinen Mann mit dem Kreuztattoo, der genau so verständnislos geschaut hat wie ich, als über Herzklappen referiert wurde. Smalltalk liegt mir. Ich frage: «Gehören Sie auch zu den Klappen?» Er nickt und klopft sich auf die Schulter: «Aber wichtiger ist dieses hier.» Er pocht noch mal. «Metallplatte überm Schulterblatt.» Ich ahne etwas: «Sie sind Bungeespringer!» – «Das stimmt!» Er ist verblüfft. – «Dann haben Sie bestimmt auch eine leicht gedehnte Wirbelsäule», vermute ich fachmännisch. Der Kleine fühlt sich verstanden:

«Ja, wirklich! Aber es ist schon besser.» Er lechzt nach dem nächsten Gummiseil. Sicher bekommt er ein neues zu Weihnachten, und diesmal reißfest.

Tagsüber schlummern gehört zu den Übungen, die ich lange vermieden habe. Allmählich wird es zum Programm. Teilkörperpackung steht auf dem Plan. Welcher Körperteil? Was für eine Packung? Die Physiotherapeutin klärt das nicht durch Worte, denn sie spricht kein Deutsch, sondern durch entschlossenes Handeln. Auf ein schneeweißes Laken klatscht sie drei rote Gummimatten, darauf mich. Sofort wird es warm am Rücken und am Nacken, sehr warm. Wie ein Korb mit Pommes haben die Matten eben noch in einem Edelstahlbecken gehangen, aber wohl nicht in Altöl, sondern in heißem Wasser. Jetzt geben sie ihre Wärme gütig weiter. Ich soll still unter der Decke liegen, bedeutet die Therapeutin und weist auf die Uhr: Frühestens in zwanzig Minuten komme sie wieder. Sie stellt noch Entspannungsmusik an, Instrumentalversionen der abgenudeltsten Weihnachtslieder, schlierig verquirlt, leise rieselnd, sehr leise. So leise, dass die Augen von selbst zugehen. Ja, ja, bald kommt der Weihnachtsmann. Bis dahin darfst du schlafen.

Als ich am folgenden Tag die senkrechten Lamellen am Fenster zurückschiebe, liegt Schnee wie ein löcheriges Laken überm Park vor dem Haus und am Ufer des Sees. Im Fahrradsaal starren die Tretenden bereits seit acht Uhr durch die großen Scheiben ins kaum heller werdende Grau. In einer Ecke ist ein Tannenbaum aufgestellt worden. Er ist schon verkabelt. Speisen wir ihn insgeheim mit unserer Energie? Werden wir hier unbezahlt ausgebeutet? Wir schwitzen, er leuchtet.

In der vergangenen Nacht sind Geräusche zu hören gewesen, erinnere ich mich, der Motor eines schweren Transporters, der hustend abgewürgt wurde. Dann das Rascheln von Plastikplanen. Das müssen die reißfesten Folien um die Tannen gewesen sein. Beim Spaziergang durch Hallen und Gänge zähle ich dreizehn Bäume. Fast eine Schonung. Der Baum im Schwesternzimmer ist schon geschmückt und glänzt. Derjenige im Foyer bleibt dunkel. «Wir haben den Adventskranz», erklärt die Blondierte. «Und wir wollen ja alle ein bisschen Energie sparen, stimmt's?»

Der Pinguin hat eine neue Hose an. Statt Blau nun ein Graugrün. Das sind die kleinen Überraschungen, die hier die Tage unterscheidbar machen. Es ist eine Art Teddystoff, von einer Art Kordel über dem kleinen Bauch in ausreichender Höhe zusammengehalten. Er hat sich Müsli vom Buffet geholt – Haferflocken, ein paar Nüsse, viele Rosinen und viele, viele Cornflakes. Dazu reichlich Milch und am reichlichsten Zucker. Mit dem Lächeln hält er sich zurück, weil die Haftcreme ihren Dienst nicht ganz zuverlässig versieht. Trotzdem sieht er aus wie ein Vorbild für Kuscheltiere, sogar mit Knopf im Ohr. «Kommen Sie nachher mit zum Radeln?» Na gut.

Eigentlich würde ich auch lieber Energie sparen. Stattdessen soll ich Kalorien verbrauchen und die Wattzahl erhöhen auf einem der Bikes, mit denen die Klinikleitung uns Strom produzieren lässt. Wir sind die Galeerensträflinge der Energiewende. Flackert der Baum nicht verräterisch, wenn ich beim Treten nur ein bisschen nachlasse? Laut Display lege ich heute in fünfundzwanzig Minuten satte zwei Kilometer zurück und habe zweihundertfünfzig Kalorien verbraucht. Also, bitte! Allmählich ist Platz für mehrere Gänsebraten!

«Zwei Kilometer in fünfundzwanzig Minuten?», staunt die Ergotherapeutin. «Da würden Sie von Fußgängern überholt werden!»

Aber bestimmt nicht, wenn ich selbst der Fußgänger wäre.

«Die Fußgänger müssen auch nicht den Baum zum Leuchten bringen», sage ich schlau.

«Wie bitte?»

«Ach, nichts.» Ich fühle mich ertappt, wie in der Schule nach einer unangemessenen Bemerkung. Ich senke den Kopf.

«Unsere Patienten sollen in den drei Wochen, die sie hier verbringen, hundertachtzig Kilometer schaffen», erklärt sie. So was stand auch auf irgendeinem Zettel. «Und das ist gar nichts! Das ist unser Weihnachtsnachlass! Das ist die Strecke von Nazareth nach Bethlehem.»

Aha. «Maria saß auf einem Esel!», wende ich ein.

«Aber Josef ging zu Fuß», pariert sie. «Und der Esel auch, falls Sie Vorbilder brauchen.»

Dazu lächelt sie frech. Ja, es geht charmant zu hier. Und später wieder Zehen hoch, Zehen runter, Füße vor und zurück, Hände ballen und öffnen. Diesmal dominiert ein Hundertzwanzig-Kilo-Mann die Hockergymnastik, dessen Unterkörper umringt ist von walzenförmigen Erweiterungen. Er ruht in sich. Zwischen seinem Bauchnabel, dessen Lage nur annähernd zu vermuten ist, bis zum untersten Abschnitt des Rumpfes wird er von keiner Bewegung heimgesucht. Er sieht aus wie einer dieser Sitzsäcke, die ab und zu in Mode kommen. Und daraus schauen dünne, trikotblaue Beine hervor, die behaglich schaukeln. Er geht die Turnstunde so gelassen an, dass ihm noch Atem bleibt für extrem originelle Kommentare: «Was Hänschen nicht lernt, lernt Hans nimmermehr» oder «Der war nicht von schlechten Eltern» und «Da hat meines Vaters Sohn aber eine ganz andere Meinung» und «Darauf kannste einen lassen». Die Therapeutin unternimmt nichts dagegen. Er soll ja keine Stresshormone produzieren.

Mein Zimmer liegt im dritten Stock. Rechts Herzklappen, links Stents. Im Stockwerk darunter Knie, Hüften, Sprunggelenke mit den dazugehörigen Krücken und Gehwagen. Sie stauen sich in den Gängen. Sie blockieren die Aufzüge. Das macht das Treppenhaus zu einer notwendigen Alternative. Hinab soll für die Knie nicht so gut sein. Trotzdem liegt es mir mehr als hinauf. Nachdem ich das erste Mal keuchend im zweiten Stock stand und merkte, dass ich noch in den dritten musste, habe ich mich für die folgenden drei Tage für den Aufzug entschieden.

Aber dann habe ich endlich zu atmen gelernt. Bei der Atem-Gymnastik für Einsteiger. «Einatmen durch die Nase, tief, so tief es geht. Und ausatmen durch den Mund, aber, und das ist entscheidend, immer mit *Lippenbremse!*» Wir atmen also nicht mit weit geöffnetem Mund aus, sondern gegen die locker aufeinanderliegenden Lippen. Das sorgt für einen leichten Widerstand und erhöht den Luftdruck in den Bronchien. So ist es erwünscht. Die Technik erhöht die Sauerstoffaufnahme. «Und ermöglicht den vermehrten Schleimabtransport!» Das klingt doch vielversprechend. Bis Weihnachten nur noch Lippenbremse. Etwa auch beim Radeln, wo ich zum Schnaufen neige? Soll ich von nun an leise pfeifen?

Wir haben unser Leben lang falsch geatmet. Wir haben falsch gegessen. Daran lässt die Ernährungsberaterin keinen Zweifel. Wir ahnten schon so was. Sie möchte uns vorbereiten auf ein gesundes Weiterleben nach der Reha. Ihr Job wirkt geruhsam, wie alle therapeutischen Jobs hier. Sie doziert also über Cholesterin und Müsli, über fettarmen Käse und versteckte Dickmacher. «Wenn es schon Wurst sein muss», seufzt sie, «dann bitte solche, die in den Scheiben das Fleisch noch erkennen lässt.» Streichwurst habe zu viel Fett. «Die ist so breiig, damit man die Zutaten nicht erkennt.» Das leuchtet ein.

«Das ist doch völliger Unsinn!», tönt es. Widerspruch ist ungewöhnlich bei Seminaren. Dazu mag sich keiner aufraffen, denn Argumente würden den Vortrag verlängern. Doch der Protestler heute ist sichtlich verärgert. «Sie haben keine Ahnung, wovon Sie reden», erklärt er. «Ich bin Metzger.» Die Ernährungsberaterin – «ich bin Diplom-Trophologin» – möchte, dass er nach der Stunde noch einmal zu ihr kommt, um das Thema zu besprechen. Sie geht lächelnd zu einem anderen über: Wie viel Vitamine hat der Salat? Da kann er nicht mitreden. Später jedoch, vor dem Speisesaal und auf verschwiegenen Spaziergängen im winterlichen Gelände, gesellen sich einschlägig Interessierte zum Metzger: Man kann also Streichwurst reuelos essen? Und Schweineschmalz ist auch sehr gesund?

Im Trainingsraum konkurriere ich mit Spinalkanal und Krallenzeh. Selbst Krallenzeh scheint besser voranzukommen. Die Ergotherapeutin naht mit schrägem Lächeln: «Schaffen Sie es noch nach Bethlehem während Ihres Aufenthaltes?» Ich atme pfeifend durch die Lippenbremse aus. «Können Sie mir das nicht so einstellen, dass ich einfach den Ölberg runterfahre?» Sie schüttelt charmant den Kopf: «Der ist in Jerusalem.» Na und? Ist dieser Ergometer nun programmierbar oder nicht?

An einem der letzten Tage watschelt der Pinguin erstmals mit einem gesund gefüllten Frühstückstablett an den Tisch. Quark plus Leinöl leuchten vom Glasteller, reines Weiß, umgeben von einem sonnengelben Ölkranz. Die Trophologin hat das empfohlen, «weil es nichts Besseres als Leinöl gibt». Der Pinguin lächelt und schiebt sich unter unserer strengen Beobachtung einen Löffel in den Mund. Er täuscht Kauen vor. Dazu nickt er. Es ist das Nicken tiefer Resignation. «Es soll wohl so sein», sagt er anschließend. «Ich fahre morgen nach Hause. Ich bin wiederhergestellt. Und dann ist Weihnachten.» Selbst notorische Ungläubige werden hier bekehrt: «Christ der Erlöser ist da», zitiert er. Was nichts anderes bedeuten kann als die Befreiung von sämtlichen auferlegten Vorsätzen.

Kurz vor meiner Entlassung treffe ich den Herrn mit dem verengten Spinalkanal im Foyer. Beim Radeln hat er mich hinter sich gelassen. Aber hier ist er mit dem Rollator gegen den Weihnachtsbaumständer gefahren. Die Tanne hat sich erst nur zur Seite geneigt und ist dann doch zu Boden gegangen. Die Blondierte vom Tresen hat so was geahnt: «Die Verwaltung spart an Christbaumständern! Die hier sind viel zu leicht!»

Den Spinalkanal trifft keine Schuld. «Ich reise morgen ab», teile ich ihm mit, mein triumphales Gefühl unterdrückend.

Er nimmt die Nachricht mit angemessenem Bedauern zur Kenntnis. «Dann verzichten Sie auf eine kostenlose Packung glutenfreie Spekulatius», gibt er zu bedenken.

«Nehmen Sie die mit als Proviant, wenn Sie nach Bethlehem fahren. Und falls Sie es schaffen, grüßen Sie dort von mir.»

Ich hebe zwei Kugeln auf, die beim Baumsturz durch den Raum gerollt sind. Ja, ich kann mich wieder bücken.

«Wie weit sind Sie gekommen?», fragt der Doktor beim Entlassungsgespräch. Beim Blick über die Protokolle wird er schon festgestellt haben, dass ich das ganze große Ziel verfehlt habe. Er beugt sich über die Bögen. «Nicht ganz bis zur Krippe, wie ich sehe.»

«Immerhin konnte ich einen Blick ins Gelobte Land werfen», behaupte ich. «Sozusagen.»

«Dann freue ich mich auf ein Wiedersehen», lächelt er.

Als ich abgeholt werde, dämmert es schon. Noch ein Blick

zurück. Nanu? Kann es sein, dass die Beleuchtung schwächer geworden ist? Flackern die Lampen? Hapert es mit der Stromversorgung, seit ich nicht mehr radele? Wird wohl so sein.

Käthe Lachmann
Ein Kleid für Opa Pirckheimer

Es gab sogar richtige Einladungskarten. Obwohl Weihnachten an sich ja ein öffentliches Event ist. Aber eben nicht *diese* Art Weihnachten. Die Pirckheimers feierten am Abend des ersten Weihnachtsfeiertages im besten Haus am Platz. Sie hatten den großen Ballsaal reserviert, den mit den Kronleuchtern und den riesigen Flügeltüren, mit dem Parkett und den schweren dunkelblauen Samtvorhängen vor den mächtigen Fenstern. Schließlich beging man nicht nur das Wiegenfest des Christkindleins, sondern auch den Neunzigsten von Opa Pirckheimer.

Dem Opa war ich noch nie begegnet, hatte allerdings schon einiges über ihn gehört. Er interessierte sich für Zinnsoldaten und preußische Uniformen und saß selbst am heimischen Frühstückstisch stets korrekt gekleidet in Anzug und Krawatte. Im Alter war er etwas gebrechlich geworden, doch verfügte er noch über einen wachen Geist und herrschte mit strengem Regiment über die Familie – soweit sie ihm das erlaubte. Das war auch der Grund, weshalb ich ihn noch nie gesehen hatte. Man hatte in der Familie erst einmal abgewartet, wie sich Joes und meine Beziehung entwickeln würde.

Jetzt, nachdem wir über zwei Jahre glücklich zusammen waren, konnte ich offiziell eingeführt werden, und Opa Pirckheimers 90. Geburtstag schien dafür genau der richtige Anlass zu sein.

«Dresscode: Abendkleid/Smoking», las ich auf der goldgeprägten Büttenkarte, nachdem ich das Pirckheimer'sche Siegel aufgebrochen hatte. «Puh, du hattest recht, das wird richtig edel!» Ein wenig Sorgen machte ich mir schon, ob ich bei Johannes' Familie gut ankommen würde. Schließlich war es mir ernst mit ihm.

Ich biss in mein Marmeladenbrötchen. Wir saßen am Frühstückstisch, draußen schneeregnete es, und Joe hatte die vierte Kerze an unserem eigenwilligen Metall-Adventskranz entzündet, den er aus alten Fahrradteilen zusammengeschweißt hatte. Wir hatten dieses Kunstwerk das ganze Jahr über auf dem Tisch, aber jetzt zur Weihnachtszeit stand ein halbaufgegessener Schoko-Nikolaus in der Mitte und verkündete das nahende Fest.

Mein adeliger Freund spielte gedankenverloren mit dem elterlichen Briefumschlag und seufzte: «Ich habe so keinen Bock darauf ... Aber nutzt ja nix. Wir ziehen das durch!» Er zog mein Gesicht sanft zu sich und küsste mich: «Zieh doch gleich das Teil noch mal an, das du für das Fest erstanden hast, du siehst umwerfend darin aus!»

Tatsächlich hatte ich extra für diesen Anlass das teuerste Kleid meines Lebens gekauft: einen Traum in sehr dunklem Lila von Hermès für über tausend Euro. Elegant, nicht übertrieben, figurbetont und dennoch bequem, ohne viel Schnickschnack und aus einem weichen, anschmiegsamen Material. Nichts anderes hatte mir gefallen, und ich freute mich darauf, einmal in meinem Leben eine richtig galamäßige, fast schon majestätische Robe zu tragen. Die Schuhe dazu, mittelhohe Pumps, waren mit ihren knapp vierhundert Euro dagegen geradezu ein Schnäppchen gewesen. Und sie passten in ihrem etwas helleren Lavendelton so gut dazu, als hätte es Kleid und Schuhe im Paket gegeben.

«Bist du verrückt? Ich ziehe das doch nicht vor dem ersten

Weihnachtsfeiertag an! Nicht, dass damit irgendwas passiert!» Manchmal hatte mein Schatz aber auch komische Gedanken. Ich wandte mich wieder meinem Brötchen zu: «Ich liebe selbstgemachte Marmelade, man schmeckt richtig die Sonne, die drinsteckt, man schmeckt geradezu den Sommer. Besonders bei Aprikose. Wegen der Farbe.»

Joe lachte und sah mich mit begehrlichen Blicken an. «Du bist meine Aprikosenmarmelade! So süß! Und dieses Kleid ist so heiß, und die Schuhe dazu ... Bitte, zeig's mir noch mal, ich habe da eine Clutch gesehen, die könnte perfekt passen, vielleicht schenke ich sie dir! Dafür muss ich dich aber unbedingt noch mal darin sehen. Und dann mache ich ein Foto und ...»

Er musste gar nicht mehr weitersprechen. «Eine passende Clutch? Ich dachte schon, ich muss meinen Pfadfinderbrustbeutel mitnehmen – ich bin schon im Kleiderschrank!»

Wenige Minuten später stand ich auf hohen Schuhen und in tief ausgeschnittener Abendgarderobe vor ihm und flüsterte ihm ins Ohr: «Ich hab übrigens nichts drunter ...»

Was dann passiert ist, konnten wir beide im Nachhinein nicht mehr so recht rekonstruieren. Der Küchentisch, ein veritabler Eichentisch aus dem Familienbesitz der Pirckheimers, muss zu klein gewesen sein für die Frühstücksutensilien, für den Adventskranz und mich, und es war wohl sehr viel Leidenschaft im Spiel. Kurz, das Kleid war vollgekleckert mit Wachs, Nikolausschokolade und Aprikosenmarmelade.

«Oh, nein! Was für ein Mist, ein elender! Genau so was wollte ich vermeiden! Ich hab mich in mein Marmeladenbrötchen gelegt, hier, an der Hüfte! Und dann noch die Kerze umgeschmissen und mich in heißem Wachs und Schokolade gewälzt, oder wie? Wie kann man nur so blöd sein! Warum hab ich das getan?»

Joe grinste nur verstrahlt, während er versuchte, mich in den Arm zu nehmen: «Ich fand's geil.»

«Aber ich habe jetzt diesen unfassbar riesigen Fleck auf dem Kleid, den kriege ich niemals raus, was soll ich denn tun? Ich traue mich ja nicht mal, mit einem feuchten Lappen daranzugehen!» Ich war den Tränen nah. Dann sank ich auf den zum Tisch passenden Stuhl, und zwar ohne die Polsterung einzusauen, und heulte hemmungslos. «Das ist das erste und einzige richtig teure Kleid, das ich je haben werde, und jetzt habe ich es ruiniert!»

Joe versuchte, mich mit Küssen zu beruhigen. Er schien den Ernst der Lage nicht vollständig zu erkennen. Wie auch, tausend Euro für ein Kleidungsstück waren für ihn nicht ungewöhnlich, als Inhaber einer Unternehmensberatung musste er oft mit teuren Anzügen herumlaufen. Im Gegensatz zu mir. Als Illustratorin brauchte ich keine Business-Garderobe.

Um dieses Wahnsinnskleid war ich wochenlang mit der Taschenrechnerfunktion meines Handys herumgeschlichen und hatte es mir erst gekauft, als ich einen weiteren, lukrativen Illustrationsauftrag bekommen hatte und mir noch drei festliche Anlässe einfielen, zu denen ich es eventuell tragen könnte – auch wenn ich dann die Ballkönigin sein würde. Um mein Gewissen zu beruhigen, hatte ich also den Preis durch vier geteilt, um erleichtert festzustellen, dass ein Abendkleid ruhig mal zweihundertfünfzig Euro kosten durfte.

Die Schuhe zum lila Traum könnte ich auch zu einem Kostüm tragen, das ich mir allerdings erst noch zulegen müsste. Immerhin gab es einen Hosenanzug in meinem Schrank, zu dem die Schuhe passten.

Jedenfalls war ich irgendwann zum ersten Mal in meinem Leben mit einer Hermès-Tüte durch die Stadt gegangen, in der mehr als nur Halstuch oder ein Paar preisreduzierte Strümpfe lagen.

«Du gibst das in die Reinigung, und dann sieht es aus wie neu. Mach dir nicht so einen Kopf, Süße!» Seelenruhig bestrich Joe sich noch ein Marmeladebrot. Der hatte Nerven! Er schien wirklich sehr entspannt, was natürlich auch an unseren Küchentisch-Aktivitäten lag.

Tatsächlich fand ich eine Reinigung, die sich auf feinere Stoffe spezialisiert hatte, und brauste gleich am nächsten Morgen mit unserem Mini und meiner Hermès-Papiertüte durch den Schneematsch dorthin. Den Tipp hatte ich von Joes Mutter, die die Reinigung von Frau Rasenmüller schon häufiger mit Edelklamotten aufgesucht hatte. Frau Rasenmüller, eine Frau von Anfang fünfzig mit fröhlichen Augen und freundlicher Ruhe, hätte mit ihrem blondierten Pagenkopf und der dezenten Schminke auch gut in ein hochpreisiges Bekleidungsgeschäft in der Innenstadt gepasst.

«Ich brauche das Kleid unbedingt am ersten Weihnachtsfeiertag, zu Herrn Pirckheimers Neunzigstem. Sie haben bestimmt schon davon gehört. Können Sie mir versprechen, dass das klappt?», flehte ich.

«Selbstverständlich, das ist überhaupt kein Problem!», ließ sie mit beruhigender Stimme wissen und rechnete: «Heute ist Montag, Heiligabend ist erst Samstag, von da an bin ich im Urlaub, aber schon am Donnerstag können Sie es abholen! Und sagen Sie einen lieben Gruß an Frau Pirckheimer!» Sie lächelte und sah dabei so vertrauenswürdig aus – ich hätte ihr glatt mein Ungeborenes versprochen, hätte ich je vorgehabt, Kinder zu bekommen.

Die folgende Woche hatte es in sich. Jedes Jahr aufs Neue wunderte ich mich, dass der vierundzwanzigste Dezember etwas von Weltuntergang hatte. Die Zeit schien danach nicht weiterzulaufen, alles zählte nur bis zu diesem Zeitpunkt. Bis Heiligabend mussten Verträge unterzeichnet, Tunnel gegraben, Hochbeete angelegt, Urlaube geplant, Operationen durchgeführt, Haare geschnitten, Wände gestrichen, Kekse gebacken, Arztbesuche erledigt, Quiltdecken gehäkelt und Autos repariert werden, und all das möglichst auf besinnliche Art. Eigentlich hatte man für viele Dinge das ganze Jahr über Zeit, nur fiel einem erst im Dezember all das ein, was unbedingt noch zu machen war. Und so müsste die Woche vor Weihnachten mindestens einen Monat lang sein, und der Monat davor ein Jahr. Was für ein Getue, dachte ich wie jedes Jahr, und machte wieder mit.

Ich hatte im Eiltempo, dennoch gewissenhaft, drei Kurzgeschichten illustriert und die Reinzeichnung für ein Geschenkbuch fertiggestellt, war beim Friseur gewesen wegen Strähnchen und Schneiden (dreieinhalb Stunden) und hatte den Garten winterfest gemacht. Außerdem war ich beim Zahnarzt zur Kontrolle und professionellen Zahnreinigung gewesen (was gab es Unangenehmeres als Zahnschmerzen an den Feiertagen!), hatte Weihnachtsgeschenke für meine und Joes Familie besorgt, hatte mit einer Freundin Plätzchen gebacken und die Einkäufe für die nächsten Tage erledigt.

Erschöpft und ausgelaugt lag ich am Abend vor Heiligabend auf unserer riesigen Liegewiese von einer Couch vor dem Fernseher. Joe war an diesem Tag etwas früher zu Hause und hatte eine Tiefkühlpizza aufgebacken. Er brachte sie an mein Seriensofa, wir kuschelten uns aneinander und schlemmten bei *Orange Is the New Black*.

Drei Folgen hatten wir bereits geguckt, und es war fast

halb zwölf, als ich mich mitten in einer Folge zwang, den Fernseher abzuschalten. Das war die einzige Möglichkeit, aus dem Serienmarathon auszusteigen. Wenn ich nicht mittendrin abbrach, sondern eine Folge zu Ende sah, musste ich wenigstens den Anfang der nächsten sehen und dann doch weitergucken und immer so weiter. Joe war schon neben mir eingeschlafen. Er hatte etwas Tomatensoße im Mundwinkel, und als ich versuchte, sie wegzuküssen, wachte er auf und murmelte: «Oh, Süße, ich habe geträumt von dir in deinem Kleid, ich weiß gar nicht, wie ich das Sonntag überhaupt aushalten soll, den ganzen Abend mit einer so heißen Frau auf einem Familienfest ...» Weiter kam er nicht, denn ich schreckte hoch: «Oh Gott, das Kleid! Es ist noch in der Reinigung!»

Er gähnte: «Na, dann holen wir es morgen ab. Ich wollte sowieso noch einen Kasten Bier holen.»

«Nein!», schrie ich, wild gestikulierend auf dem Sofa stehend und knapp die Balance haltend. «Wir können es nicht abholen! Frau Rasenmüller hat zu! Sie ist in den Weihnachtsferien! Ich habe einfach nicht daran gedacht! Mistmistmist, verdammter! Aaah, ich bin einfach zu ... ich könnte mich ...!» Ich stürzte mich kopfüber auf die Couch, biss ins Kissen und trommelte wild mit Fäusten und Füßen auf den Polstern herum.

Nach der Wut kamen die Tränen, das war bei mir immer so.

«Hey, Süße, beruhige dich, das kriegen wir irgendwie hin. Meine Ma ist seit hundert Jahren bei dieser Reinigung, die kennt die Frau und kann da was machen.»

Ich schoss hoch aus dem Kummerkissen: «Können wir deine Ma anrufen?» Er nahm mich in den Arm. «Es ist gleich zwölf, und die schlafen alle zu Hause. Morgen.»

Zu Hause schliefen also alle. Ich lag schlaflos. Ich hatte kaum Hoffnung, dass ein Anruf bei Joes Mutter etwas bewerkstelligen konnte. Vielleicht war Frau Rasenmüller zu ihren Kindern nach Auckland gereist? Zwar wusste ich nicht, ob ihre Kinder in Auckland lebten, eigentlich noch nicht mal, ob sie überhaupt Kinder hatte. Ich kannte die Frau ja nicht. Aber ich wusste, dass das teuerste Kleid, das ich je besessen hatte, jetzt weiter entfernt war als zu dem Zeitpunkt, als ich es noch nicht mal gekauft hatte. Und das einen Tag vor dem Termin, für den ich es mir zugelegt hatte!

Vielleicht aber hatte ich ja tatsächlich Glück, und Joes Mutter konnte irgendetwas machen. Womöglich war Frau Rasenmüller selbst auch zu Opas Neunzigstem eingeladen! Dann könnte ich sie zur Feier abholen, wir würden kurz an der Reinigung vorbeifahren, und ich würde dort in mein Prachtstück schlüpfen. Oder Frau Pirckheimer hatte einen Zweitschlüssel, das war doch möglich, so als Stammkundin?

Was aber, wenn das Kleid durch die Reinigung zerstört worden war und wenn Frau Rasenmüller sich nicht anders zu helfen gewusst hatte, als sich nach Argentinien abzusetzen, nicht ohne meine Robe vorher den Flammen ihres Kamins zu übergeben?

Oder hatte die Gute das Kleid – weil sie es gewohnt war, vergesslichen Kundinnen die Sachen hinterherzutragen, und weil sie sich Sorgen machte, was ich zum Familienfest tragen könnte – schon von sich aus zu meiner designierten Schwiegermutter gebracht? Das wäre großartig!

Meine Gedanken sprangen hin und her zwischen Hoffnung und Verzweiflung wie der Zeiger eines Metronoms im Prestissimo-Modus. Doch irgendwie ging auch diese Nacht vorüber. Und man muss schon ein Mann sein, um nicht zu verstehen, wie einen ein Kleid, an das man nicht herankommt, um den Schlaf bringen kann. Als Joe mich zerknittert am Frühstückstisch sitzen sah, fiel ihm nichts anderes ein, als zu bemerken: «Zieh doch einfach was anderes an. Oder kauf dir noch was. Die Geschäfte haben bis zwölf auf.» Ich antwortete mit einem Blick, der zum Schockgefrieren eines ausgewachsenen Rindes geeignet gewesen wäre.

Mit feuchten Händen wählte ich eine halbe Stunde später die Nummer der Pirckheimers. Frau Pirckheimer hob so schnell ab, dass ich vor Schreck fast gleich wieder aufgelegt hätte. Kurz tief Luft geholt, und nun schilderte ich ihr, so schlüssig ich konnte, mein Problem. Gut kannte ich sie noch nicht, sonst hätte ich sie schon Eleonore nennen dürfen. Unsere bisherigen kurzen Treffen waren eher höflich als herzlich gewesen. Aber vielleicht kam es ja bei Opas Neunzigstem zur Verschwesterung. Ich versuchte, die Lage entspannter zu vermitteln, als ich sie empfand. Schließlich sollte meine Schwiegermutter in spe nicht denken, ich hätte nur eine einzige angemessene Festtagsrobe; es war doch eine erfolgreiche Illustratorin, die sich ihr Sohn da angelacht hatte. Nachdem ich ihr mein klitzekleines Problemchen geschildert hatte, sagte Frau Pirckheimer: «Ach, Liebe, Frau Rasenmüller wollte zum Skifahren nach Ischgl. Ich hatte ihr da ein Hotel empfohlen, das Trofana Royal, das kennen Sie eventuell vom Vorbeifahren. Aber sie reist ja vielleicht erst heute Nachmittag ab. Ich werde es rasch mal auf ihrem Handy versuchen, bitte verstehen Sie, dass ich Ihnen nicht einfach die Nummer überlasse.»

«Ja, klar, das ist reizend von Ihnen, vielen Dank, Frau Pirckheimer!»

Welch ein Glück war es doch, wenn man die private Handynummer seiner Dienstleister hatte. Jetzt würde alles gut werden. Oder sehr schlecht. Nein, gut. Ich musste positiv denken.

Ich wurde nicht lange auf die Folter gespannt. Wenig später rief Frau Pirckheimer wieder an, mit schlechten Neuigkeiten. Frau Rasenmüller sei bereits auf dem Weg in den Skiurlaub, sie feiere Heiligabend im Trofana Royal. Zwar hatte meine Schwiegermutter nach einem Zweitschlüssel für die Reinigung gefragt – aber es gab keinen weiteren Schlüssel oder zumindest niemanden in der Nähe, der an das Kleid kommen konnte. «Vielen Dank für Ihre Bemühungen», säuselte ich, «dann ziehe ich eben was anderes an!», während mir die Tränen in die Augen schossen. Das konnte doch nicht wahr sein! Ich musste irgendwie an dieses Kleid kommen!

Ich sah auf die Uhr. Es war Vormittag, halb zehn. Joe war gerade dabei, unsere Weihnachtskekse zu verkosten, obgleich wir gerade erst gefrühstückt hatten. Ich sagte: «Ich muss dahin!»

«Wohin?»,

«Nach Ischgl!»

Er machte Scheibenwischbewegungen vor seinem Gesicht.

Aber ich war schon ins Schlafzimmer gespurtet und begann, meinen kleinen Handgepäckkoffer zu packen: «Guckst du mal bitte nach einem Flug? Ich habe keine Ahnung, wohin man da fliegt.»

Obschon er meinen Plan für komplett bescheuert hielt und auf mich einredete, setzte er sich an den Rechner und fand heraus, dass die Route über Zürich ging. Ich vergewisserte mich rasch selbst, dass er mich nicht veräppeln wollte, und buchte Flug und Mietwagen.

Und tatsächlich saß ich drei Stunden später in einer Maschine nach Zürich. Erstaunlich, was man alles schaffen kann, wenn man nur will. Falls alles nach Plan lief, wäre ich gegen sechzehn Uhr in Zürich und würde ein Auto nach Ischgl nehmen.

Joe war noch richtig wütend geworden. Er wollte mich Weihnachten um sich haben und andererseits auf keinen Fall mitkommen und Heiligabend «in irgendeiner Sixt-Karre im Tiefschnee auf einer ungeräumten Autobahn» verbringen.

Das wollte ich auch nicht. Und das Glück war mir hold. Alles klappte wie am Schnürchen. Vielleicht war das auch dem Umstand zu verdanken, dass die meisten Menschen den Heiligabend mit ihren Liebsten unterm geschmückten Baum verbrachten und deshalb auf dem Flughafen und am Autoverleih wenig los war. Ich kaufte mir an einer Raststätte einen Wunderbaum mit Zimtduft, hängte ihn an den Rückspiegel und schaltete das Radio an. Ich hatte ja sonst nichts. Die Sender verwöhnten ihre Hörer mit Engelsgesang, und so kam ich einigermaßen eingestimmt und ohne nennenswertes Chaos in Ischgl an. Schwippbögen leuchteten in den Fenstern, die Tannen vor den Häusern waren mit Lichterketten geschmückt, und Weihnachtsmannpuppen, die anderswo schon seit Jahren aus der Mode waren, kletterten hier noch an den Fassaden hinauf.

Während der Fahrt hatte ich von Siri, der Sprachassistentin, erfahren, dass das Trofana Royal das teuerste Hotel in Ischgl war und dass ich gut daran tat, mir eine Pension in der Nähe zu suchen. Und auch hier hatte ich Dusel. Ich fand eine Pension, die vollkommen ausgebucht gewesen wäre, wenn nicht kurz zuvor jemand abgesagt hätte. Ich bekam das Zimmer nicht geschenkt, aber ich war froh, dass mir eine Nacht im Leihwagen erspart blieb.

Während ich mich in dem gemütlichen kleinen Zimmer umzog, telefonierte ich mit Joe. Er hatte es sich mit einer Flasche Rotwein und dem *Kleinen Lord* gemütlich gemacht.

Und wenn er auch sauer war, vermisste er mich dennoch – ganz wie es sich gehörte.

«Und wie ist jetzt dein Plan?», fragte er.

«Ich gehe ins Trofana und frage nach Frau Rasenmüller. Dann lasse ich mir den Schlüssel für die Reinigung geben und schlafe hier. Morgen früh fahre ich gegen sieben nach Zürich und nehme um zwölf den Flieger. Dann bin ich gegen drei in Hamburg, hole das Kleid, mache einen Mittagsschlaf, und wir fahren durchgestylt zu Opas Geburtstag!»

Joes «viel Glück!» klang sonderbar lahm, so, als rechnete er nicht damit, dass mein Plan aufging.

Es hatte angefangen zu schneien. Hinzu kam ein schneidender Wind. Während ich mich durch das Wetter kämpfte und der Schnee unter den Schuhen knirschte, fiel mir auf, dass ich seit dem labberigen Käsebrötchen auf der Raststätte nichts gegessen hatte. Könnte ich zur Feier des Tages im besten Haus am Platz ein Süppchen bekommen? Oder einen Salat? Oder sollte ich gleich Hummer und Champagner bestellen – dieser Ausflug hatte eh schon so viel gekostet.

Ganz wie Siri beteuert hatte, war das Hotel in sieben Minuten zu Fuß zu erreichen.

«Frau Rasenmüller ist zu Tisch», ließ die Dame an der weitläufigen, dezent geschmückten Rezeption wissen.

Dass ein Hotel wirklich gut und nicht nur teuer ist, merkt man daran, dass jeder gleich behandelt wird, egal, ob Prada- oder H&M-Träger. Das hatte ich bei einigen Gelegenheiten mit Joe schon feststellen dürfen. Hier war die Edel-Designer-Dichte sehr hoch, dennoch fühlte ich mich nicht unwohl in meinem Esprit-Hosenanzug. Immerhin war es die Business-Line von Esprit. Und Schwarz ging immer. Und die Schuhe, ja, das waren die neuen Pumps. Und eine zu den Schuhen passende Bluse. Das war doch eigentlich sehr stilvoll. Um mich herum roch es nach sehr teurem Parfüm, an den Damen funkelte manches Steinchen, und ich meinte sogar, den ein oder anderen Hotelgast schon einmal in einschlägigen Friseurzeitschriften gesehen zu haben. Wie konnte sich Frau Rasenmüller so ein Hotel leisten?

Bald hatte ich sie gefunden. Sie saß alleine an einem runden Tisch am fast bodentiefen Fenster, nippte an einem Glas und sah ziemlich verloren aus. Mutig ging ich zu ihr. Sie war überrascht, mit Namen angesprochen zu werden, und brauchte einen Moment, bis sie mich einordnen konnte. «Ach ja, der lila Hermès-Traum, über Frau Pirckheimer!» Nach einer weiteren Minute fiel ihr auf, dass es eigenartig war, dass sie mir hier begegnete: «Aber haben Sie nicht demnächst diese große Feier? In Hamburg? Entschuldigen Sie, nehmen Sie doch bitte Platz, haben Sie schon gegessen?»

Ich setzte mich zu ihr und erzählte meine Geschichte. Sie war fassungslos, dass ich so kurz entschlossen diese Reise auf mich genommen hatte, und guckte mich kurz an, als zweifle sie an meinem Verstand. Dann überlegte sie einen Moment, sagte, dass sie verstand, «dass man gut aussehen möchte, besonders bei einer Familie wie den Pirckheimers», und berichtete, dass sie eigentlich mit ihrer Schwester hier verabredet gewesen sei; sie hatten eine Woche Ski fahren und zusammen Weihnachten feiern wollen. Die Schwester hatte in einer Pension gebucht, ganz in der Nähe. Nur war sie von einem bösen Magen-Darm-Virus niedergestreckt worden, und so saß sie, Frau Rasenmüller, nun alleine hier, kurz vor der Weihnachtsfeier der Hoteldirektion. Dass ich wahrscheinlich jetzt das Zimmer ihrer Schwester bewohnte, konnte kein Zufall sein, beschlossen wir. Und so bestellten wir eine Flasche Champagner – der kam auch noch auf die

Liste, es war nun eh egal, ich würde im Sommer einfach mal zu Hause bleiben – wer brauchte schon Sommerferien?

Das Menü war vorzüglich und Frau Rasenmüller eine witzige und interessante Gesprächspartnerin. Sie wusste Geschichten von zerstrittenen Ehepaaren, die heimlich die Sachen des Partners aus der Reinigung abholten, um sie zu zerschneiden; oder von irritierenden Fundstücken aus Jackentaschen; und von Kunden, die sie, Frau Rasenmüller, mit einem Seelsorger verwechselten; von Prominenten, die andere Kunden baten, ihnen die Reinigungsgebühr auszulegen, weil sie angeblich ihr Portemonnaie vergessen hätten. Und zu meiner Geschichte fiel ihr noch ein anderes Erlebnis ein: Eine junge Frau hatte ihr Brautkleid nicht rechtzeitig vor der Hochzeit abgeholt und ihren Verlobten überredet, nachts in die Reinigung einzubrechen. Sie hatte ihn ertappt, als er sich am Schloss zu schaffen machte; es sei kein Sachschaden entstanden, und sie habe ihm das Kleid gütig ausgehändigt. Nun sei sie froh, dass ich so etwas nicht erst versucht hatte und stattdessen hierhergereist sei.

Wir amüsierten uns im glitzernden Festsaal, wo uns eine kleine Band mit unaufdringlich verjazzten Weihnachtsliedern verwöhnte und sich weder Frau Rasenmüller noch sonst jemand an meinem schlichten Hosenanzug störte. Durch das Fenster blickte man auf eine kapitale Tanne, deren Lichter im Schneegestöber romantisch funkelten. «Es schneit so wunderbar, es hört ja gar nicht mehr auf! Schade, dass wir im Norden so selten richtig Schnee haben», seufzte Frau Rasenmüller und widmete sich ihrem Zimt-Pflaume-Parfait.

Inzwischen war es halb elf, und so schön der Abend auch war, ich musste am nächsten Tag früh aufstehen und hatte eine weite Reise vor mir. Ich musste ansprechen, was es anzusprechen galt: «Frau Rasenmüller–»– «Ach, sag doch Doris zu mir!» – «Ich bin Katharina. Prost, Doris!» Wir stießen an, und ich machte einen neuen Versuch: «Doris, ich brauche ja morgen Abend das Kleid. Würdest du mir den Schlüssel für die Reinigung anvertrauen, damit ich es herausholen kann?» Als sie zögerte, fügte ich hinzu: «Ich kann auch Frau Pirckheimer fragen, ob sie mitkommt, wenn du dann ein besseres Gefühl hast. Schließlich bin ich eine Fremde, und es sind teure Kleidungsstücke in deinen Räumen, aber ich brauche meinen Hermès wirklich dringend morgen, ich hab nichts anderes in der Preisklasse.» Die letzten Worte flüsterte ich, als hätte ich Angst, mit einem Schild *Aussätzig* um den Hals auf die Straße geworfen zu werden.

«Du willst morgen schon wieder zurück? Ja, sicher, der Neunzigste, der ist ja schon morgen, und Weihnachten – hmm.» Sie wirkte zerstreut.

«Weihnachten ist mir nicht so wichtig, aber Opa Pirckheimer, deswegen habe ich ja die Reise überhaupt gemacht.»

«Ich hatte gehofft, du bleibst ein wenig hier mit mir, wir verstehen uns so gut!»

«Das wäre mir auch lieber, ich habe wenig Lust, morgen schon wieder auf Reisen zu gehen, aber es muss sein!»

Doris seufzte, als sie begann, in ihrer Handtasche zu kramen: «Ich kenne dich erst ein paar Stunden, aber mit Frau Pirckheimer als Leumund und weil du mir sympathisch bist: Hier ist der Schlüssel. Nimm es mir nicht krumm, aber mir ist es tatsächlich lieber, wenn du mit Eleonore in die Reinigung gehst. Und ihr danach den Schlüssel gibst. Sie kennt sich dort aus.»

Ich war unglaublich erleichtert. Wie großartig! Ich kam an mein Kleid! Es würde doch noch alles gut werden! Dann schoss ein Gedanke in meine Freude: Wenn nun der Fleck nicht herausgegangen war? Doris' Antwort war beruhigend: Mein lilafarbener Traum sähe aus wie neu, versicherte sie. Ich nahm den Schlüssel und steckte ihn sorgfältig in ein Seitenfach meiner Handtasche. Wir tauschten Handynummern und verabschiedeten uns voneinander mit einer herzlichen Umarmung. Als Dankeschön ließ ich es mir nicht nehmen, die Rechnung des Abends zu begleichen. Egal.

Doris blieb noch auf einen Absacker im Festsaal. Draußen wirbelten die Schneeflocken. Ich sah kaum den Weg vor meiner Nase, und die kurze Strecke zu meiner Pension dehnte sich, aber ich kämpfte mich vergnügt durch das Unwetter und freute mich, dass ich bald in meinem wunderschönen Kleid nicht nur Opa Pirckheimer den Kopf verdrehen würde. Vielleicht war sogar jemand von der Yellow Press da, und ich hätte bald ein Foto von mir und Joe, und darunter stünde «Johannes Pirckheimer mit charmanter Begleitung (in Hermès)»!

Als viel zu früh der Wecker klingelte und ich ins Bad wankte, erblickte ich im Spiegel eine rote Beule mit gelbem Hütchen auf meiner Nase. Ein Prachtstück von einem Eiterpickel. Na toll. Ich schminkte eine solch dicke Schicht Concealer und Puder darüber, dass die Nase jeden Hexennasen-Lookalike-Wettbewerb gewonnen hätte.

Wie sich im Frühstücksraum herausstellte, gab es noch ein paar andere Probleme. Mehrere Pensionsgäste unterhielten sich darüber, wie sie von Ischgl wegkommen konnten. An diesem Tag hob kein einziges Flugzeug von Zürich ab. Die Schneestürme hatten sich verstärkt; wahrscheinlich wäre ich nicht mal mit dem Auto bis nach Zürich gekommen.

Ich schnappte mir einen Kaffee, ging aufs Zimmer und rief Joe an. Als ich sein verpenntes «...llo?» vernahm, brach es aus mir heraus: «Ich komme nicht zurück! Es geht nicht! Ich hab den Schlüssel für die Reinigung, aber es fliegt nicht eine einzige Maschine, Züge sind gestrichen, und ich komme mit dem Auto nirgendwohin. Ich muss hierbleiben! Feiert ohne mich!»

In die Pause, die jetzt entstand, hätte gut ein «Das hast du jetzt davon!» gepasst. Aber Joe hielt sich zurück. «Schschsch, meine Süße», nuschelte er, «alles wird gut, das kriegen wir schon irgendwie hin.»

«Nein!», kreischte ich. «Nichts wird gut, und *wir* kriegen das schon gar nicht hin! Schließlich bist *du* zu Hause, und ich bin eingeschneit! Ich kann nicht mitkommen zum rauschendsten Fest meines Lebens! Ich weiß nicht mal, wann ich wieder nach Hause komme! Ob ich überhaupt jemals wieder einen Fuß auf heimischen Boden setzen kann! Vielleicht muss ich für immer hierbleiben und Skilehrerin werden!» Stille am anderen Ende der Leitung. Dann sein vorsichtiges: «Aber du kannst doch gar nicht Ski fahren?»

«Und einen riesigen Pickel hab ich außerdem!», beendete ich das Gespräch. Mein Freund war jetzt keine Stütze.

Die nächsten Stunden verbrachte ich damit, das Internet nach Wetterkarten, Flügen, Zugverbindungen und Katzenvideos zu durchflöhen. Die Katzenvideos brauchte ich zum Trost. Es war nicht abzusehen, wann ich wieder nach Hause konnte.

Mein Handy piepste. Eine SMS von Doris: «Kommst du rüber? Heute lade ich dich zum Essen ein!»

Es war das Beste, was ich aus der Situation machen konnte: mit Doris in meinem inzwischen ziemlich knittrigen Hosenanzug im Trofana Royal Weihnachten feiern. Wie wunderbar. Wie großartig.

Wir stießen gerade mit einem Aperitif an, als Johannes anrief. «Schatz, es ist etwas passiert.» Seine Stimme klang nach Trauer, Ärger und Enttäuschung. Ich entschuldigte mich bei Doris und lief mit dem Telefon in die stille Empfangshalle. Hoffentlich war Opa Pirckheimer wohlauf! In dem Alter konnte es schnell und unerwartet zu Problemen kommen.

«Was ist denn los?», fragte ich atemlos.

«Opa weigert sich mitzufeiern.»

«Was? Warum? Geht es ihm nicht gut?»

«Es geht ihm blendend. Nur hat er keinen Smoking mehr. Und ohne Smoking möchte er seine Gäste nicht empfangen.»

Joe klang angespannt.

«Aber er hat doch einen Smoking!»

«Und der ist dreckig.» Joe machte eine Kunstpause. «Er hat sich Gulaschsuppe drübergekippt, eben als wir loswollten.»

«Oh», machte ich.

«Es war noch Suppe von gestern übrig», erzählte Joe. «Und weil er Angst hatte, dass er vor lauter Gratulanten nicht zum Essen kommen würde, hat er sich schnell noch was heiß machen lassen. Er war wohl ein bisschen aufgeregt. Und da ist es passiert. Über ein komplettes Hosenbein und auf die Jacke. Du weißt vielleicht, wie das ist ...»

Pause. Musste er auch lachen? Ich konnte es durchs Telefon nicht erkennen.

«Und nun feiern wir ohne ihn. Also, eben nur Weihnachten. Keinen Geburtstag.»

«Bestelle ihm solidarische Grüße», flötete ich. «Ich kann ihn so gut verstehen!»

Beschwingt erzählte ich Doris von dem Anruf. «Auf Opa Pirckheimer!», stießen wir an und lachten, bis uns die Tränen kamen. Es war nett hier. Vielleicht würde ich noch ein paar Tage dranhängen. Ja! Und einen Skikurs machen! Und das Kleid würde ich an Silvester tragen. Oder zu Ostern. Oder zu Pfingsten. Oder auf Opa Pirckheimers 91. Gern auch auf seinem Begräbnis.

Matthias Gretzschel

Die Wunder des Kapitalismus

Das erste Weihnachtspaket traf stets Mitte September ein, auch in diesem Jahr. Es kam von Tante Gerdi aus Augsburg. Sie hatte eine unglückliche, längst geschiedene Ehe hinter sich, glücklicherweise aber im Westen, wohin sie ihrem untreuen Mann lange vor dem Mauerbau gefolgt war. Nun schickte sie uns Pakete, die vorschriftsmäßig mit der Aufschrift *Geschenksendung – keine Handelsware* versehen waren. Den Inhalt des Septemberpakets wussten wir auswendig, weil er seit Jahren unverändert geblieben war: 500 g Zitronat, 250 g Orangeat, 200 g süße Mandeln, 200 g bittere Mandeln und 100 g Zimt. Das waren die wichtigsten Zutaten für die Herstellung der berühmten Dresdner Christstollen. Über die Zimtpackung ärgerte sich Mutter regelmäßig. Vor fünf oder sechs Jahren hatte sie Tante Gerdi mal geschrieben, dass es bei uns gerade keinen Zimt geben würde, seither packte Vaters Schwester in jedes Paket eine 100-Gramm-Packung. Dabei gab es längst wieder Zimt im Konsum und sogar in der HO, was Tante Gerdi auch mehrfach brieflich wie mündlich mitgeteilt worden war. Aus unerfindlichen Gründen mochte sie aber nicht darauf verzichten, in jedes Paket Zimt zu packen.

Obwohl sie ja selbst aus Dresden kam, hatte sie den Osten nicht begriffen. Dort ging es nicht um Zimt, auch wenn es den mal ein paar Monate lang nicht gegeben hatte, sondern um den Mangel an sich, und der zeigte sich wandelbar. Mal gab es keine Zwiebeln, dann fehlten Zahnbürsten oder

Haushaltskerzen. Manchmal waren plötzlich Dinge aus den Ladenregalen verschwunden, die es zuvor immer gegeben hatte, Senf zum Beispiel oder Briefumschläge. Darüber hinaus waren aber auch manche Dinge zuverlässig knapp oder grundsätzlich nicht vorhanden, die sogenannte Mangelware. Dazu zählten die berühmten Südfrüchte, Toilettenpapier, aber auch Butter oder Kaffeesahne. Und natürlich Zitronat, Orangeat, süße und bittere Mandeln.

In den folgenden zwei Wochen trafen vier weitere Pakete mit ähnlichem Inhalt in der Bautzner Landstraße 50 ein, dem Weißer Hirscher Pfarrhaus. Advent, hatte mein Vater erklärt, heiße auf Lateinisch Ankunft. Als Elfjähriger dachte ich weniger an die Ankunft des Christkindes oder des Herrn Jesus, wie meine Mutter ihn etwas förmlich zu nennen pflegte, sondern an die Pakete aus dem Westen. Dabei enthielten die Septemberpakete nicht die ersehnten Wunder des Kapitalismus, die im günstigsten Fall zu Heiligabend unterm Baum lagen. Kein Matchboxauto, kein Leuchtlegostein und auch keine neuen Bildscheiben für den Viewmaster, den Stereo-Diabetrachter, den Tante Gerdi mir zum Schulanfang geschenkt hatte. Das großartigste Geschenk des vergangenen Weihnachtsfestes war die aus drei Bildscheiben bestehende Viewmaster-Box *Ali Baba und die vierzig Räuber* gewesen. Immer wieder hatte ich mir das schaurigste Bild angeschaut und im Begleitheftchen die Beschreibung gelesen: «Entsetzt entdeckt Ali Baba den zerstückelten Leichnam seines Bruders Kassim.» Vor allem wenn ich Wut auf meinen sieben Jahre älteren und oft ziemlich gemeinen Bruder Andreas hatte, tat der Anblick richtig gut.

Da nichts davon in den Septemberpaketen zu erwarten war, musste meine Mutter sie auch nicht heimlich öffnen und an dunklen Orten verstecken. Zitronat, Orangeat, süße und bittere Mandeln konnten öffentlich ausgepackt und frei zugänglich in der Abstellkammer gelagert werden, in mehreren Stapeln. Das letzte Paket schickte immer Familie Gaßdorf aus der Patengemeinde in Hannover. Es traf am 25. Oktober ein, gerade noch rechtzeitig; unmittelbar vor dem entscheidenden Tag.

Der Stollenbacktag war der Termin, ohne den Weihnachten in Dresden nicht hätte stattfinden können. Er wurde schon Ende Mai, ganz sicher aber vor Beginn der Sommerferien vereinbart. Diesmal war es der Johannistag gewesen, der 24. Juni, an dem das exakt ein halbes Jahr später stattfindende Weihnachtsfest eigentlich noch unendlich fern erschien. Trotzdem hatte meine Mutter an diesem Frühsommertag an Weihnachten gedacht, sich morgens ihr rot geblümtes Nylon-Westkostüm angezogen, das einem Paket von Tante Gerdi entstammte, war erst zum Friseur Mätzold auf dem Rissweg gegangen, um anschließend mit frischer Dauerwelle beim Bäcker George eine «gute Figur» zu machen. Bäckermeister George nahm nur an wenigen Tagen Vormerkungen an, und die Termine waren knapp.

Früher hatte Mutter unsere 38 Stollen stets bei Wachendorf auf der Plattleite gebacken, hatte dann aber aus Gründen, über die sie nicht sprechen mochte, zur Bäckerei George gewechselt. Das war ungewöhnlich, denn jede Hausfrau auf dem Weißen Hirschen hielt ihrem Bäcker lebenslang die Treue. Ob Wachendorf oder George, Nitzschke oder Krumbiegel, Binneberg oder Nopper, jede hatte ihren Lieblingsbäcker, bei dem nicht nur die Brötchen unvergleichlich waren, sondern auch der Stollen am besten geriet. In der eigenen Küche hätten die Stollen schon aus Kapazitätsgründen niemals gebacken werden können. Als ich am Johannistag 1968 von der Schule nach Hause kam, teilte Mutter mir zufrieden mit, dass diesmal der 29. Oktober Stollenbacktag sein würde. Bis dahin war es eine schiere Unendlichkeit, und nach dem Johannistag verschwendete ich monatelang keinen Gedanken an Weihnachten. Nun gab es erst mal Sommerferien.

Mein Bruder Andreas fuhr nach Ungarn, wo er Peter besuchte. Der hatte eine lustige Ungarin geheiratet, um der langweiligen DDR zu entkommen, und lebte nun in Budapest. Ich durfte nicht mitfahren und verbrachte die Ferien zu Hause, wo ich Karl-May-Bücher las und mit meinen Freunden in der Dresdner Heide Indianer spielte. Eigentlich konnte ich immer ausschlafen, aber am 20. August stürmte Vater früh ins Kinderzimmer und brüllte: «Die Russen sind in Prag einmarschiert!» Andreas hätte über die Tschechoslowakei zurückreisen sollen, doch dort war nun Krieg. Was war mit Dubček? Dubček war in der Partei, Vater fand ihn trotzdem gut. Dubček war sogar Parteichef in der ČSSR, aber er wollte einen Sozialismus mit menschlichem Antlitz, womit er die Russen ärgerte. Das alles war kompliziert und spannend.

Es gab die Sowjetunion und die Russen. Von der Sowjetunion hörten wir in der Schule großartige Sachen, die Russen waren Soldaten und lebten bei uns auf dem Weißen Hirsch. Sie hatten keine Gardinen, keine Lampen, nur Glühbirnen von der Decke hängen, rauchten stinkende Zigaretten, die sie aus Zeitungspapier drehten, und waren oft besoffen, aber meistens fröhlich. Die Sowjetmenschen, von denen uns Frau Tegel in der Schule erzählte, waren entweder Kosmonauten oder Atomforscher, Erfinder oder Musiker wie David Oistrach, in jedem Fall aber bewundernswert. Als Andreas mir mal erklärte, dass es sich bei den Russen, die im ehemaligen Sanatorium auf dem Weißen Hirsch hausten, auch um Sowjetmenschen handelte, wollte ich das erst nicht glauben. Und nun waren die russischen Sowjetmenschen also mit

Panzern in Prag «einmarschiert» und unsere NVA-Soldaten auch. Vater war wütend. Er fand Dubček fast so gut wie Willy Brandt und August den Starken. Und nun war dieser Dubček wahrscheinlich tot oder im Gefängnis und Andreas in Budapest, von wo ihm der Rückweg nach Dresden abgeschnitten blieb. Würde er dortbleiben müssen? Vielleicht für immer? Das fand ich spannend. Nur der Gedanke, dass er Weihnachten nicht zu Hause sein würde, machte mir Angst.

Es kam anders. Am letzten Augusttag stand er plötzlich vor der Tür. Mutter weinte, Vater auch, und selbst mein Bruder nahm mich in die Arme, was er noch nie gemacht hatte und auch später nie wieder tun würde. Er war vier Tage lang mit dem Zug über die Sowjetunion und Polen bis nach Dresden gefahren. Jetzt roch er nicht gut und sah verwahrlost aus, aber die Welt war wieder in Ordnung, auch wenn die Russen in Prag einmarschiert waren, die Tschechen unterdrückten und den guten Dubček wahrscheinlich verschleppt hatten.

Schon bald darauf begann der September, der Monat, in dem sich mit Tante Gerdis Paket die Weihnachtszeit ankündigte. Am 1. September war wie jedes Jahr Weltfriedenstag, was nichts zu bedeuten hatte, und erster Schultag, was stets mulmige Gefühle hervorrief. Frau Tegel erzählte uns gleich in der ersten Staatsbürgerkunde-Stunde, dass die Sowjetmenschen und die NVA den Genossen in der ČSSR brüderliche Hilfe geleistet und die Konterrevolution erfolgreich niedergeschlagen hatten. Sie hätten dem «Klassenfeind aufs Haupt getreten». Vater hatte mir eingeschärft, nichts dazu zu sagen, obwohl das natürlich alles gelogen sei. Aber das war nicht neu, in der Schule wurde fast immer gelogen. Was sie uns über Walter Ulbricht und die DDR, die USA und die Sowjetunion, den Vietnamkrieg und die Kartoffelkäfer erzählten, das waren alles Lügen. Es war mir egal, denn es gab Dinge, die mich mehr beschäftigten. Die DEFA-Indianerfilme mit Gojko Mitić als Häuptling zum Beispiel oder die Abenteuer der dänischen Ohlsenbande, die ich an Mittwochnachmittagen in den Park-Lichtspielen anschaute, wenn meine Mitschüler zu den Pioniernachmittagen gehen mussten. Als Pfarrerskind war ich nicht Mitglied bei den Pionieren, bekam dafür aber Westpakete, was auf lange Sicht eindeutig besser war.

Nachdem das Septemberpaket von Tante Gerdi ausgepackt war, dachte ich hin und wieder an die Weihnachtszeit. Vor dem Einschlafen, wenn die Lichter und Schatten der auf der Bautzner Landstraße vorbeifahrenden Autos und der *Hechtwagen* der Straßenbahnlinie 11 wie Gespenster über die Wände des Kinderzimmers huschten, hatte ich keine Angst mehr vor dem *Mummum* oder dem Atomkrieg, sondern stellte mir den Weihnachtsabend vor. Ich konnte den Duft von Räuchermännchen riechen und hatte den Geschmack von jenen Stollen auf der Zunge, die Mutter nun in wenigen Wochen mit Unterstützung vom Bäckermeister George backen würde. Da passte es gut, dass unten im Gemeindesaal der Kirchenchor die ersten Weihnachtslieder probte. «Tochter Zion freue Dich» stimmte Kantor Knöfel an. Ich fühlte mich angesprochen, obwohl ich weder eine Tochter war noch Zion hieß, und schlief selig ein.

Der 29. Oktober 1968 war ein trüber und kalter Dienstag. Ich war aufgeregt und fieberte dem Nachmittag entgegen, denn dann durfte ich beim Stollenbacken zusehen. Als die Schule endlich vorbei war und ich gegen drei Uhr nachmittags in Georges Backstube eintraf, war der Bäckermeister gerade dabei, unseren Stollenteig in seine riesige Knetmaschine zu packen. Zuvor hatte er mit Zitronat, Orangeat, süßen und bitteren Mandeln sowie zahlreichen weiteren Zutaten nach der genauen Vorschrift meiner Mutter den Teig für unsere 38 Stollen zubereitet.

Wie jede Dresdner Hausfrau hatte auch meine Mutter ein spezielles und geheimes Stollenrezept. Da gab es durchaus Unterschiede, die nicht nur die jeweils verwendeten Mengen betrafen, sondern auch die Qualität und Quantität der Zutaten. Neben Butter musste in einem Weißen Hirscher Stollen unbedingt auch Margarine verwendet werden, wofür sich die im HO oder Konsum angebotenen Marken *Marina*, *Sahna* oder gar *Sonja* nach allgemeiner Überzeugung nicht eigneten. Deshalb gab es auch das Oktoberpaket von Tante Gerdi, in dem sich acht 250-Gramm-Packungen der begehrten Westmargarine *Rama* befanden. Wer keine Westverwandten hatte, war entweder Kommunist, *politisch* oder ein armes Schwein und musste seinen Stollen am Ende doch mit *Sonja* backen.

Wichtig war auch die Menge der Rosinen. Die musste man sich nicht unbedingt aus dem Westen schicken lassen, sofern man vorgesorgt und das ganze Jahr über die seltenen Gelegenheiten genutzt hatte, zu denen im Konsum Rosinen angeboten wurden. Meine Mutter hatte eine Vereinbarung mit dem privaten Gemüsehändler Kraußnitzer auf dem Rissweg, der nach einem schweren Herzinfarkt angefangen hatte, sich mit dem Tod zu beschäftigen und vorsichtshalber bei meinem Vater wieder in die Kirche eingetreten war.

An den Stollenscheiben konnte man die Menge der verwendeten Rosinen schnell erkennen, es gab *Schreistollen*, wo die Rosinen so weit voneinander entfernt waren, dass sie sich nur schreiend verständigen konnten, *Flüsterstollen* waren deutlich besser. Unsere 38 Stollen waren eindeutig Flüsterstollen, denn sie verfügten stets über genügend Rosinen und galten überhaupt als besonders gut geraten. Die Qualität der jeweiligen Stollen, die in der Adventszeit bei Verwandtenbesuchen oder Einladungen von Bekannten getestet werden konnte, war auf dem Weißen Hirsch ein unerschöpfliches Gesprächsthema, das nicht frei von übler Nachrede blieb. Hier hatten die Kommunisten und die, die als *politisch* galten und deshalb keine Beziehungen in den Westen unterhielten, eindeutig schlechte Karten.

Nachdem Bäckermeister George den Teig in seiner riesigen, elektrisch angetriebenen Knetmaschine ordentlich durchgewalkt hatte, nahm er ihn portionsweise heraus und formte jeweils einen Laib, für uns insgesamt 38 Stück. In die fertig geformten Laibe steckte er am Schluss unsere Stollenzeichen. Das waren die kleinen Holzkeile, die wir in der zweiten Klasse im Werkunterricht gebastelt und unseren Müttern zu Weihnachten geschenkt hatten. Sie waren am oberen Ende mit einem Zeichen versehen, damit man die Familienstollen unterscheiden konnte, wenn der Bäckermeister sie aus dem riesigen Ofen zog. Ich hatte auf alle 38 Stollenzeichen jeweils ein Indianerzelt gemalt, das meine Mutter immer *Wigwam* nannte, obwohl ich ihr mehrfach erklärt hatte, dass es sich hier um ein *Tipi* handelte.

Außer mir waren drei meiner Mitschüler und auch zwei Kinder aus anderen Klassen in die Backstube gekommen. Wir saßen neben unseren Müttern auf langen Bänken und warteten darauf, dass die Stollen fertig würden. Ich las die letzten Seiten aus *Old Surehand*, einem von einem älteren Mitschüler geliehenen Band, der einen Umschlag aus Zeitungspapier hatte, damit man den Titel nicht lesen konnte. Karl May war zwar nicht direkt verboten, aber *unerwünscht*. Einige Frauen strickten, unterhielten sich dabei und erzählten sich Geschichten, die mich meistens nicht interessierten. Aber manchmal waren es auch spannende Sachen, bei denen Wörter fielen, über die ich erst nachdenken musste. Da hatte irgendjemand *CA*, was offenbar schlimm war. Und die nicht einmal volljährige Tochter des Drogisten Meyerbeer war mannstoll. Die Familie Lützner von der Plattleite war abgehauen, was aber nicht weiter kommentiert wurde, weil auch Frau Morgenstern in der Backstube saß, die als *politisch* galt.

Irgendwann am Nachmittag öffnete der ganz in Weiß gekleidete Bäckermeister George die Ofentür, wiegte den Kopf, um dann zu entscheiden, dass die Stollen nun fertig seien. Mit einer langen Stange zog er sie nach und nach heraus und legte sie auf Bretter, auf denen sie auskühlten. Mein Bruder tauchte auf. Die Bäckerin reichte ihm ein Stück Zuckerkuchen, der gleichzeitig im anderen Ofen gebacken worden war. Zuckerkuchen war eine Beigabe und gehörte zum Stollenbacken wie Lametta zum Christbaum. Ich mochte ihn trotzdem nicht und lehnte ab, als die Bäckerin mir ein Stück reichen wollte. Andreas und ich packten unsere 38 Stollen in acht mitgebrachte Pappkartons, um sie nach unten zu tragen. Vor der Bäckerei auf der Bautzner Landstraße gleich neben dem Parkhotel stand unser großer Handwagen, auf dem wir den Schatz nun ins Pfarrhaus transportierten.

Die beiden Großmütter erwarteten uns schon. Sie hatten den großen Tisch im Esszimmer zu voller Länge ausgezogen und mit einem Wachstuch bedeckt. Behutsam hoben sie die Stollen aus den Kartons und legten sie dicht nebeneinander auf die lange Tafel. Mutters Mutter hatte Butter zerlassen und in ein Töpfchen gegossen. Nun tauchte sie einen breiten Pinsel ein und bestrich die Stollen nach und nach. Gleich anschließend bestäubte Vaters Mutter die Stollen mit einer dicken Schicht Puderzucker, den sie am Nachmittag hergestellt hatte. Es sah aus wie feiner Schneefall.

Die Stollen, hatte Mutter erklärt, würden wie Wickelkinder aussehen, denn sie sollten an den frisch geborenen

Herrn Jesus erinnern. Das fand ich merkwürdig, weil wir die Wickelkinder ja nach und nach aufessen würden. Es war so ähnlich wie mit Leib und Blut Christi beim Abendmahl, was ich auch nie so richtig begreifen konnte. Aber es gab Wichtigeres, zum Beispiel den neuen Film mit Gojko Mitić. Ich hatte *Spur des Falken* schon im Juli gesehen, als er auf der Freilichtbühne auf dem Konzertplatz gezeigt wurde. Aber das war schon lange her, deshalb ging ich mit meinem Freund Stephan Ende November in die *Parklichtspiele*, um ihn zum zweiten Mal anzusehen. Die Kinokarte hatte mir Mutter spendiert, als Dankeschön für das ewige Anstehen an der Post. Ich hatte insgesamt 22 Stollenpakete mit dem Handwagen zur Post gefahren und dort aufgegeben. Sie wurden ausnahmslos in den Westen verschickt. Tante Gerdi bekam vier Stück, die Familie Gaßdorf in Hannover zwei, die meisten anderen Westbekannten nur einen.

Der Film versetzte Stephan und mich am Spätnachmittag in eine andere, deutlich bessere Welt, in der es keine Kommunisten, Staatsbürgerkundelehrer und Volkspolizisten gab, dafür Indianer, Goldsucher und jede Menge Abenteuer. Vor allem der Überfall auf den Eisenbahnzug der Union Pacific war atemberaubend und Gojko als Lakota-Häuptling Weitspähender Falke wieder einmal großartig. Als wir die *Parklichtspiele* und den Wilden Westen gegen 19 Uhr verließen und wieder in die DDR zurückkehrten, war es dunkel, regnerisch und kalt.

Nur der Gedanke an den 1. Advent, der schon zwei Wochen später sein würde, stimmte mich zuversichtlich. Der 1. Advent war fast schon wie Heiligabend, denn da war Stollenanschnitt. Am Nachmittag versammelte sich die Familie im Esszimmer, wo der Herrnhuter Stern in mildem Rot leuchtete und auf dem Adventskranz die erste Kerze angezündet wurde. Außer den Eltern, Andreas und meiner Schwester Angelika, außer Vaters Mutter, Vaters Vater und Mutters Mutter war auch noch Tante Meta gekommen, die eigentlich gar keine Tante war, aber trotzdem so genannt werden musste. Und Fräulein Schumann von gegenüber. Sie war schon über 90 und noch immer Fräulein, woran sich wohl auch nichts mehr ändern würde. «Fröhlich sei das Adventskaffeetrinken», sagte der Vater, wozu wir uns alle die Hände reichten. Früher mussten wir auch vor dem Kaffeetrinken beten. Als Vater das ohne Angabe von Gründen abgeschafft hatte, meinte Angelika: «Kaffeetrinken gibt's ab jetzt kostenlos», was ihr den Verdacht der Gottlosigkeit eintrug.

Mit einem großen Küchenmesser schnitt Mutter den ersten Stollen an und schob jedem eine Scheibe auf den Meißner Zwiebelmusterteller. Das war der Moment, den ich herbeigesehnt hatte. Der erste Bissen schmeckte immer am besten. Mit der Kuchengabel quetschte ich eine Ecke ab, schob sie in den Mund und wartete darauf, dass die Komposition aus Zitronat, Orangeat, süßen und bitteren Mandeln und all den geheimen Zutaten ihre phantastische Wirkung entfalteten. Und tatsächlich, da war es! Dieses wunderbar süße, zugleich ein wenig bittere und würzige Aroma, das voller Verheißung war und das Christbaumkerzen, Nussknacker und Räuchermännchen beschwor und mehr noch Leuchtlegosteine und Matchboxautos, die Wunder des Kapitalismus.

Am späten Nachmittag, als alle satt und zufrieden waren, fuhr ich gemeinsam mit Vater in einem *Hechtwagen* der Straßenbahnlinie 11 vom Weißen Hirsch hinunter in die Stadt. Die *Hechtwagen* hießen so, weil sie vorn und hinten spitz zuliefen, obwohl ich mir nicht vorstellen konnte, dass echte Hechte auch so aussahen. Die Großraumwagen verkehrten nur auf der Linie 11, die irgendwie besonders war, weil sie die im Tal gelegene Stadt mit dem Weißen Hirschen oben auf dem Berg verband. Oben gab es keine Ruinen und keine schäbigen Häuser, sondern Villen, die nicht von Arbeitern bewohnt wurden, sondern von der *Intelligenz*. Die Väter meiner Mitschüler waren Ärzte von der *Medizinischen Akademie*, Ingenieure vom *Institut Manfred von Ardenne* oder Musiker, die in der Staatskapelle oder der Philharmonie spielten. Manche Väter arbeiteten sogar als Atomforscher im Kernforschungszentrum Rossendorf. Früher war der Weiße Hirsch sogar mal ein Kurbad gewesen, doch mittlerweile dienten die Sanatoriumsgebäude den sowjetischen Russen als Lazarett. Auch in vielen der vornehmen Villen wohnten nur Russen, deren Kinder merkwürdig aussahen. Die Mädchen trugen riesige Schleifen im Haar.

Als wir die 11 unten in der Stadt am Postplatz verließen und über die Ernst-Thälmann-Straße Richtung Altmarkt liefen, begann es zu schneien. Aus den Schaufenstern des HO-Warenhauses HOWA grüßten lebensgroße Weihnachtsmann-Figuren, zwischen den Straßenlaternen hingen Lichtergirlanden, und sogar die Baustelle des Kulturpalastes war festlich illuminiert. Auf dem Altmarkt, direkt neben der Kreuzkirche, stand ein monumentaler Christbaum mit zahllosen elektrischen Kerzen. Es war kurz vor sechs, als die tiefen Glocken der Kirche zu läuten begannen. Wir gingen hinein, die Treppen hinauf zur Orgelempore, wo für uns zwei Plätze reserviert waren. Über uns sah ich die riesige Jehmlich-Orgel, deren Spieltisch aussah wie das Schaltpult in einem Atomkraftwerk. Dort oben saß mein Onkel Hans. Der war eigentlich kein Onkel, sondern der Verlobte meiner großen Schwester und außerdem der Kantor, der jedes Jahr beim Jugendgottesdienst am Vorabend des 1. Advents die Orgel spielte. Nun war es so weit. Das Licht wurde abgedunkelt, und Onkel Hans donnerte ein Vorspiel zu dem Adventslied «Macht hoch die Tür, die Tor macht weit», dass die riesige Kirche zu beben begann. Es war ein Wohlklang von solcher Kraft und Schönheit, dass mir der Atem stockte. Und dann kamen aus allen Eingängen junge Leute mit großen Adventskränzen, auf denen schon alle vier Lichter leuchteten, und füllten nach und nach alle Gänge dieser Kirche, die immerhin 4000 Menschen fasste. Dabei verbreiteten sie ein Licht, das so sanft und verheißungsvoll war, wie es nur an diesem Tag und an diesem Ort möglich erschien.

Die Kommunisten hatten Probleme mit Weihnachten. Weihnachten war ein religiöses Fest, und Religion war, wie Karl Marx angeblich geschrieben hatte, «Opium fürs Volk». Das sagte jedenfalls Frau Tegel. Mein Vater hatte ein Problem mit Karl Marx, gab mir in der ersten Adventswoche aber einen Zettel für Frau Tegel mit, auf dem er ihr höflich mitteilte, dass sie den «Klassiker» falsch zitiert habe: «Werte Frau Tegel, Karl Marx hat Religion als Opium *des* Volkes bezeichnet, was einen gewissen Unterschied macht. Ich wünsche Ihnen eine gesegnete Adventszeit. Ihr Pfarrer.» Die Direktorin zerknüllte den Zettel, und nun hatte ich ein Problem mit Frau Tegel. Dabei war es mit ihr schon vorher nicht so unproblematisch gewesen.

«Wir feiern nicht Advent, wir feiern *Pioniergeburtstag*», sagte sie und wandte sich mit gespielter Freundlichkeit an mich, um mir mitzuteilen, dass auch ich großzügigerweise an diesem wunderbaren Fest teilnehmen dürfe. Der Pioniergeburtstag wurde immer am 13. Dezember, dem Gründungstag der Jungkommunisten, gefeiert. Es gab Kakao und Stollen aus dem Konsum, der sich mit unserem überhaupt nicht vergleichen ließ. Außerdem las unsere Klassenlehrerein Frau Eichelkraut ein Kapitel aus «Timur und sein Trupp» vor, das von den Abenteuern junger edler Sowjetmenschen handelte. Stephan und ich hatten angeboten, als Zauberer aufzutreten. Dafür nutzten wir den Zauberkasten, den mein Schulfreund im August zum Geburtstag geschenkt bekommen hatte. Wir stellten uns als Hokus und Pokus vor, hatten vorher aber leider nicht richtig geprobt oder genau genommen überhaupt nicht. Das rächte sich jetzt. Die drei von uns vorgeführten Zaubertricks misslangen ausnahmslos. Die 50-Pfennig-Münze, die verschwinden sollte, rutschte aus der Hosentasche und klatschte auf den Fußboden. Stefan, der eine Pik-Dame blind ertasten konnte, erwischte nur eine Karo-10. Und dann platzte auch noch der Luftballon, der trotz eines Nadelstichs heil bleiben sollte; ich hatte die mit Klebeband präparierte Stelle verfehlt. Wir ärgerten uns, wir fanden es peinlich, während sich die Klassenkameraden genüsslich über unsere Stümperhaftigkeit amüsierten.

Zehn Tage später begannen am 23. Dezember die Weihnachtsferien. Am Vormittag stellte Andreas den Christbaum ins Esszimmer. Es war eine außergewöhnlich gut gewachsene Fichte, von der er den Eltern gegenüber behauptete, er habe sie am Schillerplatz erstanden. In Wahrheit hatte er den Baum mitten in der Nacht in einer Schonung im Waldpark gleich neben dem Konzertplatz geschlagen und drei Tage lang in unserem Garten versteckt. Das Christbaumgeld von immerhin fünf Mark strich er als Gefahrenzulage ein, denn wenn ihn Herr Schächter erwischt hätte, der Abschnittsbevollmächtigte der Volkspolizei, wäre es eine Katastrophe gewesen. Ein Pfarrerssohn als Krimineller, der sich am Volkseigentum verging …

Am Nachmittag des 23. Dezember war ich mit Mutters Mutter zum Christbaumschmücken verabredet. Sie zündete ein Räucherkerzchen an, stellte es in einen erzgebirgischen

Räuchermann, der einen Polizisten darstellte, aber Herrn Schächter nur entfernt ähnelte, setzte sich in den Lehnsessel und gab mir genaue Anweisungen, wie ich den Christbaum zu schmücken hatte. Erst kamen die bunten Glaskugeln aus Lauscha dran, dann die von Mutter gebastelten Strohsterne und einige erzgebirgische Engel sowie Märchenfiguren, die schon älter waren und noch vom Winterhilfswerk stammten, was immer das gewesen sein mochte. Dann hängte ich die Lametta-Fäden an die Äste, auf die ich am Ende noch die Tüllen für die Kerzen klemmen musste. Bei uns gab es nur «echte» Wachskerzen. Elektrische gehörten nicht auf einen richtigen Christbaum, meinten die Eltern. Draußen war es schon dunkel, als ich mit dem Schmücken fertig war. Ganz am Schluss durfte ich die Kerzen kurz anzünden, damit Vater zu Heiligabend damit keine Probleme haben würde. Es waren insgesamt 32 Kerzen, und als sie alle brannten, stand Mutters Mutter aus ihrem Sessel auf und löschte die Esszimmerlampe für dreißig Sekunden. «Es ist eine Pracht», sagte sie, und das war das Schlusswort. Nun musste ich die Kerzen wieder auspusten. Und von nun an war das Weihnachtszimmer tabu.

Heiligabend war die Kirche rappelvoll. Es gab drei Christvespern, nachmittags um drei, um fünf und abends um sieben. Auch Leute, die sonst nie in die Kirche gingen, waren auf einmal da. Manche wollten lieber nicht erkannt werden, denn eigentlich waren sie *politisch.* Sogar manche Kommunisten schlichen sich in die Christvesper. Herr Schächter zum Beispiel, der Volkspolizist, der fast nicht zu erkennen war, weil er statt seiner grünen Uniform einen Wintermantel trug. Nun sang er also *Stille Nacht* mit, und als bei der zweiten Strophe das Licht gelöscht wurde und nur die Christbaumkerzen noch brannten, glitzerten sogar Tränen auf seinem strengen Polizistengesicht.

Ich musste in alle drei Christvespern gehen, weil ich zur Kurrende gehörte, wie der kirchliche Kinderchor genannt wurde. Wir sangen die Weihnachtslieder aus dem *Quempas*, und beim Krippenspiel war ich der Verkündigungsengel, der die erste Strophe *Vom Himmel hoch, da komm ich her* sang. Dabei dachte ich aber weder an die Hirten noch an den Stall von Bethlehem, wo der *Herr Jesus* in einer Krippe lag, sondern an den Gabentisch, der immer gleich rechts neben dem Christbaum aufgebaut war. Ich bedauerte die russischen Sowjetmenschen, die jetzt nicht Weihnachten feiern durften, sondern erst am 7. Januar das *Jolka*-Fest, zu dem Großväterchen Frost kam, der ganz bestimmt kein Matchboxauto mitbringen würde. Und Dubček tat mir leid, dessen Name in der Schule nicht mehr vorkam. Der durfte bestimmt nicht Weihnachten feiern.

Bis zur Bescherung dauerte es noch Stunden, denn nach der dritten Christvesper musste Vater erst noch das Geld der Kollekte zählen, das die Leute für *Brot für die Welt* gespendet hatten. Statt Brot gab es anschließend bei uns Kartoffelsalat und Würstchen, bevor die Eltern endlich im Weihnachtszimmer verschwanden. Wir warteten, bis Vater am Klavier *Ihr Kinderlein kommet* spielte und Mutter die große Doppeltür zum Esszimmer öffnete. Die Kerzen am Christbaum strahlten, die Räuchermänner qualmten. Nichts konnte schöner sein als unser Weihnachtszimmer. Während ich die Weihnachtsgeschichte aus dem Lukasevangelium auswendig aufsagte, von Kaiser Augustus und diesem Kyrenius, der Landpfleger in Syrien war, was jenseits der Mauer liegen musste, suchten meine Augen den Gabentisch ab. Da gab es eine Menge Schachteln und Pakete, deren Inhalt sich nicht erschloss. Endlich, als ich bei der Menge der himmlischen Heerscharen angelangt war, die Gott lobten und priesen, durfte ich zum Gabentisch gehen. Ganz obenauf stand der bunte Teller mit zwei Apfelsinen, Walnüssen, Spekulatius und den wunderbaren *Granatsplittern*, die Vaters Mutter immer nach ihrem geheimen Rezept zubereitete, das sie ein paar Jahre später leider mit ins Grab nahm. Das längliche Päckchen ließ sich leicht als Schokoladentafel identifizieren, konnte also warten. Als ich die Tafel zur Seite schob, entdeckte ich ein ziemlich kleines Päckchen, das mir den Atem verschlug. Ich riss das Papier ab und betrachtete andächtig die Schachtel. Die Verpackung war schon eine Kostbarkeit. Und sie enthielt etwas ganz Großartiges, das ich behutsam entnahm: einen gelben Opel GT, dessen beide Türen sich öffnen ließen. Da war es wieder, das Wunder des Westens, die per Paket gesandte Verheißung des Kapitalismus, ohne die das Weihnachtsfest seinen Zauber nie ganz entfalten könnte. Vergessen waren alle Anfeindungen und Hänseleien in der Schule. Mochte Frau Tegel über den Aberglauben der Kirche lästern und triumphierend von sowjetischen Kosmonauten erzählen, die nirgends im Weltall einen Gott gesehen hatten. Ich war froh, dass mein Vater Pfarrer war und kein Kommunist, der zu Weihnachten ohne Westpakete auskommen musste und dessen Frau die Stollen mit *Sonja* buk.

Hilmar Klute
Fläming Ost

Alles war neu und interessanterweise rot. Ja, alles war neu und rot: Moses, der Kater, den wir ein Jahr zuvor auf einem Strand in Thailand vor dem Verdursten gerettet hatten, besaß ein rotes Fell; Mathilde, die vor sechs Wochen auf die Welt kam, brachte ein Büschel rote Haare mit. Und der Polo, den ich am Vortag beim Autohändler in Weißensee abgeholt hatte, war so rot lackiert, dass er aussah wie eine langgezogene Kirsche. Was war noch rot? Die große Kirche direkt gegenüber unserer Wohnung bestand aus altem rotem brandenburgischem Backstein, und sie begann jeden Morgen um sieben so heftig die Glocken zu schütteln, als müsse die Reformation neu verkündet werden. Und rot war der Umschlag des Briefchens, das Kerstins Eltern schon zu Mathildes Geburt gesendet hatten.

Kerstins Mutter schrieb in sorgfältiger Hausfrauenhandschrift, sie würden sich freuen, wenn die nagelneue Familie ihr erstes Weihnachtsfest mit ihnen im schönen alten Pfarrhaus von O. feiern würde. Kerstins Vater war Pastor gewesen. Er hatte nach seiner Pensionierung das schöne alte Pfarrhaus gekauft, weil der neue Pfarrer lieber in Stuttgart wohnen und jeden Morgen nach O. pendeln wollte; da hatte die Gemeinde keinen Bedarf mehr an dem alten Gemäuer gehabt, und so kam alles, wie es kommt, wenn sich ein glückliches Leben mit einem glücklichen Lebensabend schmücken darf.

Anfangs hatte ich mich gegen ein Weihnachten im Kreis

der Großfamilie gesträubt. Ein Kind, ein so kleines Kind, wie Mathilde es war, sollte sein erstes Weihnachten besser allein mit den Eltern verbringen, dachte ich. Sie sollte sanft eingeführt werden in die Rituale dieser Gesellschaft, in der sie später eine wichtige Position einnehmen würde. Andererseits musste man immer in Rechnung stellen, dass Mathilde rothaarig war, und rothaarigen Frauen wüchse in der Gesellschaft eine besonders schwierige, wortschatzarme Menschen würden sagen: *ambivalente* Rolle zu. Als Rothaarige werde Mathilde höchstwahrscheinlich im internationalen Kunsthandel eine leitende Funktion einnehmen, denn in anderen Kulturkreisen würde man Rothaarige anders bewerten.

«Wie anders bewerten?», fragte Kerstin.

«Na ja, neutraler bis wohlwollender. Sie wird gewissermaßen alle Deutungsmuster der Rothaarigkeit durchwandern, hier auf Wohlwollen, dort auf Skepsis stoßen.»

«Das wird sie sowieso, aber was hat das mit ihrer Haarfarbe zu tun? Was redest du eigentlich für einen Stuss? Und außerdem weißt du doch gar nicht, ob Mathilde rothaarig bleibt!»

«Du meinst, sie wird sich die Haare brünett färben?»

«Sie kann mit elf oder zwölf eine andere Haarfarbe bekommen.»

«Was schenken wir deinen Eltern zu Weihnachten?»

Darauf wusste Kerstin keine Antwort, denn die Geschenke, die wir ihren Eltern Jahr für Jahr machten, wurden wortlos und ohne eine interpretierbare Regung von Kerstins Vater entgegengenommen und auf den Gabentisch gelegt. Ich vermutete, dass all die Bücher, Pyjamas, Vinylplatten mit Dieterich Buxtehude auf dem Gemeindebasar von O. verscherbelt wurden, und das Geld dürfte dann nach Nicaragua gehen oder nach Syrien. Das war ja auch in Ordnung, aber hätte man sich nicht im Vorhinein darauf einigen können, zu Weihnachten einfach nur alte Gewänder zum Spenden mitzubringen? Ich hätte mir all die langweiligen Unterhaltungen mit den Mitarbeitern der Klassikabteilung im Kulturkaufhaus Dussmann ersparen können.

«Ich schlage vor, wir bringen deinen Eltern einen Sack alter Jacken und Hosen mit, legen noch einen Scheck mit hundert Euro drauf, und du wirst sehen: Dein Vater wird das Zeug genauso gleichgültig zur Seite legen wie die kritisch kommentierte Mörike-Ausgabe, die ich ihm letztes Jahr geschenkt habe.»

«Die Mörike-Ausgabe hat er nicht auf den Basar gegeben», sagte Kerstin.

«Hat er sie gelesen?»

Kerstin schwieg.

«Hat er?»

«Mein Vater mag Mörike nicht.»

«Weil der auch Pfarrer war?»

«Ich glaube, auch deshalb. Aber vor allem hasst er ihn, weil er sich von seiner Frau hat scheiden lassen.»

«Mörike hat sich scheiden lassen? Das muss ich gleich googeln.»

Ich googelte die Sache mit Mörike, Kerstin kaufte in der Apotheke eine Milchpumpe für unterwegs, danach fuhr ich in den Tierladen, weil das Futter für den Kater ausgegangen war. All dies geschah am Tag der Abreise, einen Tag vor Heiligabend. Auch mein lustiges Umparkspiel fand an diesem Tag statt, denn das neue Auto besaß noch keinen Anwohnerparkausweis, deshalb stellte ich den Polo alle zwei Stunden in eine andere Verbotszone, in der Hoffnung, die Politessen hätten diese bereits abgearbeitet.

Mathilde schrie den ganzen Tag. Sie hatte auch die ganze

Nacht geschrien, jedenfalls alle zwei Stunden. Ganz sicher war Mathilde ein Schreikind. Als Kerstin ihrer Mutter gegenüber das Wort Schreikind hatte fallenlassen, sagte die Mutter, es gebe keine Schreikinder, Kinder würden nun mal schreien, weil ihnen keine andere Form der Äußerung zur Verfügung stände. «Und wenn Mathilde schreit, dann ist das ihre Art, mit der Welt zurechtzukommen.»

Ich war froh, dass meine eigenen Eltern vor zwanzig Jahren nach Arkansas ausgewandert waren. Ich hatte meine Magisterprüfung bestanden, das hatten sie noch ungeduldig abgewartet. Danach hatten sie ihre Zahlungen eingestellt und waren auf Nimmerwiedersehen verschwunden. Einmal hatte ich sie in Arkansas besucht. Sie lebten auf einer kleinen Farm mit Shetland-Ponys. Mein Vater hatte sein ganzes Leben lang Angst vor Pferden gehabt. Als ich nach einer absurd langen Fahrt mit dem Greyhound in ihrem Kaff ankam, ritt mir mein kleiner dicker Vater lachend auf einem krummen braunen Pony entgegen.

«Die Politessen sind jetzt in der Raabestraße», sagte ich. «Das heißt, sie haben die Winsstraße und die Marienburger Straße bereits abgegrast.»

«Und wenn sie über die Prenzlauer Allee zurückkommen?»

«Du malst immer alles schwarz», sagte ich und wusste sofort, dass das nicht stimmte. *Ich* war derjenige, der immer das Schlimmste befürchtete. Als Kerstin mit geplatzter Fruchtblase ins Krankenhaus gekommen war, hatte ich stundenlang neben ihrem Bett gesessen und aus dem iPhone Berichte über Ärztepfusch bei Erstgeburten vorgelesen. Das Nächste, was bei Kerstin dann platzte, war der Kragen. Sie bat mich, draußen zu warten, und brachte mich so um das großartige Ereignis, bei der Geburt meiner Tochter dabei zu sein. Wenn ich mich mit anderen Vätern traf, erzählte ich,

ich hätte bewusst auf die Anwesenheit beim Geburtsvorgang verzichtet, um die Gedanken an mein Kind und an meine Frau frei von Blut und Käseschmiere zu halten. Die Blicke der anderen Väter waren dann meist voller Mitleid.

Um vier fing Kerstin an, den großen grünen Koffer zu packen. Nach einer halben Stunde war nicht einmal die Hälfte dessen, was wir mitnehmen mussten, untergebracht.

«Wir müssen Mathildes Reisebett irgendwie verstauen», sagte Kerstin.

Ich schlug vor, das sperrige Ding hinten auf den Kofferraumdeckel zu legen, auch wenn die Sicht beeinträchtigt sein würde.

«Und wo soll Moses hin?»

Moses hieß der rote Kater, der seit Mathildes Geburt alle Stellen bepinkelte, auf denen Mathilde gelegen hatte. Er mochte das Kind nicht. Er schätzte Gesellschaft nur dann, wenn sie ihm unmittelbar zugutekam in Form von Streicheleien und Nahrungsspenden. Ich sagte, man könne die Transportbox im Fußraum des Beifahrers verstauen, Kerstin müsse ja ohnehin hinten sitzen, bei Mathilde. Und drumherum würden Kleider, Taschen und kleine Kartons harmonisch drapiert werden, alles in allem ein solides Arrangement.

Kerstin fragte, ob ich eigentlich einen Plan hätte, was wir alles für die Reise benötigten. Auf jeden Fall Windeln, sagte ich. Sie drehte sich wortlos um und legte weiter Dinge in den Koffer, von deren Existenz ich bis dahin keine Ahnung gehabt hatte.

«Was hältst du davon, den Wagen schon mal vor die Tür zu fahren?», fragte sie gegen halb fünf. Das war meine Achillesferse, das Auto und sein Standort. Sollte ich allen Ernstes einen einigermaßen politessensicheren Parkplatz aufgeben zu einem Zeitpunkt, da noch nicht mal vage feststand, wann wir abfahren würden? War es nicht Irrsinn, den Polo mit blinkendem Warnlicht stundenlang in der zweiten Reihe zu parken, alle Augenblicke auf den Balkon zu rennen und hinunterzuschauen, ob sich schon zornige Eingeparkte mit geballten Fäusten gegen mich solidarisiert hätten?

«Vielleicht sollten wir warten, bis alles abtransportfähig ist. Was ist denn mit der Milchpumpe?»

«Die muss natürlich auch mit.» Kerstin zeigte auf den großen Koffer, der aussah wie ein notfallmedizinisches Spezialgerät. Eine Milchpumpe hatte ich mir immer klein und handlich vorgestellt, eher wie eine Pfeffermühle und nicht wie eine Melkanlage aus der Biofarm. Wozu brauchten wir die eigentlich? Kerstin stillte Mathilde doch Tag und Nacht, und wenn wir in O. sein würden, wäre es doch nicht anders, oder? Ich fragte zaghaft.

«Ich hoffe einfach, dass meine Mutter hin und wieder auf Mathilde aufpasst und ihr ein Fläschchen gibt», sagte Kerstin. «Und dass wir endlich mal ausgehen können.»

Ausgehen in O.? Es gab dort, soweit ich es überschaut hatte, zwei Restaurants, einen Italiener, also Pizza, und eines mit gutbürgerlicher Küche, also mit Erbsen und Möhren. Das Nachtleben hatte meiner Erinnerung nach eher etwas mit Naturereignissen zu tun, mit fiependen Igeln im Garten und trappelnden Mardern auf dem Dachboden.

«Wir könnten doch Heiligabend am Morgen nach Stuttgart fahren und da schön essen gehen wie früher. Und dann in die Sauna, und abends zur Bescherung sind wir wieder zurück.»

«Und wann willst du die Milch abpumpen?»

Kerstin bestand darauf, dass die Pumpe mitkam, und ich ging in die Raabestraße, wo mein Polo rot und scheu wie ein frisch geschlüpftes Insekt zwischen zwei staubigen alten Dreckschleudern stand. Ich prüfte als Erstes die Windschutzscheibe: kein Knöllchen. Dann ließ ich meinen Blick durch das Fahrzeuginnere reisen, ein Kurzausflug, wie ich beschämt feststellte; es war unwahrscheinlich, dass wir all die Klamotten in dieser kleinen Karre unterbringen konnten. Hatte ich das falsche Auto gekauft? Es war ein Schnäppchen gewesen, EU-Wagen, keine zwölftausend Euro und ganz neu. Nervös öffnete ich den Kofferraum: Man konnte den großen grünen Koffer aufrecht an den rechten Rand stellen, daneben militärisch exakt das Kinderbett lehnen und die restliche Fläche mit Taschen und Tüten auffüllen. Den Kinderwagen – praktisches französisches Modell, zusammenklappbar wie eine Auster – würde ich krönend obendrauf legen.

Ich startete den Wagen und bog an der Prenzlauer Allee rechts ab, an der nächsten Ecke würde ich wieder rechts einbiegen und direkt vor der Haustür parken. Aber versehentlich hatte ich mich auf der mittleren Spur eingeordnet. Die Autos hinter mir bildeten eine Armee, rechts waren die Reihen geschlossen, ein Versuch auszuscheren wurde mit Hupen beantwortet. Die Schweine ließen mich nicht auf die rechte Spur, sie ließen mich auf der mittleren verhungern. Die zweite Ampel war rot, und wie es aussah, würde sie es bis zum Jahreswechsel bleiben.

Ich begann die Stadt zu hassen, das Viertel mit seinen Disneyland-Eltern, die ihre Kinder fragen, wie sie am liebsten erzogen werden möchten. Mit oder ohne Darm, mit oder ohne Fruktose, mit oder ohne Geld? Die letzte Frage allerdings stellte hier niemand, weil jeder Geld besaß, von seinen Eltern natürlich. Die Erbengeneration, Kerstins Altersgenossen, hatte sich die ganze Gegend unter den Nagel gerissen. In den alten Bürgerhäusern lebten nur noch Familien mit Bollerwagen, allesamt Mitglieder im LPG-Supermarkt, wo man krumme Möhren aus Werneuchen zu besonders produzentenfreundlichen Preisen bekam. Sogar das Weihnachtsgebäck war aus der Gegend, lieblos zusammengepappt von alteingesessenen Bäckern – schon das Wort alteingesessen klang so entsetzlich unappetitlich.

Ich bog in die Marienburger Straße ein, rumpeliges Kopfsteinpflaster, naturbelassene Straßenbeschaffenheit, alles Scheiße. Ich sah, wie auf dem Nebensitz das Handy aufleuchtete – Kerstins Nummer. Ich musste nicht rangehen, die Frage «Wo bleibst du denn?» konnte ich mir selbst stellen. Jetzt wieder rechts in die Winsstraße, die zur Hälfte ein Baugerüst verstellte, an dem handgeschriebene Plakate gegen Mietwucher und Vertreibung angebracht waren. Wieder rechts rein. Jetzt sah ich, dass ganz oben, direkt vor meinem Haus, jemand dabei war, seine Parklücke aufzugeben. Es war phantastisch, sogar die richtige Straßenseite!

Das Handydisplay neben dem Sitz wurde wieder hell – diesmal war es eine WhatsApp-Nachricht. Ich hatte eine dunkle Ahnung, was sie enthalten könnte. Aus der Ferne beobachtete ich, wie sich der Verkehr vor der Ampel in Bewegung setzte, einer scherte in meine Straße ein, fuhr langsamer und glitt elegant und wie selbstverständlich in die Parklücke. In meine Parklücke, in meine! Ich schrie. Ich schrie meinen Polo voll. Ich parkte in der zweiten Reihe, stellte den Warnblinker an und nickte dem skeptisch blickenden Mann in der Immobilienagentur zu, dessen Auto offenbar in der zugeparkten Reihe stand.

Auf dem Weg zur Haustür spielte ich die zehnsekündige Audiosequenz von Mathildes Geschrei ab, die Kerstin mir immer dann auf WhatsApp zusendete, wenn sie gerade dabei war, die Nerven zu verlieren: ein einziger greller Ton, der nicht aufzuhören schien. Irgendwann war die Sequenz zu Ende. Ich rannte nach oben und sah bereits zwei große Koffer vor der Tür stehen – in jede Hand nahm ich einen, rannte nach unten und wuchtete sie in den Kofferraum. Kerstin kam mit der Reisetasche hinterher, oben schrie Mathilde, genauso wie auf der Audiosequenz. Ich schrie, man könne sie doch nicht alleine da oben schreien lassen. Kerstin schrie: «Dann geh doch zu ihr!» Danach rannten wir beide nach oben, kurz darauf ich wieder nach unten.

Eine halbe Stunde später war der Polo vollgepackt wie ein Flüchtlingsauto. Es fehlten nur Mathilde und Moses. Kerstin entschied, dass sie das Kind und ich die Katze holen sollte. Ich wusste, dass man das Kind ohne weiteres holen konnte, indem man es aufhob und in den Maxi Cosi legte. Den Kater allerdings musste man fangen. Moses lag auf dem Sofa, die Augen zu kleinen Schlitzen verengt. Ich versuchte, ihn in Sicherheit zu wiegen, indem ich ohne ihn anzuschauen im Zimmer auf und ab ging, hier ein Buch ins Regal zurückschob, dort ein Feuerzeug vom Tisch nahm. Als ich mich wie zufällig zu Moses umwandte und die Hand nach ihm ausstreckte, sprang er unter das Sofa.

Ich konnte unmöglich warten, bis er seine Stellung verlassen würde. Kerstin war mit Mathilde und einem hastigen «Beeil dich!» zum letzten Mal die Treppen hinuntergelaufen. Ich legte mich vor das Sofa und redete ihm gut zu. Als ich versuchte, ihn mit der Hand zu locken, flitzte er ins Schlafzimmer und dort auf den Schrank, wo die Schachtel stand, in der er sich tagsüber gerne verkroch. Ich holte die Leiter. Als ich oben war, sprang er vom Schrank. In der Küche postierte er sich auf dem Kühlschrank, hoch genug, um nicht von übergriffigen Händen gepackt zu werden. In meiner Hosentasche vibrierte das iPhone. Als ich es herausholte, sprang Moses vom Kühlschrank und rannte ins Bad.

«Kommst du?», fragte Kerstin.

«Ich muss Moses noch fangen», sagte ich.

«Du hast ihn immer noch nicht?»

Ich legte auf und rannte ins Bad. Moses hockte in der Wanne, auf rührende Weise ausgeliefert. Behutsam nahm ich ihn hoch und trug ihn in die kleine Kammer, wo die Transportbox stand. Hinein mit ihm. Er krallte sich am kleinen Gitterfenster fest und schrie wie unter Folter – ich überlegte kurz, ob ich eine Audiosequenz für Kerstin aufnehmen sollte.

Der Polo war so vollgeladen, dass er bei der Anfahrt ruckelte. Keiner von uns beiden, weder Kerstin noch ich, wagte es, die Frage auszusprechen, die jedem von uns auf der Zunge lag: Haben wir auch nichts vergessen?

Die Straßen waren voller Autos mit Menschen drin, die in Richtung Weihnachten fuhren. Um diese Zeit lastete Berlin nur noch mit der Hälfte seines Gewichts auf dem Erdball, dachte ich, bevor mir die Sache mit dem Geschenk wieder einfiel.

«Was schenken wir jetzt deinen Eltern? Es ist viel zu spät.»

«Ich habe für meinen Vater einen iPod gekauft, damit er sich seine Klassiksachen runterladen kann.»

«Warum hast du mir das nicht früher gesagt?»

«Warum hätte ich sollen?»

Ich schwieg und dachte an das trostlose Gespräch, das ich gestern mit der Frau im Kulturkaufhaus geführt hatte, die mich zur Rockmusik führte, weil sie mit dem «Ba» vor «Rock» nichts hatte anfangen können. Und ich dachte an die unhandliche Dieterich-Buxtehude-Box, die ich noch eilig in meine Computertasche gesteckt hatte. Wir gelangten auf die Stadtautobahn und standen nach anderthalb Kilometern im Stau. Seit Jahren hatte ich kein eigenes Auto mehr besessen, jetzt kam mir meine Teilnahme am Straßenverkehr vor wie eine Zwangsrekrutierung. Jetzt war ich wieder einer von diesen anfahrenden, stoppenden, ausscheren wollenden, wuthupenden Armleuchtern, die dieser Welt die Grazie nahmen.

«Wir sind viel zu spät losgefahren», fiel mir ein.

«Weil wir es wieder mal verbockt haben, rechtzeitig zu packen.»

Das liebte ich an Kerstin: Wenn es darauf ankam, Solidarität zu beschwören, sagte sie nie, *ich* hätte es verbockt, sondern erklärte das Verbockthaben zur gemeinschaftlichen Verantwortung. Mathilde und Moses waren still. Der Verkehr wurde immer dichter, wir kamen endgültig zum Stehen. Es war halb fünf und stockdunkel. Warum musste sich dieses Land jedes Jahr zu Weihnachten so massiv in Bewegung setzen? Weshalb brachte ausgerechnet das häuslichste Fest alle dazu, aufzubrechen in ein ungemütliches, ungewisses Nirgendwo? Weil Maria und Josef auch die ganze Zeit auf den Beinen gewesen waren, bis sie irgendwann in einem alten Schuppen unterkamen?

Der Tank war fast leer. Ich erinnerte mich an den schnurrbärtigen Autoverkäufer, der mir gönnerhaft die kleine Tankfüllung spendiert hatte, damit ich gut nach Hause käme. Jetzt leuchtete die winzige dumme Zapfsäule auf, das höhnische Signal der Ölindustrie, dass man nie länger als zwei, höchstens vier Stunden vergessen sollte, welche Kraft einen nach vorne trieb. Kriege mit Bodentruppeneinsatz wurden nur deshalb geführt, weil kein Autofahrer das Leuchten der albernen kleinen Zapfsäule länger als eine Viertelstunde erträgt. Ich war erleichtert, als es zumindest zähflüssig weiterging.

«Bei der nächsten Raststätte fahren wir raus», sagte ich, und Kerstin meinte, das sei gut, denn Mathilde müsse dringend gestillt werden. Rastplätze sehen von weitem wie utopische Trabantenstädte aus, in denen gestrandete Autofahrer eine Kolonie gegründet haben. Diese hieß *Fläming Ost*. Ich fuhr eine der Zapfsäulen an, stieg aus, riss den Zapfhahn so gierig aus der Halterung, als hätte ich selbst unstillbaren Durst. Es war frostig, eine schneidende Winterkälte, die einem mit grobem Schwamm ums Gesicht wischte. Ich ging in den Tankstellenladen und bezahlte meine erste eigene Tankfüllung für den nagelneuen Polo, den ich dann auf den großen leeren Parkplatz fuhr. Kerstin hatte Mathilde schon bereit gemacht für das Abendessen, das aus einer prall gefüllten Mutterbrust bestand. Ich schaltete den Motor aus, ließ aber die Batterie an, damit die Heizung nicht ausging. Die Stille war vorweihnachtlich, man hörte nur Mathildes leises Glucksen. Was machte eigentlich Moses? Lebte er noch? Ich hob behutsam ein Stück der alten blauen Decke von der Transportbox. Moses sah mich erstaunt an, so als wundere er sich, dass er und ich zu so später Stunde noch Blickkontakt haben sollten. Wir hatten gute sechs Stunden Fahrt vor uns. Ich dachte an das schöne alte Pfarrhaus mit den niedrigen Decken und den Holzbetten, in denen sich über hundert Jahre hinweg Geburten und Tode ereignet hatten. Wir würden sofort einschlafen, nachdem wir Mathilde in die mit Bauernmotiven bemalte alte Wiege gelegt hätten. Moses würde im muffigen Kleiderschrank liegen und im Schlaf helle leise Geräusche von sich geben. Der Gedanke an die wohlverdiente Müdigkeit drückte mir die Augenlider nach unten.

«Wir wären dann so weit», sagte Kerstin, und ich drehte den Schlüssel in der Zündung. Es machte nur klick. Ich versuchte es abermals, die Armaturen leuchteten kurz auf, dann war alles dunkel.

«Was ist?», fragte Kerstin.

«Springt nicht an, die Scheißkarre.»

«Was heißt das jetzt?»

Ich drehte, es machte klick. Kurzes Aufleuchten, Finsternis. Eine heiße Schlange kroch mir innen im Hals hoch: Hatte ich falsch getankt? Diesel statt Benzin? Hatte ich nicht extra genau hingeschaut, was ich in den Tank laufen ließ? Ich dachte an den schnauzbärtigen Autoverkäufer. Der Mann war mir gleich verdächtig erschienen, in seiner schmierig-freundlichen Art. Er hatte mir eine gut verputzte Schrottkarre verkauft, eine leere Hülle, ein lackiertes Wrack.

«Was machen wir jetzt?», fragte Kerstin. Ich drehte noch einmal den Schlüssel. Klick. Aufleuchten. Finsternis.

«Ich frage in der Tankstelle, ob die mir helfen.»

«Ich rufe meinen Vater an.»

Ich ging in das helle Tankstellengebäude und fragte eine Kassiererin, ob jemand bitte meinen Motor anschauen könne. «Wir haben keine Werkstatt mehr», sagte die Frau und zog einen riesigen Schokoweihnachtsmann durch den Scanner. Ich solle den ADAC anrufen. Ich wählte die Nummer. Ein Mann mit Unterwegsstimme erklärte mir, dass es eine Stunde dauern würde, bis er «vor Ort» sei. «Wo sind Sie denn genau?»

«Raststätte Fläming Ost», sagte ich. Es klang wie der Name eines vergessenen finnischen Dorfes. Als ich zum Auto zurückkehrte, hatte Kerstin gerade ihr Handy weggesteckt.

«Mein Vater sagt, wir sollten vor allem gelassen bleiben. Maria und Josef und das Jesuskind hätten eine noch viel mühseligere Anreise gehabt.»

«Wenn wir deinen Vater nicht hätten, wären wir komplett verloren», sagte ich und erklärte Kerstin, dass es hier keine Werkstatt mehr gäbe.

«Das kann nicht sein», sagte Kerstin. «Ich gehe fragen, mit Frauen haben sie Mitleid.»

Ich stand in der Kälte und sah durch die Scheibe auf die schlafende Mathilde. Moses schwieg, vermutlich war er die erste Katze, die in Winterschlaf fiel. Die Kälte war unfassbar, selbst die Zeit schien einzufrieren. Ich schloss die Augen und stellte mir vor, wie ich in dem roten Polo mit 80 Stundenkilometern ins Autocenter fuhr und den schmierigen Autoverkäufer an der Garagenwand zerquetschte. Aber dafür hätte das Auto erst einmal anspringen müssen.

Kerstin kam jetzt mit dem Tankwart, der mich freundlich und mitleidig begrüßte und sich professionell ans Steuer setzte. Wenn Experten in einem Auto sitzen, scheint das Auto immer ein wenig demütig zu werden, so als sei plötzlich ein Erziehungsberechtigter aufgetaucht. Der Tankwart, ein ruhiger, freundlicher Mann mit kurzem grauem Bart, drehte den Schlüssel, das Licht ging an, es machte klick, dann war alles dunkel.

«Die Batterie», sagte er.

«Können Sie uns fremdstarten?», fragte ich.

Der Tankstellenmann schwieg, wie Fachmänner schweigen, wenn sie dumme Laienfragen ignorieren.

Kerstin sagte, wir hätten ein winziges Kind dabei, außerdem einen roten Kater, der seit Stunden in der Dunkelheit seiner Reisebox kauerte. Der Tankstellenmann drehte noch einmal den Schlüssel. Klick. Er bat mich, die Motorhaube zu öffnen. Wo war der Hebel dafür? Ich kannte mein Auto nicht, ich kannte nur meine Wut und die Angst, hier in Fläming Ost das Christfest verbringen zu müssen. Der Tankstellenmann fummelte unterm Lenkrad und öffnete mit einem dumpfen Plopp die Motorhaube. Dann standen wir vor der offenen Haube wie die drei Könige vor der Krippe.

«Was ist das denn?», fragte der Tankstellenmann und zeigte auf das kleine rote Ding inmitten des Gekröses aus

Schläuchen, kleinen Boxen und Kabelbuchsen. Ich wusste nicht, was das war, Kerstin hatte keinen Schimmer, und Mathilde schlief in ihrem Maxi Cosi, als hätte sie die Bescherung bereits hinter sich.

«Soll das die Batterie sein?» Der Tankstellenmann sah uns an, als hätten wir die Batterie absichtlich so klein gemacht. Es hätte noch gefehlt, dass er in schallendes Gelächter ausgebrochen wäre. Aber ich sah eher betreten aus und klappte die Motorhaube zu wie einen Sargdeckel.

«Kommen Sie mit», sagte er. «Und nehmen Sie bitte auch das Baby und die Katze, das kann länger dauern.» Kerstin holte Mathilde aus dem Wagen, ich legte die Reisebox frei, in der Moses zornig schweigend und mit großen runden Augen saß. Es regnete, etwas Schnee war auch dabei, Scheinwerfer blendeten auf und ab.

In der Verkaufshalle stand der Tankstellenmann vor einer kleinen Auswahl an Batterien; ich stellte mich ratlos dazu, und Kerstin fragte, ob sie Mathilde irgendwo wickeln könne. Auf der Toilette gebe es einen Wickeltisch und alles, was sie benötige, sagte der Tankstellenmann. Nach langem Zögern wog er eine blaue Batterie in der Hand wie ein frisch gespendetes Organ.

«Versuchen wir's mit der», sagte er. Kerstin ging mit Mathilde in den Wickelraum, ich trottete mit dem Tankstellenmann in die Winterkälte. Als die Motorhaube aufsprang, kam mir die Batterie noch kleiner vor als vorhin. Als habe sie sich vor Kälte zusammengezogen. Der Tankstellenmann fummelte das Ding raus und setzte die blaue Batterie ein.

«Starten, bitte», sagte er. Ich drehte den Schlüssel. Es machte nicht einmal mehr klick. Auch die Armaturen leuchteten nicht auf. Das Auto war tot, gestorben im Alter von drei Tagen. In diesem Moment wünschte ich, dass auch der schnurrbärtige Autoverkäufer sterben möge, dass es in ihm einfach klick machte und er erlischt wie sein beschissenes EU-Modell. Der Tankstellenmann sah mich an, als sei das Schicksal unserer kleinen Familie nun endgültig besiegelt. Das Spenderorgan hatte den gesamten Organismus flachgelegt.

Stumm folgte ich dem Experten in die Verkaufshalle. An der Kasse machte ein Weihnachtsmann aus Plastik obszöne Hüftbewegungen. Wo war Kerstin? Ich ließ mir den Wickelraum beschreiben und ging wieder raus in die kalte Nacht und dachte an das letzte Weihnachten, als wir weder einen Kater noch ein Kind noch einen todkranken Polo besaßen und einen Tag nach Heiligabend von Stuttgart aus nach Thailand geflogen waren, wo wir bis zum Neujahrstag unsere Haut versengten und Bier tranken. Am Tag darauf retteten wir Moses aus einer Mülltonne am Strand, brachten ihn zum Tierarzt und versteckten ihn, geimpft und entwurmt, im Hotel. Die restlichen Tage verbrachten wir damit, Papiere für den roten Kater zu besorgen. Mit Moses' Ausreise begann der Weg in die Unfreiheit, für Mensch und Tier.

Im Wickelraum blinkte ein kleiner Tannenbaum. Neben Kerstin, die gutgelaunt plapperte, stand eine ältere Frau, die jedes Mal fröhlich plapperte, wenn Kerstin eine Plapperpause einlegte. Mathilde strampelte auf einer roten Wickelkommode und lachte. Auf dem Boden spielte Moses mit einer leeren Thunfischdose.

«Das ist Gerda», sagte Kerstin, und Gerda lachte einfach weiter, als ich ihr einen guten Abend wünschte.

«Mein Mann hat von Autos so viel Ahnung wie ein Tannenbaum vom Forstwesen», sagte Gerda. «Wir haben die Tankstelle von meinem Vater geerbt und unser ganzes Leben hier verbracht.»

«Deshalb habt ihr auch keine Kinder, nicht wahr, Gerda?»

Ich war überrascht, Kerstin mit Gerda auf dem Duzfuß vorzufinden, andererseits passte es in die Stimmung des Abends.

«Wenn ich eure süße Mathilde sehe, würde ich am liebsten alles rückgängig machen.»

«Fände ich gut», sagte ich. «Dann hätte Ihr Mann keine Gelegenheit gehabt, mein Auto komplett funktionsuntüchtig zu machen.»

Gerda und Kerstin lachten, Mathilde juchzte, und Moses kickte die Thunfischdose unter die Tür einer Toilettenkabine.

«Ich habe Vater angerufen», sagte Kerstin. «Er fährt jetzt los und ist in vier Stunden hier.» Ich wusste in diesem Augenblick nicht, was schlimmer war: eine tote Batterie oder Kerstins Vater, der von O. in Schwaben nach Fläming Ost bei Berlin fährt, das Fahrzeuginnere dröhnend von Telemanns Fugen. Die Tür ging auf, der Tankstellenmann kam herein.

«Bodo, ich erzähle den jungen Leuten gerade von unserer Erbschaft.» Bodo winkte ab und lachte Mathilde an, die auf dem Wickeltisch strampelte wie eine umgekippte Tretbootfahrerin.

«Das tut mir leid mit eurem Polo», sagte Bodo. «Der vom ADAC ist gerade da und fragt, ob er den Wagen abschleppen lassen soll. Man muss die Elektrik komplett neu kalibrieren.»

«Kalibrieren?» Ich fühlte wieder, dass Wörter im Umlauf waren, für die es ein Abschiebegesetz geben müsste. Gerda kickte gegen die Thunfischdose, Moses rutschte auf dem Kachelboden hinterher. Nein, der Wagen würde hierbleiben, entschied ich, und Bodo ging nickend raus.

«Ihr könnt doch auch einfach hierbleiben», sagte Gerda, und Kerstin nickte so eifrig, dass ich mich fragte, ob die Tankstellen-Erbschaft jetzt direkt auf uns übergegangen war.

«Bis mein Vater hier auftaucht, ist das wirklich das Beste», sagte Kerstin. Mir fiel kein stichhaltiges Gegenargument ein. Außer, dass es das Allerklügste gewesen wäre, ihr Vater würde in seinem Pfarrhaus bleiben – Verwandte, die einem Weihnachten entgegenkommen, sind wie Baumschmuck, der auf den Kopf fällt.

«Ich mach uns mal was zu essen», sagte Gerda und schloss die Tür mit Engelslächeln.

Ich rüttelte an Kerstins Schulter. «Sag mal, was ist hier eigentlich los? Wir haben eine Panne, unser Auto ist früh verstorben, es ist acht Uhr abends, und du freundest dich mit der Familie des Tankwarts an, der gerade mein Auto lahmgelegt hat.»

Kerstin klebte die Enden von Mathildes frischer Windel fest. «Die sind doch nett zu uns. Und Mathilde ist richtig glücklich, dass sie ein warmes Zimmer hat.»

Bevor ich etwas sagen konnte, kam Gerda und meinte, wir sollten jetzt alles schön zusammenpacken und mit ihr in die gute Stube kommen. Ich fertigte im Kopf eine Verwünschungsliste an, wusste aber nicht, was ich an die Spitze setzen sollte: den Entschluss, dieses Fest bei Kerstins Eltern zu verbringen, den Polokauf oder den verspäteten Aufbruch aus Berlin.

Bodo, den Tankstellenmann, mochte ich nicht verwünschen, weil er mit seiner Frau im Hinterzimmer einen kleinen Kunststoffweihnachtsbaum auf den Campingtisch gestellt hatte, daneben drei Fertigpizzen und eine dampfende Currywurst in Plastikschale. In der Ecke stapelten sich neue Reifen, neben der Tür kauerten drei Benzinkanister. Davor standen zwei Schalen, eine mit Wasser, eine mit Whiskas.

Kerstins Vater rief an. Er war bei Göppingen in eine Schneewehe geraten und musste auf die Straßenwacht warten. Sie sollte ihn freischaufeln. Ich stellte mir vor, wie er in seinem BMW saß, die Scheiben von Schnee bedeckt, das Wageninnere bebend vom Weihnachtsoratorium, Teil IV–VI. Er würde die Fahrt fortsetzen, sobald Gott oder die Straßenwacht es zuließen.

Gerda und Bodo sagten, normalerweise würde jetzt die Nachtschicht den Dienst übernehmen, und sie führen dann nach Hause. «Aber das ist ein so besonderer Abend», und Mathilde sei ein so fröhliches Kind, ein richtiges Geschenk.

Bodo brachte eine Flasche Mumm-Sekt. «Es ist immer noch früh genug, die kleine Mathilde zu begießen», sagte er und füllte vier Plastikbecher. Kerstins Mutter rief an und erklärte, Vater sei schon früher als erwartet freigeschaufelt und werde mit Gottes Hilfe in drei Stunden bei uns sein. Um halb zehn brachte Bodo eine Flasche Champagner, und Gerda erinnerte sich, wie sie beide vor zwanzig Jahren Tickets nach Australien besorgt hatten, wo sie eine Farm aufmachen wollten. Ich berichtete ihnen von der Shetland-Pony-Zucht meines Vaters. Und Bodo bekam feuchte Augen, als er von der Erbschaft erzählte, die sie damals kurz vor der Abreise gemacht hätten – Tankstelle und Raststätte Fläming-Ost.

«Das konnten wir nicht ausschlagen», sagte Gerda. Bodo nickte: «So was kann man sich nicht entgehen lassen.»

Dann schwiegen alle. Nur Mathilde wimmerte, weil sie keinen Schnuller hatte. «Der ist noch im Wagen», sagte Kerstin, und ich musste mich überwinden, die warme Tankstellen-Stube zu verlassen und in die Kälte zu gehen.

Da stand der Polo, immer noch selbstbewusst rot in der Dunkelheit. Ich schloss auf und setzte mich ins dunkle Auto. Regen trommelte auf die Scheibe, wenigstens kein Schnee, dachte ich, und drehte aus Gewohnheit den Schlüssel. Die Armaturen leuchteten auf, der Anlasser setzte ein, und der

Motor sprang an, als habe er nie etwas anderes getan, als zu schnurren.

«Was war denn los?», fragte Kerstin, die hinter mir saß im vollgepackten Wagen, die satt lächelnde Mathilde auf dem Arm.

«Keine Ahnung», sagte ich, «ich dachte ...»

«Sag bloß, du bist eingeschlafen, während wir hier Eiszeit-Stillen gemacht haben?»

«Ich weiß nicht», sagte ich.

«Los, meine Eltern erwarten uns!»

Ich stieß mit dem Ärmel an den Schalter für den Scheibenwischer, der stramm hin- und herwischte und ein kleines rotes Knöllchen wie einen lustigen Wimpel mit sich führte.

«Ich weiß nicht, ob der Motor so lange hält.»

Katrin Seddig
Nicht so mein Tag

Mir kam ein Mann mit einem großen Umschlag unter dem Arm entgegen. Er schlängelte sich durch den Verkehr wie ein Verrückter, aber entschlossen und mit traumtänzerischer Sicherheit. Es war kalt und ein bisschen neblig, und ich konnte an dem Verkehr vorbei die gerade Straße und die aneinanderklebenden Häuserfronten sehen. Durch den Nebel hindurch breitete sich ein kaltes, weißes Licht aus, das die Oberflächen leuchten ließ, aber den Rest der Straße in eine harte Dunkelheit stieß. Ein Autotransporter parkte vollkommen regelwidrig, und dahinter gab es immer wieder Gehupe, ich betrachtete die auf ihm gefesselten Wagen, und ich bemerkte den Mann im Mantel, der diesen riesigen Umschlag unter seinem Arm hielt und direkt auf mich zulief. Es war Werner Achten, der Mann, der meine Schwester geheiratet und sie dann plötzlich ohne ein Wort verlassen hatte, um nicht mehr zu ihr zurückzukehren.

Werner Achten war zu alt für meine Schwester gewesen. Er war vielleicht nicht wirklich zu alt für sie gewesen, aber er hatte zu alt ausgesehen, er war ein durch und durch alter Mann gewesen, von seiner Natur her, aber meine Schwester hatte ihn nun mal gewollt. Meine Schwester Rahel ist eine Frau, die immer ganz genau weiß, was sie will. Sie will etwas desto mehr, je weniger sie es haben kann. Und wenn sie etwas gar nicht haben kann – dieses «Wenn» gibt es nicht in meiner Schwester Welt. Man merkt schon, dass meine Schwester eine sehr nette und energische Frau ist, die in

Wirklichkeit sich doch mit den Gegebenheiten des Lebens abfindet, auch wenn sie wütet und tobt. Ich denke, nur die faulen Menschen finden sich mit allem gleich von Anfang an ab.

Werner Achten sah mich offensichtlich nicht, als er zwischen dem Autotransporter und dem Verkehr auf mich zulief, mit diesem riesigen, mit diesem viel zu großen Umschlag unter dem Arm. Diesen Umschlag konnte man in keinen Briefkasten stecken, man konnte ihn nicht einmal richtig festhalten, weil er breiter als Werner Achtens Arm lang war, und deshalb rutschte er auch immer ein bisschen unter seinem Arm weg, und er musste ihn wieder mit der anderen Hand hochschieben.

Ich war an diesem Nachmittag traurig, weil mein eigener Freund, den ich meinen Mann nannte, mir gesagt hatte, dass er nicht genau wisse, ob er mich noch so richtig liebe. Eigentlich war das für mich keine Überraschung gewesen, denn ich wusste auch nicht mehr so genau, ob ich ihn liebte. Wir waren beide ganz nett miteinander. Wir holten uns gegenseitig von der Arbeit ab, wir erzählten uns unseren ganzen Tag, aber mein Mann Willie lebte in Wirklichkeit irgendwo anders ein ganz anderes Leben. Er war zu Hause, also bei mir, nicht mehr der Mann, der er eigentlich war. Ich konnte nicht genau sagen, woher ich wusste, dass er sich täglich verstellte, mir zuliebe oder zu seinem eigenen Vorteil, aber ich wusste es eben.

«Werner Achten», sagte ich und trat auf ihn zu, und wenn er sich nicht in letzter Minute abgefangen hätte, dann wären unsere Körper vielleicht miteinander verschmolzen, unsere Gedanken und Gefühle wären direkt ineinandergeprallt, denn er trug sie genauso vor sich her wie ich die meinen. Nur hatte ich ihn gesehen. Ich hatte seinen Gesichtsausdruck gesehen, der nicht glücklich war, gehetzt war er, ein bisschen weggetreten, versunken in trübe Gedanken, und diesen riesigen Umschlag, wie er sich durch die Gefahren hindurchgeschlängelt hatte, einer, der im Traum durch ein Schlachtfeld läuft, ohne Angst, weil er weiß, dass ihm nichts passieren kann. Weil er weiß, dass er träumt. Manchmal geht es mir genauso, manchmal weiß ich, dass ich gar nicht lebe, sondern träume. Dann ist alles recht angenehm, aber dann macht es mir auch wieder Angst. Denn im Traum kann man nicht wissen, ob man noch am Leben ist. Leben ist eines der Dinge, um das die Menschen am meisten Angst haben. Das geht mir nicht anders.

«Petra!», sagte Werner Achten und war kurz verlegen. Ich sah es ihm an.

«Wo bist du gewesen?», fragte ich ihn, denn er war seit elf Monaten fort. Er war Rahel eines Tages einfach entschwunden, und weil sie das nicht hatte hinnehmen wollen, liebte sie ihn immer noch und hatte sich nicht anderweitig liiert. Sie hätte können, sie ist eine Frau, die andere Menschen und Männer anzieht. Sie ist lebendig, und sie hat eine Schönheit, die gar nicht so richtig schön ist, sondern eher so ein bisschen schief, also die Schönheit, die einem das Herz zerreißt, man möchte sie in die Arme nehmen und beschützen, obwohl man gleich, wenn man Rahel kennenlernt, weiß, dass sie das nicht nötig hat und auch gar nicht will. Sie ist manchmal schwer zu ertragen, weil sie so vehement ihre Meinung vertritt, weil sie manchmal provokant und rücksichtslos ehrlich ist, aber wollen wir nicht alle Menschen, die so wunderbar kräftig im Leben stehen?

Werner Achten war also kurz verlegen und wollte dann von mir weg, aber ich hielt ihn sofort am Ärmel fest, ich hatte ihn eingefangen.

«Wo bist du gewesen? Wo bist du die ganze Zeit gewesen?», schrie ich ihn an. Und ich sah, dass der Fahrer des Autotransporters uns beobachtete, er aß ein Butterbrot auf seinem hohen Sitz und beobachtete uns, wir waren sein Unterhaltungsprogramm.

«Ich hatte etwas zu erledigen», sagte Werner Achten.

«Elf Monate?», schrie ich. «Elf Monate lang? Du hast Rahel nicht Bescheid gesagt.»

«Nein», er schüttelte den Kopf. Er sah zu Boden. «Das habe ich nicht.»

Er tat mir ein bisschen leid, obwohl er mir eigentlich nicht leidtun wollte. Er hatte mein Mitleid gar nicht verdient.

«Was hast du nun vor?», sagte er.

Ich zog ihn am Arm. Ich sagte: «Du kommst mit zu Rahel.»

Er schüttelte den Kopf.

Ich sagte: «Du kommst mit zu Rahel und erklärst ihr, wo du die ganze Zeit gewesen bist. Das bist du ihr schuldig, Werner Achten.»

«Es ist albern, meinen Nachnamen mitzusagen», sagte Werner Achten.

«Werner Achten», wiederholte ich. Ich fand Werner Achten einen ziemlich dummen Namen. Aber das lag vielleicht auch an Werner Achten selbst. Vielleicht hätte ich einen anderen Werner Achten gemocht.

Und dann ging er los. Ich ging hinterher, ich zerrte und zog an ihm, und hinter uns hupte es mehrmals und unglaublich laut. Wir erschraken und blickten uns beide um. Der Fahrer des Autotransporters winkte uns zu. Werner Achten winkte zurück.

«Sehr nett», sagte ich.

Er zuckte mit den Schultern.

Dann rannte er plötzlich los. Ich rannte hinterher, Werner Achten war schnell, ich trug Stiefel mit hohen Absätzen, der Abstand zwischen uns wurde größer, ich wurde wütend, und der Abstand verringerte sich wieder, aber ich wusste, ich konnte ihn nicht einfangen, das würde ich nicht schaffen. Aber dann verlor Werner Achten den Umschlag unter seinem Arm, er segelte ihm einfach davon. Er hielt an, sah sich um, da kam ich auch schon, ich war fast da, und er entschied sich gegen den Umschlag und für die Freiheit. Ich sammelte den Umschlag auf, Werner Achten war in die U-Bahn gerannt, er war für mich verloren. Ich keuchte. Die Stadt war eisig kalt, und die ganze feuchte Nebligkeit war in meine Lungen gedrungen. Ich sog die Luft in mich rein, ich musste, die Luft war schneidend, und ich fror in meinem Körper, als hätte man mir einen Eisstab hineingesteckt. Ich hatte Werner Achten nicht für Rahel einfangen können, was für eine riesige Enttäuschung, aber ich konnte ihr etwas mitbringen, einen riesigen Umschlag, der ihm gehört hatte. Jetzt gehörte er uns.

Ich ging nach Hause. Ich war nicht so niedergeschlagen wie die Tage davor, und deshalb mühte ich mich auch nicht, eine nette Atmosphäre zu schaffen. Ich sagte zu Willie, ich hätte darüber nachgedacht, dass er mich vielleicht nicht mehr lieben würde. Ich sagte: «Im Grunde ist es vielleicht auch nicht so wichtig. Weil ich dich auch nicht mehr so besonders liebe. Und wenn zwei Menschen sich gleich wenig lieben, dann brauchen sie sich nicht sofort zu trennen, weil keiner von beiden leidet. Leiden würde nur der eine, der den anderen mehr liebt. Das scheint mir aber bei uns gar nicht der Fall zu sein.»

Willie war ein bisschen erschüttert, so schien es mir, darüber, dass ich die Sache so leicht nahm. Ich hatte den Verdacht, dass er sich ein kleines Drama wünschte, vielleicht auch, um unser beider Gefühle wieder anzufachen. Aber Gefühle lassen sich gar nicht so leicht anfachen. Gefühlen ist mit Vernunft oder Berechnung meist nicht beizukommen.

«Was hast du da für einen Umschlag?», fragte Willie mich.

«Das ist ein Umschlag von Werner Achten», sagte ich. «Ich werde ihn Rahel schenken. Das ist mein Geschenk.»

«Dein Weihnachtsgeschenk? Von Werner Achten? Wieso von Werner Achten? Hast du Werner Achten getroffen? Spinnst du? Wieso Werner Achten? Der ist doch weg?»

«Ganz schön viele Fragezeichen», sagte ich.

Und mehr sagte ich nicht. Denn ich liebte ihn ja nicht mehr richtig und er mich ja auch nicht mehr, und deshalb hatte ich keine Lust, ihm alles zu erzählen, was mir an diesem Tag passiert war. Ich wollte jetzt auch mal was für mich behalten. Das strengte mich plötzlich an, dieses Teilen des Lebens. Ich konnte mir vorstellen, warum manche Leute sich darauf nicht einlassen wollten. Warum sie vielleicht sogar flohen.

Rahel war gar nicht erfreut. Sie saß in ihrer kleinen Wohnung, zwischen einem Berg von Wäsche, meine Schwester hat keine Freude an Hausarbeit und schiebt alles vor sich her, bis es unausweichlich wird. Sie legt die Wäsche erst zusammen, wenn sie keine mehr im Schrank hat.

Sie saß mürrisch gekrümmt auf dem Sofa, faltete Pullover und sah dabei einen Film mit Kevin Costner.

«Und nun?», sagte sie.

«Aber Rahel!», sagte ich.

«Ich hasse diesen Pullover!», schrie sie. «Warum muss ich solchen Müll an meinem Körper tragen?»

«Musst du ja nicht», sagte ich und nahm ihr den Pullover

aus der Hand. Es war ein dunkler Pullover mit eingestrickten weißen Schneeflocken.

«Was ist damit?», fragte ich.

«Guck doch die Knötchen, alles voller Knötchen. Miststück!», schrie sie, riss mir den Pullover aus der Hand und warf ihn auf die Erde.

Ich setzte mich zwischen die Wäsche neben sie und legte meine Arme um meine Schwester. «Er sah gar nicht gut aus», flüsterte ich ihr ins Ohr. Sie sackte ein bisschen in sich zusammen, und so saßen wir eine Weile zwischen der Wäsche mit ihrem Duft von Waschmittel. Dann machte sie sich los und riss den Umschlag auf. Sie riss ihn grob auf, mit einem Ruck, ohne Rücksicht darauf, dass uns dieser Umschlag gar nichts anging. Es steckten Fotos und die zugehörigen Negative darin, riesige Fotos von Werner Achten, und auf allen war er vollkommen nackt. Er hockte nackt auf allen vieren unter einem Küchentisch, auf dem Tisch war für ein Frühstück gedeckt. Er stand sehr gerade nackt neben dem Vorhang an einem Fenster, die Hände an die Seiten gelegt, an den Vorhang geschmiegt. Er hockte nackt, aber mit einer Pelzmütze auf dem Kopf, neben einer Hauswand, die Hände an die Wand gelegt. Er lag nackt auf der Straße, ganz ausgestreckt, und sah in den Himmel. Es gab ungefähr zwanzig Bilder von Werner Achten. Auf allen war er allein und nackt, und sein Körper war wuchtig und etwas zu dick. Seine Haut hatte eine merkwürdige Farbe. Sie schimmerte bläulich und rosa und auch gelb. Sie hatte sehr viele Farben, aber manchmal wirkte sie auch grau. Sein Blick war leer. Inmitten der verschiedenen Umgebungen war Werner Achten eine Art scheues Tier, fremd und krank.

«Siehst du, wie schön er ist?», flüsterte Rahel.

Ich zuckte mit den Schultern.

Rahel strich über die Fotos, als ob sie über die bunte Haut von Werner Achten strich.

«Warum macht er das?», fragte ich Rahel. Aber auch mir war aufgefallen, dass die Fotos eine Art entsetzlicher Schönheit hatten. Ich hätte Werner Achten so etwas gar nicht zugetraut.

«Jedenfalls», sagte ich, «ist das mein Weihnachtsgeschenk.»

Rahel sah mich an. Sie steckte irgendwie zwischen Lachen und Weinen fest. Und das war besser als das, wo sie sonst war. So oft nirgendwo, seit Werner Achten weg war.

«Es wäre ein besseres Geschenk gewesen, wenn ich ihn dir selber mitgebracht hätte, aber er hat sich losgerissen», sagte ich. «Ich war einfach nicht kräftig genug.»

«Denkst du wirklich, ich hätte ihn haben wollen?», sagte Rahel und strich immer noch über den nackten Werner Achten.

«Du hättest ihn endlich fragen können», sagte ich. «Du hättest es endlich gewusst!» Denn seit Werner Achten verschwunden war, fragte sich meine Schwester Tag für Tag, warum er gegangen war. Warum er sich nie gemeldet hatte. Warum er einfach eines Tages nach dem Abendbrot aufgestanden und von ihr weggegangen war.

Rahel, muss man wissen, hatte sich nie richtig in jemanden verliebt. Sie hatte immer nette Beziehungen zu netten Männern gehabt, die gut aussahen, kreativ waren und mit denen zusammen sie wie ein Paar aussah, das ganz wunderbar zusammenpasst. Sie waren zusammen immer hübsch und aufregend und aktiv, und sie hatten viel Sex. Nach ihrer Aussage waren diese Männer mit ihr zusammen immer das, was genau richtig war. Nur, dass sie diese Männer nie richtig liebte. Sie sagte einmal zu mir: «Ich weiß nicht, was das eigentlich sein soll. Vielleicht liebe ich ihn ja, und ich weiß nicht, wie es sich anfühlt. Vielleicht merkt man es einfach nicht. Woher soll ich das wissen?» Ich hatte mich mit Willie gerade eingerichtet und entschieden, dass Willie so weit okay war und ich mit Willie ein erwachsenes Leben führen wollte. Willie war sehr viel fehlerhafter als alle Männer von Rahel gewesen, und das hatte mich etwas beruhigt. Wenn ich Willie trotzdem wollte, dann lag das sicherlich daran, dass ich ihn liebte.

«Man merkt es auch nicht so besonders», hatte ich zu Rahel gesagt. Dann hatte sich Rahel irgendwann in Werner Achten verliebt, und das war eine schmerzhafte Geschichte gewesen, denn Werner Achten hatte Rahel erst einmal gar nicht gewollt. Rahel hatte ihn verführen müssen. Und später hatte sie ihn immer wieder auf verschiedene Art verführen müssen. Aber Werner Achten hatte sich schließlich auch in Rahel verliebt, er war zu ihr gezogen und hatte sie sogar geheiratet. Und dann war er weggegangen. Einfach so.

Am Abend, als ich mit Willie auf dem Sofa saß, rief Rahel an, sie weinte. Sie weinte so leise und schwach, und sie konnte mir nicht sagen, was sie sagen wollte. Sie musste in dem Moment losweinen, als sie sprechen wollte. Deshalb war es ganz leise an meinem Ohr, und diese Stille und die Verzweiflung machten mir klar, dass ich fast ebenso verzweifelt war, dass Rahel aber eine Chance hatte, denn der Mann, den sie so heftig liebte, hatte sich wieder angefunden. Der Mann, den ich so heftig liebte, wer sollte das sein? Es gab ihn vermutlich nicht.

Ich ließ Rahel ein bisschen weinen. Dann sagte ich: «Ich finde ihn und bringe ihn dir. Das wird das richtige Geschenk. Der Umschlag war nur der Nikolaus.»

Rahel, in der Leitung, musste lachen, unter Schniefen und Schluchzen.

«Wie denn?», sagte Rahel. «Er will mich doch gar nicht.»

«Doch, das glaube ich schon», sagte ich und überlegte, was für einen besseren Trost ich noch finden konnte.

«Warum ist er dann weggegangen?», weinte Rahel.

«Er hatte etwas zu erledigen», sagte ich.

«Was?»

«Er hatte wirklich etwas zu erledigen. Etwas Wichtiges.» Ich improvisierte. «Es gibt im Leben Dinge, die kannst du dir nicht vorstellen. Es gibt Dinge, die kann man nur verstehen, wenn man sie selber gerade miterlebt. Also, es gibt Dinge, die sind so wichtig, dass man sie unbedingt machen muss.»

«Merkst du eigentlich», sagte Willie von der Couch her, «was du für einen Unsinn redest?»

Ich sah ihn an. Er saß in eine Decke gehüllt und knabberte Nüsse vor einer Kerze. Ich fand das nicht sehr vorteilhaft. Sein Kopf und seine Füße schauten aus dem Deckenberg heraus. Ich mag es nicht, wenn Männer es sich gemütlich machen und wenn sie Kerzen anzünden und etwas knabbern. Das ist nicht meine Vorstellung von Mann.

Ich hatte nichts, um Werner Achten zu finden, ich hatte fast nichts, denn ich hatte das Studio, das den Abzug gemacht hatte. Es waren richtige Fotoabzüge. Ich ging also da als Erstes hin und fragte nach Werner Achten. Ich hätte Fotos von ihm gefunden und würde sie ihm gerne bringen.

«So geht das leider nicht», sagte ein junger Typ, der was Überhebliches an sich hatte. «Adressen können wir nicht rausgeben. Geben Sie die Fotos her, dann rufen wir ihn an.»

«Ja?»

«Machen Sie das!», sagte er. «Sind ja seine Fotos und nicht Ihre.»

«Ja, ja», sagte ich. Ich hatte den Umschlag unter dem Arm.

Aber ich wollte ihn nicht hergeben. Auf dem Umschlag stand ganz groß, mit Bleistift «Werner Achten».

«Rufen Sie ihn doch jetzt an!», sagte ich.

Er zögerte. Er war ein freches, kleines Kerlchen, das immer die Oberhand haben wollte. Er war eigentlich nichts, und er würde auch nichts werden, außer immer und zeitlebens frech. Ich kannte solche, und sie gefielen mir normalerweise ganz gut. Sie waren die Gänseblümchen des Lebens.

Aber er nahm schließlich den Hörer und rief Werner Achten an.

Er sagte: «Hier is 'ne Frau, die hat Fotos von Ihnen gefunden, sagt sie. Ja. Ja. Mach ich. Gut.»

Er legte auf.

«Und?», fragte ich.

«Er kommt vorbei und holt sie ab.»

«Jetzt?»

«Irgendwann, hat er gesagt.»

«Irgendwann? Das nützt mir nichts.»

Er zuckte mit den Schultern.

«Können Sie ihn noch mal anrufen?»

«Nee.»

«Wenn er die Fotos nicht jetzt gleich abholt, dann nehme ich sie wieder mit.»

Der Junge nahm den Hörer, wählte, sah mich die ganze Zeit dabei an.

«Sie sollen sie jetzt gleich holen, oder sie nimmt sie wieder mit. Ja. Ja. Okay.»

Der Junge sah mich an. Er kaute Kaugummi. Es fehlte ihm ein Stück des linken Ohrläppchens. Zu viel im Ohr gehabt, dachte ich.

Dann sagte ich: «Ich warte draußen, im Auto.»

Er zuckte mit den Schultern.

«Lassen Sie die Fotos hier?»

Ich schüttelte den Kopf.

«Ich könnte die Polizei rufen.»

Ich sagte: «Mach doch.»

Da grinste er. Er würde nie die Polizei rufen. Mit der Polizei wollte so einer wie er nichts zu tun haben. Ich ging raus auf den Parkplatz, und da fing es an zu schneien. Es war kein schöner Schnee, es war viel zu warm, und die Flocken waren zu groß, sie klatschten nass in mein Gesicht und nass an meine Frontscheibe, wo sie langsam, langsam runterrutschten. Ich saß in meinem Auto und betrachtete den Himmel, aus dem der Schnee fiel. Er war dunkel, es war ein unspektakulärer Himmel, etwas zu dunkel für die Tageszeit, aber er musste erst all diese nassen Flocken ausschütten. Und in den Stuben brannte überall schon das Licht. Es war nicht richtig kalt, denn richtigen Winter gab es nicht mehr. Der war schon abgeschafft, weil wir alle zu viel Strom verbrauchten. Die ganze alte Stadt war beheizt, wir heizten sie von allen Seiten, aus den Supermarkttüren drang ein Strom unendlicher Wärme, die Menschen schwitzten sich im Winter das viele Essen vom Leib. Aber alle kauften sie weiter ein, und ich wartete in meinem Wagen auf Werner Achten. Das war mein Weihnachtsgeschenk.

Er kam mit dem Fahrrad. Er sprang ab, als wäre er jung und dynamisch. Aber dann schloss er es umständlich an. Er sah mich nicht, er ging in den Laden, ich wartete. Er kam natürlich gleich wieder heraus, sah sich um und fand dann mich, wie ich in meinem Wagen saß und auf ihn wartete.

«Also?» Er öffnete die Beifahrertür.

«Steig ein!», sagte ich.

Es wunderte mich, ich hätte nicht damit gerechnet, eher

damit, dass er gar nicht käme oder dass er gleich wieder wegrannte. Aber er stieg ein und blieb ganz ruhig sitzen.

Er sagte: «Ich habe mich gefangen.»

«Das ist ja schön.»

«Ich war nur so ... überrascht. Ich war ganz durcheinander.»

Ich nickte. Meine Hände lagen auf dem Lenkrad, ich sah nach vorn, wo die dicken Schneeflocken gegen die Scheibe klatschten und dann hinunterliefen. Dann gab ich mir einen Ruck und sah ihn an. Er war ganz nass. Seine Haare waren ganz nass, und obwohl er eine kleine Pudelmütze trug, klebten immer noch Haare nass in seinem Gesicht. Das Wasser lief über sein Gesicht und machte ihn irgendwie jung, jünger, als er war, obschon es ihn auch schwach machte und sein Alter betonte.

«Du bist ja ganz nass», sagte ich. Ich bereute gleich, das gesagt zu haben, aber etwas Mütterliches war in mir, ohne dass ich es gewollt hatte.

Er strich über sein Gesicht, es verwirrte ihn schon wieder. Alles verwirrte ihn.

Ich legte ihm die Fotos in den Schoß. Er sah, dass der Umschlag geöffnet worden war.

«Wir haben sie uns angeguckt», sagte ich.

«Wer?»

«Rahel und ich.»

«Rahel hat die Fotos gesehen?»

Ich nickte.

«Mein Gott!»

Ich zuckte mit den Schultern. Ich sagte: «Ich glaube, sie haben ihr gefallen.»

«Sie haben ihr gefallen?»

«Ja. Sie hat gesagt, ob ich sehen könne, wie schön du auf

den Bildern wärst. Ganz ehrlich, mir ist das nicht aufgefallen. Ich hab sie mir wieder und wieder angesehen, aber die Schönheit hat sich mir nicht erschlossen.»

Werner Achten schüttelte den Kopf.

«Das hat Rahel gesagt?»

«Die Sache ist die», sagte ich, «Rahel ist fast verrückt geworden. Sie wusste nicht mal, ob du noch lebst. Ich denke nicht, dass du das jemals gutmachen kannst. Aber du kannst es ihr wenigstens erklären. Du kannst dich entschuldigen.»

Werner Achten schüttelte immer noch oder schon wieder den Kopf.

«Hör doch mal auf, den Kopf zu schütteln!», schrie ich ihn an. «Sag doch mal was Positives! Gib dir doch mal Mühe! Sie hat gesagt, dass du schön aussiehst! Auf diesen Bildern! Überleg dir das mal!»

Da stieg er aus und ging weg.

Ich hätte ihm leicht hinterherfahren können, aber ich tat es nicht. Ich fühlte mich schwach. Ich dachte an Willie und ob ich Willie nackt unter einem Tisch jemals schön finden würde können. Ich verabscheute ja schon einen Willie, der in eine Decke gewickelt Nüsse knabberte.

Zwei Tage später sagte Willie, als er unter unsere gemeinsame Decke kroch, zu mir: «Liebling, ich habe heute Werner Achten getroffen, und ich werde ihn wieder mit Rahel zusammenbringen.»

«Du wirst ihn mit Rahel zusammenbringen? Du?»

Willie setzte sich im Bett auf. Er war begeistert von seiner Idee. Er hatte Werner Achten zu unserem Weihnachtsfest eingeladen, und Werner Achten hatte anscheinend zugesagt.

«Wo hast du ihn getroffen?»

«Beim Edeka.»

«Beim Edeka?»

Monatelang war er weg gewesen, und jetzt traf man ihn auf der Straße, beim Edeka! Ich war mir sicher, dass er einen Fehler gemacht hatte, aber mir gefiel, wie Willie aussah, als er das erzählte, mir gefiel sogar, dass er unrecht hatte und dass er Werner zu Weihnachten eingeladen hatte. Das war eine Unmöglichkeit, und Werner Achten würde nicht kommen, aber all das empörte mich, und es gefiel mir zugleich. Willie lag so in sein Kissen gekuschelt, die Hände lagen ineinander, und er war sehr zufrieden mit sich selbst, mit seiner gefälligen, diplomatischen Art. Ich hasste ihn, aber wie er da so rosig und geduscht und in seinem Schlafanzug lag, sah er ein bisschen aus wie ein Mann. Als solcher musste er etwas haben, was ich nicht verstehen konnte, und ich wollte es rausfinden, es erforschen, es gab nur einen Weg, und wir hatten tatsächlich Sex.

Vor Weihnachten waren wir alle wie verrückt. Werner Achten hatte sich nicht gemeldet. Wir hatten nur die Zusage, die er Willie im Edeka gegeben hatte. Und selbst Willie bereute diese Einladung mittlerweile. Rahel war wütend, sehr wütend. Sie wollte nicht kommen. Aber sie würde kommen. Das wussten wir. Sie sagte, sie würde gehen, wenn Werner Achten käme. Sie war erschöpft und weinte. Dann schnitt sie sich die Haare kurz und erzählte, sie hätte eine Verabredung mit einem jungen Designer, den sie in München kennengelernt hatte, der aber eigentlich in Hamburg wohnte. Sie ging kurz vor Weihnachten mit ihm aus, knutschte sogar rum, und das beruhigte sie etwas. Sie hatte diesen jungen Designer Ralph in der Hinterhand, und das gab ihr Sicherheit. Sie verliebte sich sogar willentlich in Ralph. Sie gab sich alle Mühe. Weihnachten sah sie besonders gut aus, sie trug eine weite, rote Hose, sehr hohe Absätze, und ihr Haar war wild und schwarz und lockig, ihre Augen glänzten. Sie war die Königin. Sie brauchte keinen Werner Achten. Und wenn er käme. Es wäre ihr egal. Sie hatte noch am selben Abend eine Verabredung mit dem jungen Ralph getroffen.

Am Heiligen Abend glaubte wirklich keiner mehr, dass Werner Achten kommen würde. Es hätte auch nicht gepasst. Wir waren eine Familie, und Werner Achten gehörte wirklich nicht dazu. Obwohl er immer noch Rahels Ehemann war.

Ich kochte etwas Vegetarisches für Rahel, und Willie steckte den Weihnachtsbaum zusammen. Er war stets vergnügt, wenn er den Baum zusammenbaute. Er freute sich immer, dass er denselben Baum ein weiteres Jahr benutzen konnte. Er baute ihn zusammen, bog die Zweige hin, ein bisschen schief, damit sie echter aussahen, und sagte, wie jedes Jahr: «Sieht jetzt nicht wie ein echter aus...» Jede Familie hat ihre eigenen Rituale.

Werner Achten kam um neunzehn Uhr, so wie Willie ihn eingeladen hatte. Er trug einen braunen Anzug und ein beigefarbenes Hemd. Er war fast nicht zu erkennen, so alt und so unsicher sah er aus. Ich fragte mich, was er sich von dem Abend versprach. Unmittelbar danach, und viel zu früh, um Rahel abzuholen, kam der junge Designer Ralph. Sie standen beide zusammen in unserem Flur, Ralph in Jeans und dicken Stiefeln, Werner Achten im braunen Anzug.

Willie bat sie alle rein, ich hätte sie gerne draußen gehabt, insbesondere die Männer. Denn wie sollte Rahel jetzt von Werner erfahren, warum er sie verlassen hatte? Wie sollte Werner es jetzt erzählen können?

«Ach, das ist ja'n Ding!», sagte Willie und holte Sekt aus der Küche. Willie schien das alles zu freuen. Ich konnte es verstehen, bei uns war gewöhnlich nicht so viel los. Aber mich freute es nicht. Ich verlor den Sinn für die Realität. Ich begann mich selbst wie jemanden zu sehen, der gar nicht richtig da ist, der nur so was ist wie die Flasche auf dem Tisch oder unser graugrünes Sofa. Ich ging mir verloren, zwischen all diesen Menschen, die in dicke Gefühle getaucht waren, in Gefühle von Verletzung und von frischem Verliebtsein, von Romantik und von Schmerz, Erbitterung und was weiß ich noch allem. Ich konnte nur eine ganz schwache Freude über Willies Gastfreundschaft in mir wahrnehmen. Wer bin denn ich, und warum lebe ich so?, dachte ich.

Ich verließ die Menschen, die um unseren Tisch saßen, ich war wie in einem Traum, ich war ganz stumpf, und gleichzeitig beobachtete ich mich bei Dingen, die ich gar nicht verstand. Ich zog meinen Mantel an und meine Stiefel, ich schloss leise die Tür und verschwand von diesem Fest. Ich ging auf der Straße umher, überall hinter den Türen war Weihnachten, die Menschen feierten, und ich feierte nicht. Ich lief über dunkle Straßen. Es schneite nicht. Es schneit nie an Weihnachten. Es waren siebzehn Grad, und mir war zu warm unter meinem Mantel. Ich lief einfach so herum, und als mir die Beine weh taten, setzte ich mich in eine kleine Kaschemme. Ein trübes Licht brannte, und eine alte Frau wischte an Gläsern herum. Es saßen ein paar Leute herum, eine Frau mit einer Tasche, die sie fest in ihrem Arm hielt, aber hauptsächlich Männer, die ein Alkoholproblem hatten. Sie unterhielten sich auf eine ganz bestimmte Art, sie scherzten in Worten, die sie nur noch untereinander verstanden. Ich setzte mich in eine Ecke und bestellte ein Bier. Was sonst? Die Frau mit der Tasche sprach mich an.

«Ganz alleine heute?»

Ich nickte. Ich kam mir wie eine Lügnerin vor.

Sie kam zu mir gerutscht. Sie setzte sich an meinen Tisch. Dabei sah ich, dass sie eine Lederhose anhatte.

«Weihnachten ist nicht mein Tag», sagte sie.

Ich nickte.

«Meiner auch nicht.»

«Früher, als die Kinder ...», sagte sie.

«Ich habe keine Kinder.»

«Ich ja auch nicht. Früher ...»

«Früher hatten Sie Kinder?»

Sie winkte ab.

«Mir ist das alles zu viel», sagte ich und wunderte mich, dass ich hier einfach so, gegenüber dieser Frau, über meine derzeitige Befindlichkeit reden konnte. «Diese Probleme sind eigentlich gar nicht meine.»

«Ich weiß, was Sie meinen», sagte die Frau. «Bei mir ist auch die Bude voll. Ich konnte es nicht mehr ab.»

«Und dann gehen Sie einfach weg?», fragte ich.

«Ich geh 'ne Weile weg, und wenn ich wiederkomm, dann isses irgendwie anders, meistens. Es is ein Zeichen für die, dass ich weggeh, das is ein Zeichen. Das merken die dann.»

«Oh.» Ich nickte und trank mein Bier aus. Ich trank mit Elke, so hieß sie nämlich, noch einen Kaffee, und dann spendierte uns die Tresenfrau Geli einen Glühwein, weil sie eine Freundin von Elke war. Wir tranken den Glühwein, und dann ging ich nach Hause. Meine Stimmung war ganz anders als zwei Stunden zuvor, es kam mir das Draußen mit einem Mal ein bisschen schöner vor. Auch fühlte ich mich selber stark, nach dem Gespräch mit Elke. Man geht einfach weg, dachte ich, und dann merken die das.

Zu Hause war nur noch Willie. Er drückte mich heftig an sich.

«Wo bist du nur gewesen?»

Ich zuckte mit den Schultern.

«Wie ist es gegangen?», fragte ich.

«Weißt du», er zog mich zum Sofa, setzte mich hin, zog mir die Stiefel von den Füßen. «Werner Achten, ich glaube, der ist bindungsgestört.»

«Aha, aha», ich nickte.

«Und wie ist der andere, dieser Ralph?»

«Der, ja. Ich weiß nicht. Der ist so weit ganz nett.»

«Aber?»

«Rahel – ich glaube, sie ist jetzt mehr wieder für Werner Achten entbrannt. Er war auch ganz verliebt, aber ich glaube, das kam nur daher, weil er sie mit dem Jungen gesehen hat, er hat sich entschuldigt, er hat Witze gemacht, er hat sich selber beschimpft, dann wollte er gehen, aber Rahel hat ihn zurückgehalten, sie haben lange im Flur geredet, ich saß mit dem Jungen da, es war ein bisschen unangenehm, ich habe ihm ein paar Fragen gestellt, aber es war sinnlos. Er ist dann gegangen.»

«Und Rahel?»

«Sie ist mit Werner zu sich gegangen. Er ist ja immerhin ihr Ehemann.»

«Willie, das ist ja vollkommen bescheuert!»

«Ich weiß, ich weiß.»

Willie stand vor dem Baum und bog einen Zweig krumm. Er bog einen anderen Zweig gerade, hängte eine Kugel um, er zupfte und bog schließlich am ganzen Baum herum. Es war immer so, wenn er nur an einer Stelle etwas änderte, dann musste er zum Ausgleich an einer anderen Stelle auch wieder etwas ändern, und so war der Baum eine Art Skulptur, die niemals fertig wurde.

«Weißt du», sagte Willie, «als du weg warst, habe ich kurz gedacht, du könntest auf die Art weggegangen sein wie Werner Achten. Du könntest einfach richtig weg sein und nicht mehr wiederkommen, oder erst in einem Jahr.»

Ich nickte.

«Petra», sagte Willie.

Ich nickte. Ich drückte mich an Willie ran. Ich war mir immer noch nicht ganz sicher, ob ich Willie richtig liebte, aber ich dachte, ich wollte nicht in Rahels Haut stecken, sondern nur in meiner eigenen. Nicht, dass ich glaubte, dass es mir besserging als ihr, aber ich fühlte mich gar nicht mehr so schlecht mit mir selber, und das machte mich ein bisschen froh. Ich sagte: «Weihnachten ist nicht so mein Tag.»

Tillmann Prüfer

Elfen

Vor zwölf Jahren zu Weihnachten haben meine jetzigen Schwiegereltern erfahren, dass sie meine Schwiegereltern werden würden. Eigentlich haben sie es überhaupt erst von mir erfahren. Bis dahin wussten sie nicht, dass es mich überhaupt gab. Ihre Tochter hatte versäumt zu erwähnen, dass wir seit langem ein Paar waren. Es hatte einfach keine gute Gelegenheit dazu gegeben. Die Eltern hatten nicht gefragt, und wenn man gerade mal miteinander telefonierte, gab es jede Mengen anderer Dinge zu erzählen. Ich war schon etwas ungehalten. Wir waren schließlich schon drei Jahre zusammen. Ich war kein Rocker mit ungewaschenen Haaren und hatte sogar einen Beruf. Es gab keinen Grund, mich zu verschweigen. Doch irgendwie passte es halt nie.

Aber als meine Liebste zu Weihnachten nach Hause zu ihren Eltern fuhr, kündigte sie an, dass sie jemanden mitbringen würde, den sie kennenlernen sollten.

Als wir aus dem Zug stiegen, holte uns mein künftiger Schwiegervater ab, Michael. Ich kannte ihn bereits von einigen Fotos, deshalb war ich nicht überrascht. Er schon. Offenbar hatte er sich den Lebensgefährten seiner Tochter anders vorgestellt. Größer vermutlich. Meine Freundin nannte mich stets einen *kleinen Mann*. Ich hatte in mir nie einen kleinen Mann gesehen. Ich fand, ich sei ein normal großer Mann. So groß wie meine Freunde. Meine Freundin sagte, ich hätte auch kleine Freunde. Das fand ich vermessen. Jetzt, wo ich ihren Vater sah, verstand ich. Er war ein großer Mann. Und die Lebenspartner, die meine Freundin bislang gehabt hatte, müssen auch große Jungs gewesen sein. Der Vater meiner Freundin hatte sich schnell wieder gefangen und lachte nun. Er versuchte, es lustig zu finden, dass seine Tochter sich in einen *kleinen Mann* verliebt hatte. Ich versuchte, lustig zu finden, dass er es lustig finden wollte. Wir lachten also beide, bevor er uns in seinen großen Mercedes verlud.

Zu Hause knackte schon ein Feuer im Kamin. Meine künftigen Schwiegereltern bewohnten einen Bungalow mit einem Garten, so gepflegt, als würde das Gras mit einem Bartschneider getrimmt. Es war ein Haus ganz ähnlich dem, in dem ich selbst aufgewachsen war. Michael war Lehrer – so wie meine Mutter. Im Wohnzimmer standen schwere Sofas aus Nappaleder, wie ich sie von meinem Elternhaus kannte. Es war, als besuchte ich eine leicht verschobene Version meiner eigenen Eltern.

Hildegard, die hochgewachsene, elegante Mutter meiner Freundin, schenkte Champagner in hohe Kelche ein. Das war mir neu. Meine Eltern hatten nie Besuch mit Champagner begrüßt. Mein Blick fiel auf den puristischen Weihnachtsbaum. Eine Nordmanntanne, mit echten Bienenwachskerzen geschmückt. Die Kugeln waren aus durchsichtigem Glas. Sonst gab es keinen Baumschmuck. Der Baum meines Elternhauses war stets über und über mit Holzspielzeug, bunten Vögeln und allerlei Kram behängt gewesen.

Michael sprach einen Toast aus, wie schön es sei, dass wir zu Weihnachten alle zusammenkämen, und dass es ja sehr nett sei, mich, *den jungen Mann*, kennenzulernen. «Auf Weihnachten», sagte Michael. Ich nickte, die Kelche klirrten. «Auf Weihnachten!»

«Warum trinkst du denn nicht?», fragte Michael seine Tochter.

«Äh, weil», antwortete sie.

Die Gläser sanken.

«Ich bin schwanger.»

Im Kamin knackte es.

«Na, das ist ja eine Überraschung», sagte Hildegard schließlich.

Es ist nicht leicht, älteren Menschen, die schon alles haben, eine Überraschung zu bereiten. Diesmal war es uns gelungen.

Ich hatte befürchtet, dass die Kindernachricht ein Downer bezüglich der Feierlichkeit sein würde. Aber der Abend entwickelte sich hervorragend. Die Tatsache, dass ich sein künftiges Enkelkind gezeugt hatte, machte das Verhältnis zwischen meinem Schwiegervater und mir zu einem Selbstläufer. Ich gehörte zur Familie. Ich würde nicht mehr weggehen. Zumindest würde ich ein Kind hinterlassen. Und ich schien ein normaler junger Mann zu sein, wenn auch etwas klein. Als später beim Essen eine schwere verchromte Geflügelschere die Knochen der Gans knacken ließ, drängte mein künftiger Schwiegervater darauf, mir ein besonders großes Stück zu geben. Der Junge muss ja noch wachsen!

Ich bin nicht klein. Ich bin auch nicht groß. Nicht groß in dem Sinne, wie man heutzutage jemanden groß findet. Vor 500 Jahren hätte man mich groß gefunden. Ich habe einmal das Schloss der preußischen Königin Luise und Friedrich Wilhelms III. besichtigt. Da waren auch die Kleider des Königs ausgestellt, er war nur so groß wie ein Kind. Er wäre mir bis zur Schulter gegangen. Ich hätte im alten Preußen einen stattlichen Mann abgegeben. Leider komme ich zweihundert Jahre zu spät. Das war schon in meiner Kindheit ein Problem.

Heute hält man meinesgleichen nicht mehr für hochgewachsen. Damit kann ich leben, es hat ja jeder seinen eigenen Größenbegriff. Das Problem ist eher die Größe der anderen. Das geht beim Kleiderkauf los. Als Jugendlicher trug ich Größe M. Als junger Mann passte mir Größe S. Wenn ich heute in ein Kleidergeschäft gehe, passt mit nur noch XS.

Es ist offensichtlich, warum das so ist. Die Menschen im saturierten Westen werden immer größer – und die Kleidermaße wachsen mit. Die Leute geraten immer massiger, Berge auf Beinen, aber sie wollen sich nicht so fühlen. Man müsste all denen Klamotten in XXL verkaufen. Man mag ihnen aber nicht das Gefühl geben, übergroß zu sein. Also passt man die Kleidergrößen an. Was einst fett war, ist nun normal. In der Konsequenz schrumpfen Menschen wie ich. So funktioniert der Markt. Gäbe es mehr Leute wie mich, trüge ich jetzt L.

Ich kann nichts dagegen tun. Ich kann die Menschen nicht davon abhalten, immer mehr zu essen und immer riesiger zu werden. Ich kann nur zusehen, wie meine Kleidergröße weiter abnimmt. Manchmal bekomme ich gar nichts mehr zum Anziehen. Dann sagen die Verkäufer, meine Größe sei schon «ausverkauft». Ich weiß, dass das eine freundliche Lüge ist. In Wahrheit legt man meine Größe gar nicht erst in die Regale. Ich werde nicht mehr benötigt, ich bin nicht mehr von finanziellem Interesse für die Kleidungsindustrie. Wenn es nach den Modemarken ginge, könnte ich gerne nackt herumlaufen. Eine Verkäufer hat mir mal gesagt, ich könne mich doch in der Damenabteilung umsehen, da hätte man bestimmt was in meiner Größe.

Dieses Trauerspiel setzt sich an Weihnachten fort. Immer wieder bekomme ich Kleidung geschenkt. Und immer wieder ist sie zu groß. An diesem Weihnachten bei meinen künftigen Schwiegereltern war es ein schwarzer Pullover, den meine Freundin mir überreichte. Das war ein Glück. Bei

Pullovern kann man immer noch versichern, man würde sie gerne *leger* tragen. Es ist nicht so wie bei Hemden, in denen man mit einer zu großen Kragenweite immer aussieht wie ein Graureiher, der Vogelscheuche spielt.

In Wahrheit geht es aber auch bei Weihnachten um Größe. Ich habe gehört, dass die Figur des Weihnachtsmannes genau in diesem Zusammenhang zu sehen ist. Traditionell brachte das Christkind die Geschenke. Aber vor etwa zweihundert Jahren reichte das den Leuten nicht mehr. Ein Kind, das Geschenke verteilt, war den meisten Eltern zu antiautoritär. Es waren die Zeiten, in denen es Hiebe für jedes Vergehen setzte. Eine machtvolle Figur musste ordentlich austeilen können, Geschenke oder Schläge. So setzte sich im 19. Jahrhundert die Vorstellung vom Weihnachtsmann durch. Einer riesigen schneeverwehten Gestalt, mit schwerem Mantel und voluminösem Vollbart, ein Mann, der zu Heiligabend schwerbeladen aus dem Walde herbeistapft und an die Tür pocht. Auf frühen Darstellungen sieht er keineswegs aus wie der nette Coca-Cola-Onkel mit roter Joppe, sondern wie ein grimmiger Schrat, dem Kälte und Dunkelheit nichts anhaben können. Und der Weihnachtsmann hatte nicht nur Gaben dabei, sondern eine mächtige Rute, mit der er die Bengel züchtigen konnte, die nicht artig gewesen waren, jedenfalls nicht so, wie ihre Eltern das gerne gehabt hätten. Der Weihnachtsmann zog sie an einem Arm hoch und versohlte ihnen in der Luft baumelnd den Hintern. Das ist das Weihnachtsfest: Ein XXL-Kerl sucht die XS-Menschen heim.

Natürlich gibt es auch kleine Weihnachts-Protagonisten, die Elfen. In Weihnachtsfilmen werden sie stets als naive, fleißige Arbeitstierchen dargestellt. Irgendwie sind sie zusammen mit dem ganzen Santa-Claus-Gedudel über den Ozean geschwappt. Dünnbeinige Figuren, die Tag und Nacht in der Spielzeugfabrik des Weihnachtsmannes schuften. Sie schrauben im Akkord Dreiräder zusammen, alles mit der Hand, so wie einst in den Fordwerken, zur Zeit des Frühkapitalismus.

Ich habe einmal ein amerikanisches Kinderbuch in die Finger bekommen: *The Elf on the Shelf*, der Elf im Regal. Dem Buch liegt eine kleine Stoffpuppe mit Plastikköpfchen bei; ein dürrer, blasser Elf mit Bambi-Augen und possierlicher roter Mütze. Man setzt den Elfen ins Bücherregal im Kinderzimmer oder versteckt ihn. Die Geschichte ist nämlich die: Da Santa nicht alle Kinder gleichzeitig im Blick haben kann, bedient er sich gehorsamer Überwachungs-Elfen. Zwischen Thanksgiving und Weihnachten beobachten sie die Kinder am Tag und reisen, wenn alle schlafen, zum Nordpol, um Rapport zu erstatten.

So endet man, wenn man als Elf im Dienstleistungssektor arbeitet. Als Spitzel, als Scherge von Santa Claus' Überwachungsstaat. Das Kinderbuch ist in Reimen verfasst. So wendet sich der Elf auch an die Kleinen und erklärt, wohl um vorzubeugen, dass man ihm nicht einfach was auf die Mütze gibt, er dürfe nicht berührt werden: «*There's only one rule that you have to follow, so I will come back and be here tomorrow: Please do not touch me. My magic might go/ and Santa won't hear all I've seen or I know.*»

Ich würde das mit dem *Elf in the Shelf* nicht erwähnen, wenn sich an jenem Weihnachtsabend nicht etwas zugetragen hätte. Ich hatte meinen letzten Grauburgunder getrunken und den Erzählungen meines künftigen Schwiegervaters gelauscht. Er war Landesmeister in der Vier-mal-vierhundert-Meter-Staffel gewesen, in seinen jungen Jahren, davon erzählte er. Ein richtiger Leistungssportler. Ich hingegen hätte in meiner Jugend nur schwerlich eine Runde im Stadion geschafft, ganz zu schweigen von einem etwaigen Staffelhölzchen, das ich dabei hätte tragen müssen. Inzwischen war auch sein ältester Sohn zur Kaminrunde hinzugekommen, der davon erzählte, wie er im vergangenen Jahr alleine durch Madagaskar gelaufen war. Ansonsten auch er ein Sportler, ein Marathonläufer, einer von der Sorte, die eine Zeit unter drei Stunden laufen. Es war auch der jüngere Bruder meiner Freundin zugegen. Kein Sportler, dennoch zwei Köpfe größer als ich.

Sie alle betrachteten mich mit Wohlwollen, so wie einen zugelaufenen Pudel, der von nun an zur Familie gehören würde. Meine Freundin war schon zu Bett gegangen, ihr war etwas schlecht, weil ihr die Schwangerschaft doch zu schaffen machte. Schließlich holte der Hausherr eine Flasche Linie Aquavit aus dem Kühlschrank. Der Schnaps wird in Fässern im Bauch von Containerschiffen monatelang über die Weltmeere geschippert und kreuzt auch mal die Äquatorlinie. Dadurch erhalte er sein besonderes Aroma, heißt es, eine gewisse geschmackliche Weltläufigkeit. Ich spürte den Aquavit angenehm in den Ohren rauschen, auf und ab, auf und ab durch die Wellentäler. Allmählich wurden die Stimmen der anderen Männer vor dem Kaminfeuer zu einem Rauschen. Kurz davor, in der weichen Ledergarnitur einzunicken, stemmte ich mich aus dem Sessel und verabschiedete mich ins Bett.

Wir schliefen im ehemaligen Kinderzimmer meiner Freundin. Die Regalwand ihrer Jugend mit eingelassener Schreibtischplatte war noch immer nicht ausgeräumt, ebenso wenig wie ihr Jugendbett. Darin hatte meine Freundin sich in Decken eingerollt. Ihre Eltern hatten mir, ahnend, dass es für zwei Leute zu eng sein würde, eine Matratze auf den Boden gelegt.

Als ich das Licht gelöscht hatte, konnte ich nicht schlafen.

Etwas in mir wollte nicht loslassen. Mich beschlich das Gefühl, es sei noch jemand im Raum, wie wenn eine Katze am Fußende sitzt und einen anstarrt. Ich knipste die Nachttischlampe an. Mein Blick fiel zuerst auf das friedliche Gesicht meiner schlummernden Freundin, dann auf die *Elf on the Shelf*-Puppe im Regal.

Ich konnte mir nicht vorstellen, dass meine baldigen Schwiegereltern solch ein Vorweihnachtsplastikspielzeug in das ehemalige Kinderzimmer ihrer Tochter stecken würden. Es war ein Lehrerhaushalt. Die Mutter schätzte puristisches Ambiente. Sie war nicht der Typ, der das Haus mit Plastikpüppchen dekoriert.

«Du meinst, ich sei aus Polymer und wär mit Watte ausgestopft? Mein Freund, in mir steckt reichlich mehr, und ich hab mächtig was im Kopf.»

«Wer spricht?», ächzte ich ins Halbdunkel.

«Du bist betrunken – hackedicht, das ließ sich nicht vermeiden, und wer nun nicht spricht oder spricht, kannst du kaum unterscheiden. Ich bin der Elf vom kalten Pol und hab den Weg hierher gemacht, damit ich dich zu Santa hol in dieser trüben Weihnachtsnacht.»

«Äh, was?», kam wohl von mir.

«Am Nordpol geht's uns Kleinen gut, dort sind wir alle so wie du. Die Stimmung dort ist wohlgemut, und alle singen immerzu. Die Arbeit geht leicht von der Hand, wir stehen füreinander ein. Denn dort bei uns im Weihnachtsland musst du nicht unter Riesen sein. Drum folg mir auf dem Mondenstrahl, und werde Teil der Elfenwelt, das macht nun wirklich Sinn, zumal dich hier doch reichlich wenig hält!»

«Du Wicht, ich hab Frau, bald Kind, verpiss dich hier, und zwar geschwind!», reimte ich ihm entgegen. «Ich bin kein Zwerg, ich bin ein Mann, nun lass dein freches Werben sein!

Zumal das auch nix werden kann, denn siehst du nicht: ICH BIN NICHT KLEIN!»

Jetzt bekam der Elf etwas Abschätziges um die blasse Nase: «Du bist nicht klein? Das denkst nur du, du wirst's bald sein! Du schrumpfst im Nu!»

«LASS MICH IN RUH!», schrie ich. Der Elf höhnte: «Na dann, *kleiner Mann!*»

Ich schreckte neben meiner Freundin hoch. Für einen Moment starrten wir uns gegenseitig in die aufgerissenen Augen. Dann fiel sie zurück in die Kissen. Mein Blick ging zurück ins Regal. Da war kein Elf mehr. Ich wälzte mich von der Matratze und tastete mich im Dunkeln zur Bücherwand vor, um nach Spuren zu suchen, ich konnte aber nicht mehr sagen, in welchem Fach der Kleine gesessen hatte; da waren nur Reclambände. Hatte ich nicht das Licht angeschaltet? Von außen fiel der kränklich blasse Schein der Straßenlaterne hinein. Und ein Flackern der lichtorgelnden LED-Beleuchtung des Nachbarhauses.

Ich tapste zum Bett zurück, quetschte mich zu meiner Freundin auf die Matratze und klammerte mich von hinten an sie.

Ein halbes Jahr darauf wurde unsere Tochter geboren. Sie ist nun elf Jahre alt und einen halben Kopf größer als ich. Man sagt ja, dass die Kinder heute gerne ihren Eltern über den Kopf schießen.

Allerdings könnte ich schwören, dass, als ich meine Freundin kennengelernt hatte, sie ein Stück kleiner war als ich. Neulich stand ich mit ihr vor dem Spiegel, als wir uns für einen Theaterbesuch fertig machten. Sie war eine Kleinigkeit größer als ich. «Ganz schön hohe Schuhe, oder?», sagte ich.

Und dann war ich neulich in einer Boutique in München, wo ich einen Pullover in XS anzog. Er hing seltsam schlabbrig am Körper. Genervt fragte ich die Verkäuferin, wann das denn mal aufhören würde, dass die Größen immer nach oben angepasst wurden. Sie verstand nicht. Die Größen seien immer dieselben: XL, L, S, XS. Die Pullover würden nicht größer oder kleiner, nur ihre Träger.

Vor einiger Zeit habe ich in meinem Bücherregal ein Fach freigeräumt. Seither warte ich, ob in der Weihnachtsnacht der Elf zurückkehrt. Gern würde ich ihn in ein unverbindliches Gespräch verwickeln, was für Jobs es zurzeit so in Santas Produktionsstraße gibt, wie die Urlaubsregelungen sind und was mich sonst so in meinem künftigen Leben am Nordpol erwartet. Bis jetzt hat er sich noch nicht wieder blickenlassen. Aber ich bin voller Zuversicht.

Stefan Stutz

Every Brief She Takes

Wann würde sie sich endlich melden? Wann würde ihr entzückendes Telefonstimmchen Bescherungsglück in meinen Ohren klingeln lassen? Wann, oh, wann würde wenigstens ihre E-Mail oder SMS meine einsamen Adventstage mit Hoffnung beschneien? Durch sie war Licht in meinen grauen Postalltag gekommen. Dank ihr war wieder Land in Sicht zwischen den schweren Dünungen der Postfluten. Nach zu vielen falsch zugestellten Kandidatinnen schien sie die Richtige zu sein.

Ich hatte nicht vorgehabt, mich noch einmal zu verlieben. Nach so vielen Enttäuschungen hatte ich dem Minnesang entsagt. Ich war zu oft zu blauäugig gewesen. Sonst hätte ich mich nie mit einer Werbemanagerin verlobt, die dann ständig bemängelte, dass ich beim Salatessen mit der Gabel gegen die Zähne klirrte. Sonst wäre ich niemals bei einer Tantra-Lehrerin eingezogen, die jedes Mal, wenn ich Migräne vortäuschte, meine Hose samt Schlüssel und EC-Karten vom fünften Stock segeln ließ. Und ich hätte nie auf Hawaii die Französin mit den elf Unterpersönlichkeiten in mein für nur zwei ausgelegtes Zelt gelassen.

Fortan hatte ich die Weiblichkeit aus gesundem Sicherheitsabstand besungen. Und dann kam *sie* – die Muse, die Erlöserin, der Seelenstern! Sie war meine Zuckerschnecke, meine Gebieterin, meine Seidelbast!

Seidelbast Zimperling war die Innovationsmanagerin unserer gelben Tretmühlen. Als ich sie beim Postfußballturnier erblickte, in der Cafeteria zwischen schwitzenden Männern und triefenden Pommes, da taten mir meine Blutgrätschen-Prellungen auf einmal viel weniger weh. Ein zweites Mal begegneten wir uns beim Peng-Seminar. P.E.N.G. steht für *Post Express Next Generation*. Unter diesem Motto liefen Motivationsveranstaltungen mit neckischen Drillspielchen und Videos von Gelbkrawatten, die vom Teleprompter ablasen. Seidelbast schaute zwischen den gemeinsamen Kumbaya-Gesängen vorbei und hielt einen Gastvortrag.

Beim dritten Mal liefen wir uns im Briefzentrum über den Weg. Zu Schichtbeginn war es da leer und ruhig. Mein plagegeistiger Chef Zecko Wusiljevic, der nach einer von seinem Glimmstängel entfachten Postverbrennung wieder genesen war, befand sich noch mit seiner Leibeigenen und literweise Kaffee im Raucherraum. So plätscherte zwischen Seidelbast und mir eine schnullige Vier-Augen-Plauderei. Sie lobte meine Vorschläge vom Seminar, aber aus ihrer Körpersprache las ich, dass sie auf mehr aus war. Doch bevor ich loslegen konnte, fragte sie mich, ob ich nicht in einem anderen Briefzentrum als Filialleiter einspringen wolle.

So ein Engel! Endlich Aussicht, den Klauen meines verheizenden Chefs zu entkommen. Nicht nur das – ich wäre sogar auf einer Ebene mit ihm und könnte endlich mal richtig zurückpfeffern! Am folgenden Tag reichte ich meine Bewerbung ein.

Seitdem waren reichlich Briefe die Sortierstraße runtergeflossen und viele Adventskalendertürchen geplündert worden. Leider aber noch keine einzige Nachricht von ihr, kein einziger Anruf. Stattdessen quoll meine Mailbox über von Weihnachtsgrüßen klettiger Verwandter. Sie waren gnadenlos. Sie wussten, wie unbehaglich mir die ganze Weihnachtsduselei war, und ließen trotzdem nicht locker. Diesmal aber hatte ich mich bei ihnen krankgemeldet. *Post*traumatisches Stresssyndrom. Gelbes Fieber. Wie schlimm der Job dann tatsächlich werden würde, hatte ich nicht geahnt.

Den folgenden Murks hatte ich nur Ottmar Schnötel zu verdanken, unserem Qualitätsmanager. Wenn dieser oberpingelige Wichtigtuer von meiner Seidelbast faselte – Seidelbast hat gesagt, Seidelbast möchte, Seidelbast mag, und ach, wir kennen uns ja schon sooo lange –, dann hätte ich ihn jedes Mal mit der Nase zuerst durch die Frankiermaschine ziehen können. Dabei hatte sie ihn längst abserviert. Er war ihr Ex, ja, aber daran erinnerten sich nur greise Zeitzeugen. Bald würde ich Hand in Hand mit Seidelbast über seine aschenen Reste schreiten. Bis dahin raubte einem sein üppig aufgegossenes Kreischparfüm die Atemluft zum Jubilieren.

Mitten im Stress der Stoßzeiten hatte ich seine Duftwolken etwas zu dynamisch weggewedelt, und es hatte sich eine kleine Ohrfeige dazwischengeschlichen. Anschließend hatte ich mit dem Schlimmsten gerechnet. Gerade, wo es zwischen Seidelbast und mir spross – jetzt aus der gelben Welt zu stürzen, wäre unromantisch gewesen. Zu meiner Überraschung wurde ich lediglich strafversetzt. Daher schritt ich nun ausgerechnet kurz vor Weihnachten auf den Hof meines neuen Einsatzortes: ZSP Walachei, dem Zustellstützpunkt am Rande der Welt.

Der Stützpunkt befand sich in ländlicher Gegend jenseits des Stadtrandes. Dort, wo sich die Vororte immer mehr ausdünnen und in weite Felder und Wälder übergehen, hier und da mit schüchternen Siedlungen garniert. Das Gebäude sah aus wie eine große flache Lagerhalle. Davor ein Parkplatz, der mit einer Armada kleiner gelber Fahrzeuge bestreuselt war. Sie hingen wie Mücken mit ihren Rüsseln an Steckdosen. Neue

E-Mobile. Dazwischen elefantenhaft zwei große gelbe Lkw, die gerade jede Menge Briefbehälter mit vorsortierter Post anlieferten. Der sich an Zimtsternen rund futternde Mond guckte sich das Ganze müde an. Ich folgte einem Frischpost schiebenden Lkw-Fahrer ins Innere der Höhle. Ich lief Slalom um gestapelte gelbe Kisten, müde Packer und mürrische Sortiererinnen. Zu dieser frühen Stunde war noch keiner ein Entertainer. An der Decke, an den Wänden und an den grauen Pfeilern hingen Unmengen von Zahlen, als sei hier das Versuchslabor für Lottotipps, die letzte Hoffnung der an immer empfindlicheren Körperteilen zurechtgekürzten Postler: die Nummern der unzähligen Zustellbezirke, in welche die nach groben Leitregionen vorsortierte Post fein gesiebt werden musste. Kaffee und Zigaretten schienen das Einzige zu sein, was die Menschen hier aufrechthielt.

«Na, dass du dich mal hertraust», föhnte mir eine bekannte Brachialstimme den schütteren Scheitel. Ich drehte mich um und erblickte Inge Schmackes, stämmig, rosig, gut genährt, die Teamleiterin vor Ort. Wir waren uns ebenfalls beim Peng-Seminar begegnet.

«Gelbes Karma, du weißt schon.» Ich musste ihr ja nicht auf die Nase binden, dass ich unfreiwillig hier und der doofe Qualitätsmanager schuld war.

«Und ich dachte schon, dein Spruch von wegen mal Erfahrungen austauschen, Rotation und so, der wäre, na ja – nur ein Spruch gewesen!» Schon zerrte sie mich im strammen Marsch durch die Halle.

Auf dem Weg bellte sie Befehle, mal nach links, mal nach rechts, und während ich dabei stets zusammenzuckte, reagierten ihre Mitarbeiter wie ferngesteuerte Kaffeeautomaten. Mit einigen verständigte sie sich per Zeichensprache, bei anderen verwendete sie eine Mischung aus Babysprache und Phantasiedeutsch, das nur aus unkonjugierten Wortfetzen bestand.

«Hier braucht man echt einen Dolmetscher», seufzte sie. Dann boxte sie eine zerkratzte Pressspantür beiseite, die zwischen zwei überwucherten Pinnwänden aufgetaucht war.

«Lass uns den Papierkram hinter uns bringen», sagte sie. Ihr Büro war beinahe ein übliches Büro, vollgestellt mit den üblichen Tischen, Stühlen, Aktenschränken. Aber nur beinahe, denn an der Wand hinter ihrem Schreibtisch hingen Geweihe und ein Wildschweinkopf.

«Dein Vorgänger», sagte Inge, als sie meinem Blick folgte. Dann lachte sie laut los und schlug mir auf den Rücken, sodass mein Kugelschreiber einen Strich über den Personalbogen zog. Mein Spiegelbild schaute mich verdutzt aus einer Glasvitrine an, in der sich ein Jagdgewehr und mehrere Handfeuerwaffen befanden.

«Ähm, braucht man die hier bei der Arbeit?»

«Ja, aber nur für Neulinge!» Ein neuer Schwall guter Laune bügelte meine Ohren. «Jagen ist mein Hobby. Netter Ausgleich in der Natur hier. Kommt einem auch bei der Menschenführung zugute! Wenn mal Zeit ist, zeige ich dir meine Jagdhütte.» Sie kratzte sich den Stiernacken. «Aber nun erst mal ran an die Buletten!» Sie trieb mich in die gelbe Halle.

«Und? Was sagst du zum neuen Geschäftsführer?» Ihre Frage rief unliebsame Erinnerungen in mir wach. Ja, Wolf Drähnart, neuer Oberbefehlshaber unseres Vereins. Seit zwei Monaten im Amt. Man sagte, er habe seiner Oma den Rollator gekürzt. Man sagte, er würde Zustellern die Zehen abschneiden, damit alte Sicherheitsschuhe wieder passten.

«Macht ganz schön Druck», meinte Inge. «Die sollten sich mal ein Beispiel an dir nehmen. Die sollten selber mal 'ne Weile hier an der Basis arbeiten. Mal sehen, ob sie dann immer noch so wahnwitzige Zeitvorgaben machen würden. – Ah, da ist sie ja!»

Ich sah erst nichts als eine offene Lagerluke, durch die verdammt viel Kälte hereinströmte. Draußen nachtblauer Winterhimmel mit drei bis vier Funkelsternen und einer Häuser- und Tannensilhouette. Dann schwebte hinter einem E-Mobil ein anmutiges Wesen mit wehendem Blond und gelbblauer Postjacke hervor. Aus den Tiefen ihrer ätherblauen Augenweiher funkelten versunkene Sterne, die Schiffbrüchigen neues Land versprachen. Ihre Lippen schwangen sich zum Tanz alles Sinnlichen, leise wie Morgentau, der den Tag wach küsst. Ihre Bewegungen flossen wie Seidenschals im Luftzug offener Gemachtüren. In ihrem Antlitz wurde der Liebreiz aller je auf Erden Angebeteten wiedergeboren. Die Zeit stand still. Kälte existierte nicht mehr. Ein Herzschlag dauerte eine Ewigkeit.

«Das ist Elizaveta», sagte Inge. «Sie wird dich anlernen!»

Der Ladestecker des E-Mobils war festgefroren. Ich zog wild daran, nichts geschah. Ich pustete mir die Finger warm. Elizaveta schob mich beiseite. Mit einem entschlossenen Ruck zog sie den Stecker aus der Buchse. Sie rollte ihn ins Fach, schritt an mir vorbei und stieg ein. Als sie den Motor anließ, setzte ich mich in Bewegung, um noch mitgenommen zu werden.

«‹Elizaveta›?», begann ich. «Heißt das so viel wie ‹Elisabeth›?»

Sie schwieg, der Motor knurrte.

«Ich find's schön», beteuerte ich. Mir würde schon noch was einfallen. Dann hielt ich mich fest.

Wir fuhren durch putzige Siedlungen mit hingewürfelten Häusern, vorbei an gehorsamen Gartenzäunen und heiseren

Hunden. Winterpunschiges Morgenrot schubste an den Bratenresten der Nacht. Es hatte mächtig gefroren, aber noch nicht geschneit. Eine endlose Landstraße flötete uns unter der dunkelblauen Dämmerungsdecke hindurch, vorbei an Äckern, Feldern und Hainen. Ich war froh, dass wir keine Fahrräder nehmen mussten. Ich fühlte mich wie in einem flitzenden Mini-Louvre, neben mir die zum Leben erwachte Venusskulptur. Meine Augen waren längst desertiert und machten sich labend auf ihrer wohlkomponierten Gestalt sesshaft. Ihr Duft hatte den Raum erobert, ein zartes Parfüm voller blumiger Pirouetten. Unsere Auren wurden in dem kleinen E-Mobil zusammengepresst, die Funken wurden geradezu gezwungen überzuspringen.

Aber das taten sie nicht. «Ganz schön kalt heute, was?» – «Glaubst du, dass nach Weihnachten das Porto erhöht wird?» – «Bist du Vegetarierin?» – «Du hast so eine gesunde Haut.» – «Welches Sternzeichen bist du?»

Was ich auch fragte, sie blieb stumm, schaute geradeaus und folgte den Scheinwerfern ins Nirgendwo. War sie schüchtern und von meiner Gegenwart verunsichert? Nachdem ich unauffällig gescannt hatte, dass sie keinen Ring trug, war ich zuversichtlich, ihr die Berührungsängste nehmen zu können. Ich zückte meine Thermoskanne. «Willst du Kaffee?» Ihr Schweigen deutete ich als Nein. Unauffällig blickte ich in den Seitenspiegel, ob es aus meiner Nase krümelte. Völlig zufällig lächelte ich hinein, um zu schauen, ob etwas zwischen den Zähnen steckte. Ich benutzte Zahnseide, doch vorne in der Mitte hatte ich eine winzige Lücke, durch die ich *Felicita* und andere Lieblingslieder pfeifen konnte. Herrje, und die Geheimratsecken – ich tat so, als würde ich mich am Kopf kratzen und wuschelte etwas Haar in die Stirn. Last, but not least, der Atem …

Wir erobern die Nachbarschaft im Sturm, der frühe Vogel fängt den Wurm! Erschrocken schaute ich mich um. Hatten wir einen Zusteller im Laderaum? Oder war sie Bauchrednerin? Dann sah ich das Navi blinken. *Motivationsmodus*, stand auf dem Display. Und das zeigte obendrein nicht nur den aktuellen Streckenverlauf, sondern spulte Zahlenkolonnen und Countdowns ab. Eine unsympathisch lange Zahl offenbarte die Menge der zuzustellenden Briefe; eine unsympathisch kurze stellte die Zielzeitquote dar.

Wir kommen mit Charme, wir kommen mit Schwung – Gelb ist die Farbe der Begeisterung!, trällerte der Kasten. Plötzlich machte Elizaveta eine Vollbremsung. Ein Schwall heißen Kaffees landete auf meinem Schoß. Ich verschluckte einen Urschrei. Sie war bereits aus dem Wagen gesprungen. Ein eisiger Wind fegte durch die offene Tür. Wir befanden uns in einer gediegenen Wohnsiedlung mit Katalog-Gärten. Einzelhäuser, Reihenhäuser, alles flach wie Flandern. Die Straße endete nach wenigen hundert Metern im Nichts. Ich stieg aus und ging zur Ladeluke, wo sie schon eifrig in den Briefkisten wuselte. Der Wind spielte Zufallsornamente in ihr Haar, nur ihre schlanke Nase ragte kühn aus den blonden Wogen, wie das Elfenbeinknie einer Göttin. Mit unsichtbaren Fingern hätte ich noch ewig an ihrem Profil entlangpinseln können, doch sie klatschte mir einen Packen Post in die Hand und wies auf die Häuserreihe hinter mir. Dann nahm sie sich selbst die doppelt große Menge und preschte los, als wolle sie für Olympia trainieren.

Ich bemühte mich, Schritt zu halten und nicht auf den glasierten Pfützen auszurutschen. Beim ersten Häuschen stellte ich erleichtert fest, dass die Briefe dem Straßenverlauf entsprechend sortiert waren. Doch ein frecher Windstoß fuhr in den Stapel und wehte einen Satz Briefe davon.

Mühsam musste ich sie einsammeln, ständig tänzelten sie auf weiteren Böen von mir weg. Nun waren sie durcheinander, und ich musste im Zickzack und kreuz und quer von Tür zu Tür hecheln. Elizaveta hingegen marschierte schon wieder zum E-Mobil. Ich stopfte meine restliche Post in einen einzigen Briefkasten – hier auf dem Land würden die Nachbarn einander schon helfen – und lief hinterher. Doch sie fuhr los. Zwei Häuserblocks weiter hielt sie an. Als ich an die Ladeluke schlitterte, drückte sie mir den nächsten Stapel in die Hand. Mit mürrischer Miene gab sie mir zu verstehen, ich hielte den Betrieb auf. Doch wie abweisend sie sich auch gab, es konnte nicht verhüllen, was ihre Erscheinung so laut und deutlich versprach. Was hatte diesen Schmetterling aus blendender Süße unter Glas eingefangen?

Zeitknappheit ist Illusion, im flotten Trab, da schaffst du's schon!, tönte es aus der offenen Seitentür. *Denn was du glaubst, das kannst du auch, gib ordentlich Gas, das strafft den Bauch!*

Elizaveta schien immer mehr zu hetzen, um meine Defizite auszugleichen. Jedes Mal fuhr sie mit dem Wagen ein paar Blocks voraus. An der nächsten Straßenecke holte ich sie dann wieder ein. Ich konnte kaum noch atmen, sie verteilte unterdessen munter weiter. Wenn ich sterbe, dachte ich, dann wenigstens in ihren Armen. Da sie so unbändig von mir wegraste, spürte ich umso stärker die Anziehungskraft der Herzen.

Hopp, hopp, hopp, im Sauseschritt, es eilt die Zeit, nimm Briefe mit! Es war schon erstaunlich, wie schnell sie unsere Post austrug. Jedes Mal, wenn ich hechelnd beim E-Mobil eintraf, war der Laderaum ein Stück leerer. Auf einmal blickte sie mit aufgerissenen Augen über meine Schulter und sprang in den Wagen. Ich schaffte es gerade noch auf den Beifahrersitz. Ein weiteres E-Mobil war aufgetaucht. Sie verfolgte es jetzt um Häuserecken, über Kantsteine und Schlaglöcher. Du meine Güte! Nun fuhren die auch noch Wettrennen.

«Gibt es eine Prämie für den schnellsten Zusteller?», keuchte ich, während ich nach dem Sicherheitsgurt suchte. Sie ging scharf in die Kurve. Als ich mich am Armaturenbrett abstützte, berührte ich ein paar Knöpfe. Das Navi piepte gequält auf und spielte den Klassiker *Whole Letter Love*. Als wir auf die Hauptstraße einscherten, hatten wir das andere E-Mobil verloren. Morgendliches Himbeereisrosa tropfte vom Himmel, ganz sanft an ihren Wangen entlang. Das keimende Tageslicht behauchte ihre Lippen liebesapfelrot. Doch was ich auch sagte und fragte, ich konnte ihnen keinen Klang entlocken.

Im nächsten Garten stand ein Pony. Nein. Aber ein Kalb von einem Hund! Sein Bellen klang nach einem großen, tiefen, hungrigen Magen. Ich lief, was das Zeug hielt, das Kalb hinterher. Mit schwindender Kraft rollte ich über den Zaun. Auf einer zugefrorenen Pfütze machte ich eine unfreiwillige Tanzeinlage, dann einen Satz auf den Rücken. Es krachte, als das Eis unter mir brach, vielleicht waren auch ein paar Knochen dabei. Elizaveta tauchte über mir auf, ihr Gesicht zuckte seltsam. Schließlich lachte sie laut los und hörte nicht mehr auf. Das Eis war tatsächlich gebrochen! Sie reichte mir die Hand. Ihre nach Lavendelshampoo duftenden Haare kitzelten für einen Augenblick mein Gesicht. Ihr Lächeln war schöner als die eben aufgehende Sonne. Ich wollte mich am liebsten wieder fallen lassen, tief hinein in ihre funkelnden Augenseen.

«Wer ist Seidelbast?», fragte sie mich verwundert. Ich hatte wohl zu laut gedacht.

Every Brief She Takes spielte der Navi, als sie mich fragte, ob ich okay sei. Und wie okay ich war! Sie hatte endlich gesprochen! Ich war entschlossen, die Gunst des Augenblicks zu nutzen. «Was machst du Weihnachten?», fragte ich. Sogleich wurde sie wieder ernst. Ihr Blick schweifte jenseits des Horizonts.

Falsche Frage? Würde sie wieder in dornröschenhaftes Schweigen verfallen? Also eilig nachwerfen: «Oh, du magst Weihnachten auch nicht? Willkommen im Club. Aufgezwungene Nettigkeit, beschwipste Scheinharmonie, gezuckerte Heucheleien. Weihnachten ist die Zeit mit den meisten Streitereien, den meisten Trennungen, den meisten Suizidversuchen.»

Sie schaute mich befremdet an.

«So meine ich das natürlich nicht, denn ich finde ganz im Gegenteil, Elizaveta, diese selige Zeit, also die Gemütlichkeit, die ich meine, ich möchte doch nur mit dir – mit dir – also: reden!»

«Du kannst ruhig Liza zu mir sagen.» Mein Herz hüpfte mir in die Kehle und gluckste Tschakka.

«*Liza Pirelli*», sprudelte der kleine Junge in mir vor Übermut. Ein Fragezeichen erschien auf ihrer Stirn. «Na, weil du doch so schnell fährst!» Sie wurde wieder nachdenklich.

«Mein eigentlicher Name ist Elizaveta Bohuslava Donaschenko.»

«Oh. Können wir bei Liza bleiben?»

Sie lächelte. Endlich lächelte sie wieder. «Ich komme aus der Ukraine. Heiligabend ist bei uns erst am 6. Januar. Wir feiern nach dem julianischen Kalender.»

«Du bist Muslima? Aber wo ist dein Kopftuch?»

«Nein. Es hängt mit der Tradition der byzantinischen Kirche zusammen.» Ihr Blick entflog wieder in die Ferne. «Weihnachten kommt bei uns die ganze Familie zusammen. Nicht nur Eltern und Großeltern. Alle! Wir legen auch Löffel für die verstorbenen Familienmitglieder auf den Tisch.»

Sie hatte eine weiche, melodische Stimme, aber einen herben Akzent, so wie man ihn von Fotomodels, Schuhverkäuferinnen und KGB-Agentinnen kennt.

«Als Symbol für den Zusammenhalt werden Knoblauch und Walnüsse unter die Tischdecke gelegt, jede Zehe symbolisiert ein Familienmitglied, und die Gesundheit soll stark wie die Nuss sein.» In ihren Augen leuchteten Sternschnuppen. Nun war sie ganz dort. «Man freut sich, dass es den anderen gibt, und bringt Dankbarkeit zum Ausdruck.» Sie hielt inne, etwas zerbrach, ihr Blick sank nieder.

Dann fing sie sich wie ein Vogel im Flug und legte mir ihre schöne Hand auf den Arm. Ich schmolz wie Kerzenwachs unterm Licht. «Und wie ist es bei euch? Du freust dich auch auf deine Verwandten?! Ich habe von Kollegen gehört, dass sie nicht mal zu Weihnachten bei der Familie sind. Das ist schrecklich. Aber du kümmerst dich bestimmt um deine Verwandten!»

«Hmm, ja, genau, also, ja!» Beziehungsweise nein, überhaupt nicht. Ich rang um eine kompatible Version. Da erlöste mich mein Handy.

«Wo bist du jetzt?», dröhnte es in mein Ohr. Es war Inge Schmackes. «Ist sie bei dir? Pssst!», zischte Inge. «Mach jetzt keine falsche Bewegung! Lass dir nichts anmerken.»

«Was ist los?»

«Topp Ssiekrett, verstanden?» Inge klang aufgeregt. «Ich habe eben einen mordsmäßigen Einlauf per Telefon bekommen. Von unserem neuen Oberboss.»

«Vom Wolf ...»

«Schhht! Aus! Nix verraten. Sag einfach nur ... sag einfach ‹Ja, Mama›!»

«Äh, ja. Mama.»

«Wolf Drähnart. Genau der. Es sind jede Menge Beschwerden eingetroffen. Immens viele Briefe sind nicht zugestellt worden.»

«Wirklich? Ich meine: Ja, Mama!»

«Pass auf, es bricht mir das Herz, aber es sieht alles danach aus, als wenn ausgerechnet unser ukrainisches Küken dahintersteckt!»

«Aber Mama?!» Ungläubig blickte ich Liza an. Sie blickte fragend zurück.

«Also, halt die Augen offen, und sei vorsichtig. Sag ihr nichts. Und berichte mir alles!»

Wer da angerufen hätte, fragte Liza. «Meine liebe Mama», sagte ich lächelnd. Irgendwie klang es nicht überzeugend. Der eiserne Vorhang fiel wieder über ihr Gesicht.

Wir sind fokussiert, wir sind vernetzt, und wer da schludert, wird verpetzt!, meldete das Navi.

Nun war es schlimmer als zuvor. Liza hetzte noch mehr. Ihr Mund schien so versiegelt, dass er beinahe aus ihrem Gesicht verschwand. Ein Zustand, der nun, nachdem ihr Goldkehlchen mein Herz bezwitschert hatte, noch schwerer zu ertragen war. Hinzu kam, dass durch den fortwährenden Marsch in der Kälte meine Nase lief. Ihr jetzt auch noch auf die Briefe zu tröpfeln, wäre peinlich gewesen. Ich suchte in meinem Rucksack nach Taschentüchern, während sie draußen weiter die Briefkästen abeilte. Das Cockpit des E-Mobils war arg klein, und ich musste mich ziemlich verrenken. Ich stieß mir den Kopf am Lenkrad, und dabei fiel mir die Packung Taschentücher wieder aus der Hand. So bückte ich mich erneut, um sie unter Lizas Sitz hervorzukramen. Dabei bekam ich etwas Kaltes, Metallenes in die Finger. Als ich es hervorzog, entpuppte es sich als eine Pistole. In kleinen Buchstaben war der Name des ursprünglichen Besitzers eingraviert. Sig Sauer.

Während ich ungläubig auf den Fund starrte, hörte ich Liza zurückkommen. Schnell schob ich die Knarre wieder unter den Sitz. Und vergrub mich im Taschentuch. Meine Gedanken ratterten wie eine Sortiermaschine. Alles würde sich klären. Alles würde gut werden. Das hatte ich damals bei der Krankenschwester auch gedacht, die beim Knutschen im Kino immer so kräftig zubiss und mir dann die Leichenhalle zeigen wollte.

Wir fuhren an einer Bushaltestelle vorüber. Eine Fluchtmöglichkeit? Als wir ein paar Häuserecken weiter am Verteilen waren, ließ ich mich absichtlich ein wenig zurückfallen, was ja nicht sonderlich schwer war. Ich verschwand durch einen Seitenpfad zwischen zwei Hecken, schlug mehrere Haken und durchquerte zwei bis drei hundefreie Gärten. Da war die Bushaltestelle. Den Fahrplan studieren. Drei kärgliche Abfahrtzeiten. Acht Uhr zwölf, zehn Uhr drei – die waren bereits vorüber. Blieb noch vierzehn Uhr neunundfünfzig. Das hieße dreieinhalb Stunden in der Kälte frieren und warten. Im E-Mobil gab es wenigstens eine Heizung. Und vielleicht handelte es sich ja nur um eine Silvester-Pistole? Oder der vorherige Fahrer war ein zerstreuter Geldbote gewesen? Ich könnte die Waffe verstecken. In einen Briefkasten werfen. Ich eilte durch dieselben Gärten, an denselben Hecken entlang zurück.

Doch Liza war weg. Keine Spur mehr von ihr. Ich lief ein paar Häuserblocks weiter, die Landstraße entlang, sogar bis zur nächsten Abbiegung. Aber sie war nicht mehr da.

Eine ganze Weile irrte ich die einsame Landstraße entlang, weit entfernt vom ZSP, weit entfernt von jeglichem Bahnhof und jeder anheimelnden Zivilisation. Nicht mal ein Hinweisschild auf McDonald's gab es hier. Bloß ein paar winterkahle Bäume kratzten mit krummen schwarzen Fingern am Wolkenbart. Drei zerzauste Krähen lachten dazu. Ich fror immer mehr.

Endlich tauchte in der Ferne ein Auto auf. Ich winkte. Mein Postgelb war kaum zu übersehen. Eine schwarze Limousine kam näher, überholte langsam und hielt wenige Meter weiter auf dem Seitenstreifen. Als ich freudig hinstolperte, hatte der Fahrer bereits das Fenster heruntergelassen. Ein wurstiger Kerl in einer Pelle bäuerlicher Arbeitskleidung.

«Dreiundzwanzig!», sagte er. Sein Atem roch nach Zwiebelmett und Zigarre. «Dreiundzwanzig Briefe sind mir in diesem Monat nicht zugestellt worden! Nachweislich!»

«Das ... das tut mir leid. Aber das kläre ich für Sie!» Ich wollte die hintere Tür öffnen, doch von innen hielt ein fetter zahnspangiger Junge sie zu. Über seine Schulter schaute ein rundliches Mädchen mit Zöpfen und ließ die Zunge sehen.

«Und das nur bei mir. Fragen Sie mal meine Nachbarn!»

«Können Sie mich beim Zustellstützpunkt absetzen, dann schaue ich sofort nach Ihrer Post.» Ich eilte um das Auto und versuchte an der Beifahrerseite einzusteigen. Dort quoll ein Bollwerk von einer Frau aus dem Fenster und nannte mich einen schlimmen Jungen, «aber ein ganz schlimmer!» Dann fuhren sie ohne mich weiter.

Nachdem ich eine ganze Weile marschiert war, nahte abermals ein Auto. Ich wappnete mich, diesmal energischer vorzugehen, da erkannte ich die Form und Farbe eines E-Mobils. Sie hatte mich gefunden! Ich eilte dem Gefährt mit offenen Armen entgegen, im Spiegelbild der Windschutzscheibe sah es aus, als würde ich vor Freude in den grauen Himmel emporfliegen. Ich riss die Beifahrertür auf und sprang hinein. Doch am Steuer saß nicht *sie*, sondern *sie*!

«Seidelbast?! Äh, Frau Zimperling! Was machen Sie denn hier?» Da saß sie tatsächlich vor mir. Meine Seidelbast! Nicht im Businesskostüm, sondern in voller Zustellermontur!

«Schön, dass ich Sie treffe», sagte sie. «Ich habe Sie heute Morgen verpasst.» Sie lächelte mich an. Wie hatte ich dieses Lächeln vergessen können? In Zeitlupe verarbeitete mein Gehirn ihre Worte. «Mich? Sie sind meinetwegen hier?»

«Na klar», sagte sie, so selbstverständlich, so vertraut. Genau das Gegenteil von Lizas kühler Wortkargheit. «Mein Wagen ist heute Morgen nicht angesprungen. Deshalb bin ich zu spät gekommen. Die Teamleiterin hat Sie mir vor der Nase weggeschnappt.»

Mich packte das schlechte Gewissen. Wie hatte ich ihr so untreu sein können? Na ja, genau genommen waren wir ja noch gar nicht zusammen.

«In letzter Zeit ist hier einiges schiefgelaufen, deshalb musste ich inkognito vorbeischauen», erklärte Seidelbast. «Aber ich brauchte einen Assistenten.» Sie schaute mir eindringlich in die Augen. Sie hatte allerdings wieder etwas zu viel Kajal genommen. Es gab ihrer workaholischen Blässe etwas Ägyptisches. Ihre magmaroten Haare hatte sie auf wild frisiert. Das wirkte unausgeschlafen, aber auch kuschelig.

«Da fielen Sie mir wieder ein», sagte sie. «Die Vorschläge, die Sie auf dem letzten Peng-Seminar gemacht hatten.»

«Dann haben *Sie* meine Versetzung veranlasst?», rätselte ich.

«Betrachten Sie es als Warm-up für Ihren neuen Job!»

Mein Herz hüpfte mir in die Kehle und wollte von dort aus Kuckuck rufen.

«Hier sind in letzter Zeit massenweise Briefe verschwunden.» Mittlerweile hatte sie das E-Mobil tüchtig in Fahrt gebracht. «Vermutlich hat die junge Dame, mit der Sie heute früh unterwegs waren, reichlich Post unterschlagen. Wo ist sie überhaupt?»

«Äh ... sie ist ohne mich weitergefahren.»

«Das erklärt einiges.» Seidelbast konzentrierte sich auf die Straße. Sie hatte den Sitz höhergestellt, um das Lenkrad zu überblicken. «Die Konkurrenz ist hart», gab sie zu. «Wahrscheinlich hat sie Angst, den Job zu verlieren. Da greift so eine schon mal zu unlauteren Methoden.»

Wir sind up to date, bleiben niemals stäh'n. Unser Motto lautet: Yes we cän!, verkündete ihr Navi.

«Wir müssen sie auf frischer Tat ertappen», fuhr Seidelbast fort. «Haben Sie Ihr Handy dabei? Optimal wäre es, wenn Sie sie beim Beseitigen der Post filmen könnten.» Wir rauschten durch den nächsten Ortsteil. «Ich habe eine Spur entdeckt. Wir müssen ihr auflauern.»

«Okiedokie!» Ich straffte mein Brust und versuchte, visionär zu blicken. Lizas Lächeln konnte ich trotzdem nicht vergessen. Das Ganze drückte auf die Blase. Ich versuchte, an etwas anderes zu denken.

«Was haben Sie denn?», fragte Seidelbast.

«Nichts. Nur der Kaffee.»

«Kein Problem», sagte sie sachlich. «Aber machen Sie schnell!» Sie bog in einen Feldweg ab, der mit kahlen Bäumen gesäumt war. Am fernen Ende war ein Bauernhof zu erkennen. Ich schritt möglichst weit vom Auto weg. Als ich einen passenden Baum gefunden hatte, knurrte es laut, aber es war kein Hund in der Nähe. Stattdessen fuhr ein wildes Blubbern durch meine Eingeweide – Alarmstufe Rot! In letzter Sekunde lief ich die Böschung hinunter, zog blank und hockte mich über einen unschuldigen Feldgraben. Der kalte Wind biss erbarmungslos zu. Papier? Auweia! In meiner Jackentasche nur ein Stapel Briefe – doch dann fand ich erleichtert die Taschentücher von vorhin.

Genau in diesem Moment sah ich aus dem fernen Bauernhof ein Auto ausscheren und den Feldweg herabkommen. Wieder diese schwarze Limousine! Ich beschleunigte mein Geschäft und duckte mich hinter die Böschung. Gleichzeitig hörte ich Seidelbast nach mir rufen. Ich musste warten, bis die Limousine vorbei war. Dann zog ich die Hose hoch und stolperte die Böschung hinauf. Ich sah eben noch, wie Seidelbast einstieg und losfuhr, einem anderen E-Mobil hinterher.

Schon wieder allein! Ich wanderte an der Landstraße entlang und war kurz davor, Inge anzurufen und sie um einen Abholservice anzuflehen. Doch nachdem ich eine Weile Seidelbasts Richtung gefolgt war, kam ich an ein Tannenwäldchen, und tatsächlich, dort am Waldesrand standen die beiden E-Mobile. Mit offenen Türen, einsam und verlassen. Am hochgestellten Sitz und an der schwarzen Aktentasche erkannte ich, dass das erste Seidelbasts Wagen war.

Beim anderen E-Mobil steckte der Schlüssel. Wohlige Erleichterung überkam mich, als ich den Motor aufbrummen hörte. Ich freute mich aufs Warme, auf die Zivilisation. Ich hatte genug von Frauen, die mich warten ließen, Frauen, die mich hetzten, Frauen, die nicht mit mir redeten, und Frauen, die einfach davonfuhren.

Da sah ich weiße Flecken am Waldrand. Hatte es hier schon geschneit? Nein – das Weiß bewegte sich ein wenig im Wind. Es waren Briefe!

Ten o'clock postman, bring me her letter, ten o'clock postman, make me feel better. Das Navi erwachte zu neuem Leben. Und da waren ja noch mehr Briefe zwischen den Tannen! Kamen die von Elizaveta? Von Seidelbast? *So many days since when I met her, ten o'clock postman, make me feel bet-ter.* Ich sah Lizas süßes Lächeln vor mir. Seidelbasts feurigen Blick. Etwas klopfte laut im Rhythmus der Musik. Es war mein Herz. Der Klingelton des Handys zerpikste die Traumblase.

«Eine fehlt», brüllte Inge Schmackes.

«Nein, zwei», antwortete ich.

«Was?»

«Elizaveta und Seidelbast, beide weg!»

«Nein, eine aus meiner Vitrine», rief Inge. «Aus dem Waffenschrank im Büro. Eine Pistole fehlt!»

«Keine Sorge, ich weiß, wo die ist!» Doch unter dem Sitz tastete ich ins Leere. «Nein, die ist weg!»

«Wo bist du?» Inge klang so aufgeregt, als würde sie gleich durchs Telefon springen.

«Äh – hier ist so ein kleines Wäldchen. Und davor stehen zwei E-Mobile.»

«Dammich!»

«Und dahinten liegen Briefe, ich schau mir das mal an.» Ich stieg aus und ging mit dem Handy am Ohr auf den Waldrand zu.

«Kannst du mir die Gegend beschreiben?», fragte Inge.

«Hier in der Nähe sind kaum Häuser. Nur Weiden, Felder und ein paar Bauernhöfe.» Der Empfang brach ab. Ich versuchte zurückzurufen – vergeblich.

Also folgte ich der Spur aus Briefen hinein in den Wald, wie der Zusteller von Hänsel und Gretel. Dicht an dicht standen die Tannen. Düster und düsterer wurde es. Die Briefe wiesen leuchtend den Pfad. Tannenzweige kratzten an meinem Gesicht. Es roch wie beim Saunaaufguss. Ach, jetzt in der Sauna statt in der Kälte! Und ein Glühwein dazu! Stattdessen sammelte ich Frostbeulen. Unter den Füßen knirschten gefrorene Kiefernnadeln. Ein Reh suchte das Weite. Ein

Vogel flatterte davon. Bald wuchs ein dunkler Schatten aus dem knorrigen Dickicht. Die Umrisse einer Hütte. Fahle Lichtfäden krochen über das zerlumpte Dach wie die Haare schlecht frisierter Geister. Dann hörte ich Stimmen.

Leise pirschte ich um das Haus herum. Eine kleine Lichtung tat sich auf. Einer der letzten Stürme hatte hier mächtig gewütet. Eine umgerissene Tanne war in den hinteren Teil der Hütte gekracht. Die Wurzeln hatten eine tiefe Grube aufgerissen. An deren Rand sah ich die beiden stehen. Elizaveta hatte die Waffe und hielt Seidelbast in Schach. Seidelbast stützte sich auf einen Spaten.

Als ich auf einen Ast trat, knackste er gehörig. Liza fuhr herum und starrte mich an. Seidelbast nutzte ihre Unaufmerksamkeit und schlug mit dem Spaten nach ihr. Liza konnte ausweichen. Sie wurde nicht voll getroffen, verlor aber die Pistole und stürzte. Seidelbast warf sich auf sie. Sie würgten und sie drückten sich.

Wem sollte ich helfen? Der reifen Seidelbast, die eher meinem Alter entsprach, aber mir nur bis zum Kinn reichte? Oder der jungen schlanken Elizaveta, die fast meine Größe hatte, aber neben der ich bald wie ein betreuter Greis wirken würde?

Liza hatte jetzt die Oberhand gewonnen. Sie kniete auf Seidelbast. Mit einer Hand wehrte sie deren Arme ab, mit der anderen versuchte sie, an die Pistole zu gelangen.

«Was stehen Sie da denn so rum?», ächzte Seidelbast. «Helfen Sie mir!»

Ich ergriff Lizas schöne Arme und zog sie nach hinten. Sie sah zerbrechlich aus, doch sie konnte eine enorme Kraft entwickeln. Sie zappelte, sie wand sich. Ich hatte Schwierigkeiten, sie zu bändigen. Schließlich sah sie mir flehentlich in die Augen.

«Nein!», flüsterte sie. Dann gab es ein dumpfes Geräusch, und Liza verdrehte die Augen. Sie entglitt meinen Armen und sank zu Boden. Hinter ihr stand Seidelbast mit zerrupften Haaren. In ihren Händen hielt sie den Spaten.

«Musste das sein?» Ich kniete mich über Liza. Sie war bewusstlos und hatte am Hinterkopf eine mächtige Beule.

«Das war Notwehr!» Seidelbast zeigte zitternd auf die Pistole. Dann klammerte sie sich an mich und vergrub ihren Kopf in meiner Brust.

«Mir ist kalt», sagte sie, zog ihren Reißverschluss ganz zu und holte ihre Handschuhe aus der Jackentasche. «Und ich habe Angst.»

Als ich die Pistole aufhob, konnte ich meinen Blick kaum von Liza lösen, wie sie so wehrlos und regungslos am Boden lag.

«Wir müssen sie wenigstens zum Arzt bringen», sagte ich.

«Sie haben mir so toll geholfen», hauchte Seidelbast. Dann küsste sie mich. In mir stoben Glühwürmchen kreuz und quer. Ich fühlte mich wie ein kopfstehender Kompass mit Nadeln aus Lametta. Als sie sich wieder löste, war die Waffe in ihren behandschuhten Händen. Sie machte ein paar Schritte. Dann kniete sie sich neben Liza, öffnete deren Hand und legte die Waffe hinein. Sie umfasste Lizas Finger und hielt den Lauf in meine Richtung. Mit lautem Knall sprangen Holzsplitter aus der Hüttenwand.

Dann klapperte etwas wie ein einzelner Keks in einer rollenden Weihnachtsdose. Es dauerte ein paar Sekunden, bis ich merkte, dass es meine Zähne waren.

«Oops», lächelte Seidelbast. Dann nahm sie die Pistole wieder an sich und untersuchte Elizavetas Hand. «Na, wunderbar – das gibt bestimmt Schmauchspuren!» Sie kam auf mich zu. «Und jede Menge Fingerabdrücke von Ihnen!»

«Sa-Sa-Seidelbast?!» Ich verstand nichts mehr. Hielt sie mich für Lizas Komplizen?

«Sie haben die Briefdiebin tapfer gestellt», lobte sie. «Ich kann's bezeugen!» Sie drückte die Spitze der Pistole an meine Brust. «Hoffentlich sind Sie dabei nicht gestorben.» Sie kicherte.

«Eine Kugel der Ukrainerin hat Sie im Kampf getroffen. Mit letzter Kraft haben Sie ihr dann auch eine verpasst.»

Sie fuhr mit dem Lauf unter mein Kinn. «Wie bei Romeo und Julia, das ging doch so?»

In meinem Kopf streikten die Zusteller. Reihenweise Gedanken wurden fehlfrankiert.

«Bedank dich bei ihr!», zischte Seidelbast und nickte in Richtung der bewusstlosen Elizaveta. «Mein Plan hat funktioniert. Aber die kleine Streberin musste ja unbedingt besser sein, unbedingt schneller!»

«Was für ein Plan?»

«Ich hätte die Briefe an meinen freien Tagen alle wieder ausgebuddelt und irgendwo in die Post gestopft. Mehr als ein paar Verzögerungen hätte es nicht gegeben. Aber nun haben wir ein paar kleine Kollateralschäden.»

«Briefe ausbuddeln? Warum überhaupt einbuddeln?»

«Warum?!», schrie Seidelbast und fuhr wild mit der Waffe durch die Luft. «Weil unser neuer Geschäftsführer mir unbedingt in die Parade fahren musste!» Sie knirschte mit den Zähnen und walzte die Lippen. «Ich wusste ja, dass er ein Kürzungsfan und Sparfuchs ist. Ich hatte ihm überzeugend durchgerechnet, wie wir jede Menge Personal einsparen und trotzdem die Zahlen erhöhen könnten.»

Ein eisiger Windstoß fuhr dazwischen. Aus der Grube tanzten ein paar Briefe empor. Ein mit Weihnachtsherzen beklebter Brief wehte über ihr Haar hinweg.

«Doch statt Beförderung bekam ich eine Postbotenjacke! Ich sollte selbst die Quoten und Zeiten vormachen, die ich für die Zusteller eingeplant hatte. Vielleicht hatte er damit gerechnet, dass ich kneife. Aber es lief prima, nur ab und zu musste ich tricksen. Als ich dann diese alte Hütte hier entdeckte, war es das optimale Versteck.» Sie schaute zornig auf Lizas noch reglosen Körper.

«Doch dann kam ja Miss Superschick und musste immer noch schneller sein. Sie hat mir die Show gestohlen und überall herumgeschnüffelt. Da habe ich noch mehr verstecken müssen und dann noch mehr. So haben sich Fehler eingeschlichen, die ersten Anwohner haben Beschwerden eingereicht. Da brauchte ich einen gutgläubigen Trottel, dem man die Sache anhängen könnte. Und zum Glück musste ich nicht lange suchen.»

«Wen haben Sie gefunden?»

Sie tippte mit der Pistole mehrmals an meine Brust. Mein Herz schlug Kapriolen, meine Knie wurden weich. Sie stieß mich mit der Waffe zur Grube, ich stolperte und fiel. Sie stieß mir den Stiefel ins Kreuz. Zum ersten Mal schaute ich über den Grubenrand und sah tief unten jede Menge Briefe. Tausende. Ein Teich aus Weihnachtspost.

«Das kann doch nicht wahr sein», schrie Seidelbast plötzlich. Sie hatte den Fuß von mir genommen. Ich rollte mich auf die Seite. Sie schaute fassungslos auf die leere Stelle, wo eben noch Liza gelegen hatte.

Im selben Moment flog hinter einer Tanne ein Panther hervor, prallte mit voller Wucht gegen Seidelbast und schlug ihr die Waffe aus der Hand. Seidelbast taumelte, der Panther landete auf mir – es war Liza. Kreischend kippte Seidelbast hintüber, hinein in die Grube.

Lizas Gesicht nahm mein ganzes Blickfeld ein. Ich spürte

ihr Gewicht auf meiner Brust, ihr Atem roch nach Kaminträumen.

«Danke, dass du meiner Briefspur gefolgt bist», flüsterte sie. Ich schloss die Augen und ließ ihr meine Lippen entgegenschweben. Erst als ich ins Leere schnullerte, öffnete ich die Augen. Sie war längst wieder aufgestanden und half mir hoch.

«Ihr könnt nichts beweisen», krächzte Seidelbast aus der Briefgrube. Sie sah aus wie eine Königin der Unterwelt, die sich ein Bad aus Briefen eingelassen hatte und darin zu ersaufen drohte.

«Eure Fingerabdrücke sind an der Waffe, nicht meine!» Sie ruderte mit den Armen und versuchte, sich aus den Postmassen freizuschaufeln.

«Und wer glaubt schon einem Hiwi und einem Flüchtlingsmädchen!»

Es knallte laut, ein Loch riss über Seidelbast in der Grubenwand auf. Sie spuckte Erdkrumen und Kiefernnadeln.

«Ich», rief eine markige Stimme. Hinter einem Baum trat Inge Schmackes hervor, in voller Jagdmontur und mit dampfendem Gewehr. «Wird Zeit, dass mit euch gelbkrawattigen Zahlenkaspern Tacheles geredet wird.»

Triumphierend hob sie ihr Smartphone und spulte laut und deutlich ein Video mit Seidelbasts Geständnis ab.

«Vielleicht nächstes Jahr», sagte Liza. Gerade hatte sie mir erzählt, wann sie das erste Mal Verdacht geschöpft und wie sie dann die neue Zustellerin – Seidelbast – beobachtet hatte. Diese Frau sei ihr von Anfang an gefährlich erschienen. Als sie befürchtete, Seidelbast wolle sie zum Schweigen bringen, habe sie sich eine von Inges Pistolen «geliehen». In der Ukraine sei es seit der russischen Invasion normal, dass man sich selbst verteidigte und Waffen trug.

«Ich muss zurück zu meiner Familie.» Ihr Kuss wischte alle unliebsamen Erinnerungen an Seidelbast in einem Sternschnuppenregen fort. Sie stieg zu Inge ins E-Mobil. Ich winkte zum Abschied.

Dann wählte ich die Nummer meiner über alles geliebten Verwandten. Mal kurz zu Weihnachten vorbeizuschauen, würde mich nicht umbringen. Während ich auf das Freizeichen wartete, sah ich, wie Seidelbast von zwei Polizisten abgeführt wurde. Einer davon war eine Frau. Sie kam auf mich zu.

«Können Sie uns bitte Ihre Telefonnummer geben, falls wir noch Zeugenaussagen brauchen?»

Ihre nachtschwarze Lockenmähne war nur schwer von der Mütze zu bändigen. Sie hatte Augen wie Kohlen, eine leicht gebogene Nase und volle rote Lippen wie eine aufgebrochene Feige. Kam sie aus dem wilden Kurdistan? Sie war nicht so klein wie Seidelbast, nicht so groß wie Liza. Sie hatte eine üppige Figur, ohne fett zu sein. Eine Göttin.

«Äh – ja. Na klar. Zur Sicherheit gebe ich Ihnen auch noch meine private E-Mail-Adresse.»

Als sie sich alles notierte, roch ich ihr sinnlich-würziges Parfüm. Üppige, gelockte Südländerinnen waren schon immer mein Typ gewesen. Das musste ein Wink des Schicksals sein.

«Eine Frage hätte ich noch ...» Ich warf einen Pfefferminz ein. «Haben Sie Weihnachten schon was vor?»

Kathrin Weßling
Immer nur Ich

Der Micha ist so nett. Der ist mein neuer Freund, und er hat auch ein Auto und eine Sechs-Zimmer-Wohnung, und einen Labrador hat er auch. Ich mag den Micha. Wir haben uns in einer Bar kennengelernt, wenn man das so nennen kann, weil wir eigentlich nur sehr betrunken sehr großen Unsinn geredet haben, und dann sind unsere Körper in meinem Bett aufeinandergefallen, und ab da waren wir zusammen. Ich denke nicht, dass das eine richtige Entscheidung war, weil wir eigentlich eher gar nichts entschieden haben und genau das dann unsere Entscheidung war: dass wir es so geschehen lassen. Ein bisschen war das wie mit einem Schwerverletzten mit Patientenverfügung: Man lässt es eben geschehen.

Der Micha ist so nett, dass ich ihn mitnehme zu meinen Eltern, an Heiligabend, weil seine ganze Nettigkeit vielleicht das ganze Nichtnettsein meiner Familie ausgleichen kann. Das ist keine physikalische Berechnung, nur ein Wunsch. Ich kann mir die Familie nicht aussuchen, aber ich kann ihr etwas entgegensetzen. Eine Art gigantisches Gegengewicht, das Micha heißt. Nicht, dass Micha fett wäre. Nur ein bisschen vielleicht. Aber ich mag das. Er ist so weich. So nett und so weich. Genau das, was ich brauche. Sagen zumindest Miri und Simone, und die müssen es ja wissen. Die kennen mich schon mein halbes Leben lang, und die wissen: Mit der Katja ist es nicht einfach. Die hat so hohe Ansprüche, die Katja. Die braucht jemanden, der sie ausgleicht. Jemand, der nett ist. Die Katja wird dann vielleicht auch ein bisschen ruhiger und entspannt sich mal. Und ich bin in diesem Fall Katja, klar.

Der Micha und ich haben abgemacht, dass er mich mit dem Auto abholt und wir zusammen zu meinen Eltern und Geschwistern fahren. Die wohnen eine Stunde entfernt. Aus der Stadt raus, Autobahn, in die Stadt rein. Wobei der Ort, in dem meine Eltern wohnen, nicht wirklich eine Stadt ist, sondern eher eine Straße mit fünf Häusern dran, und drumherum sind Wohngebiete. Aber der Micha findet das «spannend», weil der nämlich in der großen Stadt aufgewachsen ist. Und jetzt will der mal sehen, wie das so ist, wenn man auf dem Land ist. So sagt der das: bei euch auf dem Land. Ich würde ihn gerne korrigieren dann, aber ich will ja keinen Streit provozieren. Wir kennen uns ja noch nicht so lange.

Als Micha mich abholt, sehe ich gleich, dass er sich auch so Mühe gibt mit mir und der Situation: Er hat sich eine saubere Jeans angezogen und seinen Dreitagebart abrasiert. Und irgendwas hat der auch mit seinen Haaren gemacht. Das sieht ein bisschen komisch aus, aber auch nicht komischer als sein Gesicht ohne Bart. Na ja. Im Auto stinkt es nach dem Labrador, aber das kann ich nicht sagen, weil das mit Hunden wie mit Kindern ist: Man merkt gar nicht, wie sehr die stinken, weil es die eigenen sind. Und Claudia – so heißt das Tier – stinkt nicht nur, wenn sie nass wird, sondern ihre ganze Existenz stinkt einfach. Außerdem hat Micha überall Hundekuchen, und die stinken auch. Die liegen im Handschuhfach und kleben in den Ritzen der Polster, und auf der Rückbank vermischen sich die Hundekuchenkrümel mit den Hundehaaren und ergeben zusammen den Hundegestank. Micha hat die Heizung auf der höchsten Stufe laufen, und deshalb riecht das Auto wie ein nasser Hund in der Sauna und ein bisschen so, als müsste ich mich gleich übergeben.

Jetzt sitzen wir also zusammen in dem stinkigen Auto, und es gibt natürlich einen Stau. Und ich hasse Stau. Deshalb fange ich einen Streit mit Micha an, weil mir so langweilig ist, und irgendwas müssen wir ja tun, bis wir endlich bei meinen Eltern und den anderen sind. Ich sage: *Du, ich weiß nicht, ob dich meine Eltern mögen werden.*

«Aha», sagt Micha.

«Vielleicht schon, also meine Mutter auf jeden Fall, aber mein Vater nicht.»

«Und das sagst du mir jetzt?»

«Ja, besser spät als nie, oder? Haha.»

«Und warum, bitte, denkst du, dass dein Vater mich nicht leiden kann?»

«Nur so ein Gefühl.»

«Ist das dein Ernst?»

Nein, natürlich ist das nicht mein Ernst, aber der Micha ist so nett, dass ich weiß, dass ich mich mit dem streiten kann, und am Ende entschuldigt immer er sich. Deshalb passen wir ja auch so gut zusammen.

«Ja», sage ich.

«Und was soll ich jetzt damit anfangen? Gibt es etwas, das ich sagen oder tun kann, damit er mich mag?»

«Keine Ahnung, weiß nicht. Bier trinken vielleicht.»

«Großartig.»

«Warum bist du denn jetzt beleidigt?»

«Weil du mir gerade gesagt hast, dass dein Vater mich nicht leiden kann.»

«Nein, das habe ich nicht gesagt. Er kennt dich ja nicht mal.»

«Okay, tut mir leid, dann habe ich das falsch verstanden.»

So geht es noch eine halbe Stunde weiter, dann löst sich der Stau auf und meine schlechte Laune auch. Wir halten an einer Raststätte, weil ich aufs Klo muss und weil ich Schokolade essen will. Ich stehe vor dem großen Spiegel im Toilettenraum und schaue mich an. Aha, denke ich, so sieht also eine aus, die einen Freund wie Micha hat. Dann wasche ich mir die Hände und setze mich zurück zu ihm ins Auto.

Weil wir jetzt ein Paar sind, haben wir gemeinsam die Geschenke ausgesucht, und Micha hat sie bezahlt. Meiner Mutter schenken wir einen Pullover, meinem Vater ein Buch über Imkerei, meiner jüngeren Schwester Elena einen Buchgutschein und meiner älteren Schwester Bine eine Vase aus einem dieser Hipsterläden. Alle Geschenke habe ich mit der mir größtmöglichen Gleichgültigkeit ausgewählt, weil das eine Garantie dafür ist, dass sie ihnen gefallen. Micha findet die Vase «total schön» und den Pullover auch.

Ich habe ein bisschen Angst davor, mit Micha in meinem alten Zimmer zu schlafen, weil ihn das irgendwie anmacht, hat er gesagt, und er dann bestimmt Sex mit mir haben möchte, und das will ich wirklich gar nicht. Der Micha versteht das eigentlich, dass ich sehr selten mit ihm schlafen will, weil mir immer ein guter Grund dafür einfällt. In meinem Kopf existiert eine ganze Liste an guten Gründen, keinen Sex mit Micha zu haben. Daraus wähle ich einfach immer den naheliegendsten aus, und dann nickt der Micha verständnisvoll und dreht sich um und atmet und schläft ein.

Zwei Stunden später sitzen wir alle gemeinsam am Esstisch im Erdgeschoss meines Elternhauses. Meine Mutter hat gekocht und alles geschmückt, mein Vater hat sich eine Krawatte gebunden, und meine beiden Schwestern streiten. Das ist das Gute daran, wenn man wie ich das Sandwich-Kind ist: Meistens streiten sich die anderen, weil bei denen alles viel extremer ist. Zum Beispiel weil der eine viel älter ist als der andere oder weil die eine schon verheiratet ist.

Elena schaut manchmal heimlich zu Micha rüber, und ich denke, dass sie denkt, ich würde das nicht sehen. Mein Vater ignoriert Micha, und meine Mutter trinkt das vierte Glas Wein. Nach dem Essen soll es Geschenke geben, aber im Moment müssen wir noch alle so tun, als ginge es nicht darum, sondern um eine «gute Zeit» miteinander. Dabei glaube ich nicht, dass wir überhaupt wissen, wie das geht. Trotzdem versuchen wir es immer wieder, und das ist dann wohl das, was die anderen mit dem «Wunder von Weihnachten» meinen, dass man sich also einen Abend lang miteinander unterhält, obwohl man sich nichts zu sagen hat und sich auch gar nicht so richtig leiden kann.

«Helene hat Krebs», sagt meine Mutter jetzt. «Wusstest du das?»

«Nein. Welchen Krebs?», frage ich.

«Irgendeinen, ist doch egal. Krebs ist Krebs. Tod ist Tod», sagt mein Vater.

«Das ist Quatsch. Wenn man zum Beispiel Lungenkrebs hat, dann stirbt man ziemlich sicher daran. Wenn man aber nur Brustkrebs hat, dann kann man das überleben und ...», sagt Elena.

«*Nur*, pffff», sage ich, um Elena ein bisschen zu provozieren, weil das Thema sehr geeignet ist, um Schwung in die Sache zu bringen.

«Du weißt, wie ich das meine», sagt Elena.

«Nein, erklär doch mal.»

«Bitte, bitte, bitte», sagt mein Vater. «Gibt es keine appetitlicheren Gesprächsthemen? Was machen Sie denn zum Beispiel beruflich, Micha?»

Micha erstarrt in der Bewegung, das Stück Sauerbraten auf

seiner Gabel zittert. Dann legt er sie einfach auf den Teller zurück, lächelt sehr nett und sagt: «Ich arbeite in einer Behörde.»

«Oha, und als was genau?», fragt meine Mutter.

«Als Beamter», sage ich.

«Als Beamter», sagt Micha und lächelt mich an.

«Und was ist das für eine Behörde?», fragt mein Vater.

«Na ja ... also ... die Behörde für Arbeit.»

«Sie beschäftigen sich also mit Arbeit?», fragt mein Vater.

«Ja, auch.»

«Bist du Berufsberater oder so was?», fragt Elena und lacht.

«Ja, oder so was», sagt Micha und lächelt.

«Er arbeitet beim Arbeitsamt», sage ich.

Mein Vater nickt, Elena und Bine schauen auf ihre Teller, und ich zähle still von zehn abwärts.

«Habt ihr euch da ... kennengelernt?»

Ich wusste, dass auf meine Mutter Verlass ist.

«Ich habe einen Job, Mama», sage ich so aggressiv, wie ich kann, und stelle sehr dramatisch mein Glas Wein auf den Tisch. «Ich habe einen Job, und ich weiß, ihr denkt alle, ihr denkt alle, alle hier, dass das kein richtiger Job ist, aber es ist sehr wohl einer, und ich verdiene damit ganz normal mein Geld, ganz im Gegensatz zum Beispiel zu Bine, die immer noch studiert.»

«Ich mache meinen Master, Katja.»

«Ja, im achtzehnten Semester oder was weiß ich.»

«Aber das ist doch schön», sagt Micha. «Studieren ist ja auch toll. Also eine tolle Zeit, oder?» Er lächelt und hebt das Glas in Richtung Bine, die gezwungen zurücklächelt und nickt.

«Na ja», sage ich.

«Noch jemand Erbsen?», fragt meine Mutter.

«Studium ist Studium», sagt mein Vater.

Nach dem Essen packen wir die Geschenke aus. Ich bekomme: einen Buchgutschein, ein Buch und Geld. Micha bekommt ein Buch mit dem Titel *Irren ist menschlich*, in dem es darum geht, dass eigentlich alle Menschen ein bisschen irre sind und dass das absolut in Ordnung ist. Micha freut sich sehr.

«Soll das eine Anspielung sein?», frage ich meinen Vater, der das Buch ausgesucht hat.

«Natürlich nicht! Es klang nur interessant.»

«Ach, Katja, jetzt lass gut sein, so war das bestimmt nicht gemeint», sagt Micha und lächelt.

«Oh doch, ich denke, das war genau so gemeint», sagt Bine und lächelt auch.

«Kein Streit bitte», sagt meine Mutter leise.

«Streit wäre das Beste, das dieser Familie passieren kann, weil wir dann endlich mal reden würden. Und zwar über die Dinge, die wir ansonsten totschweigen. Zum Beispiel darüber, dass du Micha hasst, obwohl er dir gar nichts getan hat», sage ich zu meinem Vater.

«Was redest du denn da, Katja?»

«Ja, was redest du da?», fragt Micha und lächelt nicht.

«Das ist so typisch für euch. Da finde ich endlich mal jemanden, der mich wirklich mag, und du ignorierst ihn den ganzen Abend und fragst nur nach seinem Job, statt mal zu fragen: Und, wie geht es dir, Micha? Wie hast du meine Tochter kennengelernt, Micha? Warum bist du so nett, Micha?»

Ich stehe wütend auf und schlage die Haustür hinter mir zu. Dann gehe ich einmal ums Haus und in den Garten, von wo aus ich die anderen durch die Terrassentür sehen kann und sie mich, und zünde mir eine Zigarette an, weil das meine Mutter nicht leiden kann. Ich starre sie alle durch die Glastür an, und ich weiß, sie mich auch, und ich rauche sehr wütend und sehr schnell drei Zigaretten, bis mir schlecht wird und ich Halsweh bekomme. Durch die Glasscheibe kann ich sie sitzen sehen. Wie sie da zusammenhocken am großen, gedeckten Tisch, dahinter der übertrieben geschmückte Weihnachtsbaum, und alles sieht so friedlich aus, so richtig, so nett. Da sitzen sie alle, Bine, Elena, mein Vater, meine Mutter und Micha. Schon nach der ersten Zigarette haben sie aufgehört, mich anzustarren, und ich werde immer wütender, und dann gehe ich ums Haus herum zurück. Ich habe natürlich keinen Schlüssel mitgenommen und muss klingeln.

Micha öffnet die Tür und lächelt. Er sagt: «Deine Eltern sind super. Warum hast du so schlechte Laune? Komm, setz dich doch zu uns, lass uns einen schönen Abend zusammen haben.» Ich gehe wortlos an ihm vorbei die Treppe hoch in den zweiten Stock in mein altes Kinderzimmer. Dort warte ich darauf, dass Micha hinter mir herkommt und mich fragt, was denn eigentlich los sei, und dann würde ich ihm erzählen, was er alles falsch gemacht hat, und er würde sich bei mir entschuldigen, und das wäre so, als würden sich endlich mal die anderen bei mir entschuldigen, und dann hätten wir vielleicht Sex, auch, wenn ich darauf keine Lust habe, und morgen würden wir zurückfahren in die richtige Stadt, in unsere Stadt, und ich könnte damit weitermachen, meine Eltern und meine beiden Schwestern zu hassen, und damit hätte alles wieder die Ordnung, die es immer hatte, und das ist zwar nicht gut, aber besser als das hier, und weil *besser* eine Steigerung von *gut* ist, zählt das auch irgendwie.

Ich sitze in meinem dunklen Kinderzimmer. Und Micha kommt nicht. Ich warte zwei Minuten, fünf Minuten, fünfzehn Minuten, dann knipse ich das Licht an. Meine Eltern haben das Zimmer nicht, wie richtige Eltern das so machen, umfunktioniert, sondern einfach so gelassen, wie es war. Mein Bett steht darin und mein alter Kleiderschrank und eine Kommode, und darüber kleben Bilder von mir und den Freunden, die ich nicht mehr habe. Ich lege mich aufs Bett und warte immer noch auf Micha. Er wird kommen, und er wird sich bei mir entschuldigen, alles andere ist inakzeptabel.

Nach einer halben Stunde begreife ich langsam, dass die da unten einfach weitermachen – ohne mich. Ich höre sie lachen, und ich höre, wie mein Vater einen Witz erzählt und Micha ganz besonders laut lacht, und ich höre, wie Elena ein bisschen lallt und meine Mutter auch, und ich höre meinen eigenen Atem und werde sehr, sehr müde. Die können mich mal, ich werde da bestimmt nicht wieder runtergehen und die nette, liebe Katja sein. Das können sie vergessen.

Ich starre die Bilder an, auf denen ich viel jünger und viel glücklicher aussehe. Aber vermutlich werde ich genau das Gleiche auch über die Bilder sagen, die heute entstanden sind. Und die, die morgen entstehen. Und übermorgen. Ich werde immer ein paar Jahre später denken, dass ich damals viel glücklicher und viel hübscher war, und den Schluss daraus ziehen, dass ich also immer unglücklicher und hässlicher werde und mich deshalb sehr beeilen muss, endlich mal das zu machen und zu sagen, was ich immer sagen und machen wollte. Als es das letzte Mal so weit war, habe ich Micha kennengelernt.

Irgendwann schlafe ich ein und wache davon auf, dass Micha sich neben mich legt. Er will kuscheln und was sagen, aber ich stelle mich einfach schlafend und drehe mich weg.

Er atmet so komisch. Irgendwie atmet der immer komisch. So nervig. Das fällt niemandem außer mir auf, aber es muss ja auch keiner mit ihm ständig zusammen sein. Das muss ja nur ich. Ich muss mit ihm zusammen sein und ihm beim Atmen zuhören. Und wie er Dinge nicht hinkriegt. So ist das bei ihm: Da ist ganz viel *nicht* und Atmen, und ich gucke ihm dabei zu, weil ich auch nicht weiß, was ich noch anstellen soll mit ihm. Ich kann ja schlecht sagen: Bitte, bitte, hör auf zu atmen, Micha. Dann gäbe es wieder Streit. Und dabei haben wir beide die Erfahrung gemacht, dass *gar nicht reden* meistens besser ist als *streiten*. Aber wenn es immer so still ist, dann hört man dieses Atmen. Es ist kein Röcheln, es ist kein Husten, es ist nur Luft, die durch seinen Mund und durch seine Nase in seine Lungenflügel gesaugt wird und dann wieder ausgeatmet wird. Dann riecht es so. Es riecht nach ihm und nach faulenden Äpfeln.

Maximilian Reich

Kimchi, Japchae und Bulgogi

«Wir verspäten uns ein bisschen», sagt Nuri in die Freisprecheinrichtung zu ihrer Mutter und guckt böse zu mir rüber. Ich hatte mich in letzter Sekunde vor der Abfahrt doch noch mal für ein anderes Hemd entschieden, das ich erst bügeln musste. Also zucke ich nun zum hundertsten Mal entschuldigend mit den Schultern. Aber man lernt schließlich nicht jeden Tag die Eltern seiner Freundin kennen. Nuri biegt auf die A 9 Richtung Berlin. Dann wechseln die beiden in Koreanische. Das machen sie manchmal, damit Nuri in Übung bleibt. Ein paar Wörter kennt sie trotzdem nicht. In meinen Ohren klingt das dann so: Heijajokaschaaa hooooo mallagiii Lattenrost anyookaa haseee awawa humama Zahnbürstenkopf. Klingt, als bekäme jemand dieses Jahr ziemlich langweilige Weihnachtsgeschenke.

Als wir in die kleine Seitenstraße einbiegen, an deren Ende das Elternhaus steht, bin ich ein bisschen enttäuscht. Nuri hatte mir erzählt, ihre Mutter sei Künstlerin. Seitdem hatte ich mir eine Mischung aus Shaolin-Tempel und der Villa von Harald Glööckler vorgestellt. Nun parken wir vor einer gewöhnlichen Doppelhaushälfte mit Gartenzwerg im Beet. Immerhin, auf dem Garagentor prangt ein gemalter Pandabär.

«Na dann: Bereit, meine Eltern kennenzulernen?»

«Kann ich noch einen Rückzieher machen?»

«Nope», sagt Nuri und ergreift meine Hand, um mich durchs pinkfarbene Gartentor zu führen. Frau Park öffnet und fällt ihrer Tochter um den Hals, die gerade noch ein «Frohe Weihnachten, Eomma» herausbekommt. Seit Nuri mit mir zusammenlebt, hat sie so oft mit ihrer Oma telefoniert, dass ich meine Großmutter auch wieder häufiger angerufen habe, aus schlechtem Gewissen. Erst nach zahlreichen Gesprächen über Hüftschmerzen und Wasserablagerungen habe ich erfahren, dass «Eomma» das koreanische Wort für «Mama» ist.

«Und das ist Mark.» Nuri deutet auf mich wie der Moderator einer Quizshow auf den Trostpreis.

«Ooohhh, der hat aber schöne, große Ohrläppchen», stellt Frau Park fest und schüttelt meine Hand. «Herzlich willkommen.»

Merkwürdig. Aber ich will auf keinen Fall rüberkommen wie einer dieser spießigen Deutschen, die ihr Bier in den Urlaub mitnehmen und herablassend fremde Bräuche belächeln. «Äh, vielen Dank. Sie haben auch sehr schöne Ohrläppchen.»

Nuri lacht. Und dann lacht auch Frau Park. Alle lachen.

«Große Ohrläppchen sind in Korea ein Zeichen für Wohlstand. Meine Mutter wollte scherzhaft andeuten, dass ich mir eine gute Partie geangelt habe», klärt Nuri.

«Na ja, auf jeden Fall haben wir Ihnen etwas mitgebracht», sage ich und überreiche die Flughafen-Tüte, um das Thema zu wechseln. «Frohe Weihnachten.»

«Oooohhhh, wie nett. Da freu ich mich aber», sagt Frau Park und nimmt mir die Tüte ab.

«Da sind ein Parfüm und ein paar Kleinigkeiten drin, die typisch für München sind», verrät Nuri. Und Frau Park wieder: «Oooooohhhhh.» Koreaner sagen das ständig. Niemand staunt so toll wie Asiaten. Der Briefträger bringt die Post: «Oooohhhh.» Es gibt ein *Mon Chérie* «Oooohhh.»

Bei uns könnte ein Ufo auf dem Alexanderplatz landen, und wir würden trocken abwinken: «Marsmännchen.»

Frau Park stellt die Tüte auf ein Ablagetischchen neben der Garderobe und bittet uns am Esstisch Platz zu nehmen. Dabei entschuldigt sie sich unablässig, dass sie kaum Essen vorbereitet habe, wir hätten ja ausgerichtet, wir würden nicht viel essen, weil wir nachher noch zwei Freundinnen von Nuri besuchen wollten. Alle wollen doch ihren neuen Freund sehen!

Ich folge Nuri durch ein dunkles Wohnzimmer, das vollgestopft ist mit Staffeleien, bemalten Vasen, asiatischen Skulpturen, in den hellen Wintergarten. Ein zierlicher Mann steht zwischen Nuris fünf und sieben Jahre alten Cousins an einem langen Tisch und legt Fleischstückchen auf einen Tischgrill. *Bulgogi*, erklärt Herr Park nach der Begrüßung. Das ist die koreanische Form von Barbecue. Man isst papierdünne Fleischhäppchen im Format handelsüblicher Fingernägel zusammen mit diversen *Banchans*, dem koreanischen Äquivalent zu Tapas. Auf dem Tisch stehen ausreichend kleine Schälchen, um einen Bus von Sumo-Ringern zu verköstigen. Und von allem legt Herr Park etwas auf den Teller: «*Kimchi, Japchae, Bulgogi, Tofu.*» Kaum habe ich aufgegessen, geht das Ganze wieder von vorne los: «*Kimchi, Japchae, Bulgogi, Tofu.*» Die Kinder, Nam und Jonko, zeigen auf kleine Töpfe mit Pasten, die ich dazu unbedingt probieren soll, und kringeln sich dann jedes Mal vor Lachen, wenn ich mir den Mund verbrenne von dem scharfen Zeug. Ein Riesenspaß.

Neben meinem Teller finde ich einen blauen Umschlag, auf dem mein Name steht. Neben Nuri liegt auch einer. Ich öffne meinen und blicke auf einen neuen Hunderteuroschein. «Was ist das?», flüstere ich Nuri ins Ohr.

«Dein Weihnachtsgeschenk von meinen Eltern.»

Einen Moment gucke ich sie an, ohne zu wissen, was ich eigentlich sagen soll. Außer: «Das ist doch viel zu viel.»

Mir fallen unsere peinlichen Last-Minute-Präsente ein, das Parfüm für Frau Park sowie Weißwürste, Weißbier und ein vollsynthetischer Schal des FC Bayern München für Herrn Park. «Das ist schon in Ordnung», sagt Nuri. Ich fühle mich nicht wohl dabei, so viel Geld von Menschen zu nehmen, die mich nicht kennen. Andererseits sollen Asiaten sensibel sein, wenn es um ihr Ehrgefühl geht, und ich möchte auf keinen Fall, dass sie Harakiri mit dem Bulgogi-Messer machen, weil sie denken, sie hätten etwas falsch gemacht. Also bedanke ich mich brav für das überaus großzügige Geschenk.

«Sag bitte *Kyungwon* zu mir», sagt Frau Park. Sie sagt ihren Namen noch mal ganz langsam vor.

«Und ich heiße *C-H-U-N-G-H-E-E*», sagt Herr Park.

«In Ordnung. Und ich bin *M-A-R-K*», sage ich genauso langsam, und alle lachen. Und dann schaufelt Herr Park, ich meine Chunghee, noch mehr Bulgogi auf meinen Teller. Bloß die Uhr verhindert, dass ich Weihnachten aufgrund einer Überdosis Bulgogi in der Notaufnahme verbringe. «Wir müssen los», sagt Nuri mit einem Blick auf ihr Handy. «Wir wollten eigentlich schon vor einer halben Stunde bei Martina sein.»

«Ah, geht ihr jetzt zu Martina?», fragt Kyungwon.

«Ja, Eomma.»

«Ist sie noch mit Martin verheiratet?»

«Ja, Eomma.»

«Schön. Zu ihr passt er auch viel besser. War gut, dass ihr damals Schluss gemacht habt. Papa und ich haben ihn nie richtig leiden können.» Ein Stück Bulgogi bleibt mir im Hals stecken.

«Wir müssen nicht dahin, wenn das für dich ein Problem ist», sagt Nuri, als wir vor dem Haus von Martin und Martina parken.

«Quatsch, alles gut. Es wäre nur schön gewesen, wenn du es mir ein bisschen früher gesagt hättest.»

«Ich weiß, das tut mir leid. Ich hab einfach nicht dran gedacht. Das ist schon so lange her und ging auch bloß ein paar Wochen. Für mich ist das gar kein Exfreund, sondern einfach der Mann meiner besten Freundin.»

«Lass uns das Thema wechseln. Da stehen sie schon.» Als wir aus dem Auto steigen, wartet das Empfangskomitee auf der Türschwelle. Martina ist eine kleine Frau mit blonden Haaren und einem Schwangerschaftsbauch. Ihr Mann ist einen Kopf größer als ich und sieht aus wie ein Actionstar, der zum Frühsport gern mal ein kolumbianisches Drogenkartell auseinandernimmt, ohne dabei den Kaffeebecher aus der Hand zu legen. Seine Unterarme sind dicker als meine Waden. Beim Anblick seines Bizeps, der damit droht, jeden Augenblick sein rosa Hemd zu zerreißen, schießt mir eine Frage durch den Kopf: Was will eine Frau, die mit so einem Kerl zusammen war, von einer Laubharke wie mir? Wenn du mal mit einem Ferrari eine Probefahrt gemacht hast, steigst du anschließend auch nicht wieder in deinen Twingo und streckst während der Fahrt den Kopf aus dem Fenster und rufst *Huiiiii*.

Okay, vielleicht habe ich doch ein Problem mit ihrem Ex. Aber ich werde ihm auf keinen Fall die Genugtuung geben und das zeigen. Ich bin der Gewinner, schließlich ist Nuri mit mir zusammen. Mit meinem besten *Mir-doch-egal-dass-du-mit-meiner-Freundin-geschlafen-hast*-Lächeln wünsche ich meinem Feind frohe Weihnachten. Martin drückt meine Hand, als wolle er frischen Saft daraus pressen. In der Küche reicht Martina Sekt mit Orangensaft und selbstgebackene Lebkuchen, die ich ablehnen muss. Ich bin noch pappsatt von Kimchi, Japchae und so weiter. Die Mädels reden über das Pro und Contra einer Wassergeburt. Martin taucht mit einer Sporttasche um die breite Schulter im Türrahmen auf, um sich zu verabschieden. Gute Idee. «Ich muss weg, muss die Weihnachtskalorien loswerden», sagt er und klopft sich auf den Waschbrettbauch. «Aber war schön, dich kennenzulernen!» Er schüttelt mir die Hand. Nuri gibt er einen Kuss auf die Wange. «Nächstes Mal sehen wir uns hoffentlich länger.» Erleichterung. Die Bedrohung bin ich schon mal los.

«Nimm Mark doch mit, dann können wir Mädels ein bisschen tratschen. Das Baby-Gerede interessiert ihn bestimmt nicht», fällt Martina ein. Was für eine beknackte Idee! Nach dem üppigen Kimchi und Japchae kann ich mich kaum bewegen, von Bulgogi zu schweigen. «Oh, ich glaub, das ist nichts für ihn», meint Nuri. «Mark ist eher der Typ Künstler. Stimmt's, Schatz?»

«Was soll das denn bitte heißen?», stoße ich empört hervor. «Ich war mal im Judo-Verein!»

«Echt? Das wusste ich ja gar nicht.»

Kein Wunder. Ich war auch nur einen Tag dort, bis der Trainer zu meiner Mutter meinte, das sei wohl nichts für mich.

«Na, dann komm mit», sagt Martin. «Ich hab noch ein paar Klamotten, die du anziehen kannst.»

«Wie lange dauert das denn?», fragt Nuri. «Wir wollen noch bei Samira vorbeischauen!»

«Ich schätze mal, eine gute Stunde.»

Nuri guckt auf die Uhr. «Na gut, dann viel Spaß, und pass auf dich auf.» Pass auf dich auf. Pff.

Als wir im Boxstudio eintreffen, bin ich ein bisschen enttäuscht. Ich hatte mir eine schummerige Halle vorgestellt, wie man sie aus dem Fernsehen kennt, in der zwielichtige Gestalten an Boxbirnen schwitzen und in Metallkübel spucken. Stattdessen stehe ich in einem hellen Raum mit gelben Wänden und Gummimatten auf dem Fußboden. Ein Hauch von Febreze weht durch die Luft. Es hängen auch keine Kuhhälften von der Decke, auf die ich einprügeln kann, wie in *Rocky*. Bloß Lametta. Wenn der Boxring nicht in der Mitte stehen würde, könnte man hier genauso gut einen Geburtsvorbereitungkurs veranstalten.

Außer uns ist nur noch ein Mädchen am Empfang da und ein alter Mann, der unter schwerem Ächzen die Freihanteln in der Ecke aufräumt. Ansonsten ist der Raum leer. Niemand ist so blöd, Weihnachten in einer Sporthalle zu feiern. Außer uns. Martin wirft mir ein Paar Schuhe, eine Sporthose, ein T-Shirt zu. «Zieh dich schon mal um, ich besorg dir von der Rezeption noch Handschuhe.»

Zehn Minuten später treffen wir uns vor dem Ring. Wir sehen aus wie die beiden Vorher-und-nachher-Models eines Protein-Shake-Herstellers. Ich trage ein neongrünes Tanktop, das an meinem Körper schlapp herunterhängt wie an einem Besenstiel. Zum Glück wird das keinem auffallen, weil jeder auf meinen Po guckt, an den sich eine knatschenge Männer-Leggings schmiegt. Weil ich ja auch die Beine habe, die man unbedingt betonen sollte.

«Wir machen uns erst mal warm und fangen mit zehn Burpees an», sagt Martin.

«Genau», antworte ich. Ich hab zwar keine Ahnung, was Burpees sein sollen, aber wie anstrengend kann bitte schön eine Übung sein, die klingt wie ein Plüsch-Troll, den sich kleine Schulmädchen ans Federmäppchen knoten? Fünf Minuten später weiß ich: Burpees sind keine Plüsch-Trolle. Burpees sind Arschlöcher. Man muss aus dem Liegestütz in die Hocke gehen und einen Strecksprung machen – und dann das Ganze wieder von vorne. Nach dem vierten Sprung keuche ich wie ein Elefant mit Asthma. Normalerweise würde ich jetzt das Handtuch werfen – oder besser, es mir umlegen und in die Sauna gehen. Aber ich gebe mich diesem Low-Carb-Opfer nicht so schnell geschlagen. Also springe ich weiter dem Herzinfarkt entgegen, bis ich nach dem zehnten Strecksprung erschöpft auf den Boden sacke.

«So, ich denke, jetzt sind wir warm. Dann lass uns mal anfangen», sagt Martin und schreitet in den Ring, während ich noch auf das überirdische Licht am Ende des Tunnels zuschreite. Martin japst nicht mal oder röchelt wenigstens ein bisschen. Er ist nicht mal lila angelaufen. Ich hasse ihn! Ich habe mich bisher nur ein Mal in meinem Leben geschlagen, und am Ende saß Susi Bohlmaier aus der 4B triumphierend auf meinem Rücken. Aber nun, 25 Jahre später, juckt es mich wieder in den Fäusten. Ich muss ihn nur angucken und fühle diese Wut, weil er mir vorführt, was ich Nuri nicht bieten kann. Jedenfalls nicht in den nächsten 24 Monaten ohne chirurgischen Eingriff.

Aber zumindest hier im Ring nutzen ihm seine Muskeln nichts! Man muss beweglich sein, um den Schlägen auszuweichen, und da ist meine Aal-Statur diesem Muskelberg doch ein wenig überlegen. *Disch.* Gleich der erste Schlag sitzt. Hab dem Kerl meine Nase voll gegen seine Faust gerammt! Tut ihm bestimmt weh, kann's aber grad nicht sehen, weil mir Tränen in die Augen schießen. Jetzt bloß nicht losflennen. Irgendwas läuft aus meiner Nase. Bitte, lieber Gott, lass es bloß Rotz und kein Blut sein. *Disch.* Der nächste Kopftreffer. Langsam kriege ich Angst. Sogar mein Herz hat Angst. Es klopft gegen meinen Brustkasten und möchte davonrennen. Ich habe mal gelesen, Boxer spüren keinen Schmerz wegen des Adrenalins. Stimmt nicht. Ich spüre Schmerz. Großen Schmerz. Was in den nächsten fünf Sekunden passiert, kann ich nur vermuten. Entweder die U3 fährt neuerdings direkt durch das Boxstudio, und ich habe blöd im Weg gestanden. Oder ich Depp hab schon wieder mit der Schläfe auf Martins Faust eingeprügelt. Als ich wieder zu mir komme, liege ich jedenfalls auf dem Boden wie ein plattgefahrener Schneeengel.

«Alles in Ordnung?» Martin greift nach meiner Hand und stellt mich mit einem Satz wieder auf die Beine. Mir ist etwas schwindelig, und der Kopf brummt. «Das verfliegt gleich wieder», beruhigt er. «Komm, wir genehmigen uns einen Smoothie. Ich lad dich ein.»

«Kann ich dich was fragen?», sage ich, als wir an der Bar sitzen und die Weihnachtsglöckchen in meinem Kopf verstummen.

«Klar.»

«Wer hat damals eigentlich Schluss gemacht?»

Er guckt mich einen Moment verdutzt an. «Nuri», sagt er dann.

«Warum?»

Martin zuckt mit den breiten Schultern. «Keine Ahnung», sagt er. «Sie hat mich wohl nicht geliebt.»

«Hast du sie geliebt?»

«Ich? Neee», sagt Martin.

«Hmm», mache ich nachdenklich.

«Alles okay?»

«Schon. Ich wünschte nur, das hättest du mir vorher gesagt.»

«Warum?»

«Dann hätte ich dich im Ring nicht so zurichten müssen», sage ich.

Er lacht, und wir stoßen unsere Smoothie-Becher aneinander. «Frohe Weihnachten.»

Mir geht's nicht gut. Ich habe mehr blaue Flecken am Körper als die Blue Man Group, und mein Magen rumort. Ich würde wahnsinnig gerne nach Hause und in Voltaren baden. Geht aber nicht.

«Und? Wie war's?», fragt Nuri, als wir im Auto sitzen und zu Freundin Nummer zwei fahren.

«Nett.» Sie muss ja nicht unbedingt wissen, dass ihr Ex mich k.o. geschlagen hat. Frauen bevorzugen Alphamännchen. Und die liegen eher selten in der Embryonalstellung auf einer Sportmatte, wo man ihnen mit verschwitzten Handtüchern Wind zufächert.

«Rasiert er sich immer noch die Beine?»

«Jup.»

Nuri lacht. «So ein eitler Fatzke. Voll peinlich.»

Freundin Nummer zwei heißt Samira und sieht aus wie ein Oger aus *Game of Thrones*. So stelle ich sie mir jedenfalls vor, als wir auf die Haustür zugehen und schon von weitem ihr Gebrüll hören. Nuri hat mich vorgewarnt, die Ehe zwischen Baris und Samira sei kaputt. Für uns ist das, als hätte man einen Löwen und ein Krokodil in einen Käfig gesperrt, und wir müssten uns mit einer Tasse Kaffee dazusetzen.

Nuri drückt den Klingelknopf. Prompt wird es ganz still im Haus. Kurz darauf öffnet ein kleiner Junge mit schwarzen Locken. Ich schätze ihn auf ungefähr zwölf, allerdings begrüßt er Nuri wie ein vierzigjähriger Türsteher die Blondinen in der Schlange vor dem Club: «Nuri, schön, dich zu sehen.» Er drückt ihr zwei Küsse auf die Wangen. «Gut schaust du aus.» Spinne ich, oder baggert der Knirps meine Freundin an, während ich danebenstehe? Als ich in dem Alter war, haben wir Mädchen geschubst, wenn wir sie mochten. «Oh, vielen Dank, du Charmeur», lächelt Nuri und streichelt ihm über den Kopf. «Siehst du, Schatz? Es tut gar nicht weh, wenn man einer Frau ein Kompliment macht.» Na toll. Warum konnte er sie nicht einfach in die Hecke schubsen?

Als ich ihr ins Innere des Hauses folgen möchte, schiebt er sein dürres Ärmchen dazwischen. «Und wer bist du?», fragt er, als ob er erst nachgucken müsste, ob ich auf der Gästeliste stehe.

«Mark. Ihr Freund.»

«Oh, Entschuldigung. Ich hab noch nie was von dir gehört.»

«Macht ja nichts», zische ich zwischen den Zähnen hervor.

In der Küche finde ich die beiden Freundinnen. «Ist gerade kein guter Moment für unseren Besuch?», vermutet Nuri.

«Wieso?», fragt Samira und rammt ein Fleischmesser in den Dattelkuchen, der auf der Küchenablage abkühlt. «Zack», macht es, wenn das Messer durch den Teig schneidet und auf das Holzbrett darunter trifft.

«Wir haben den Streit gehört.»

«Ach», seufzt Samira, «einen besseren Moment wird's nie geben.»

«Zack», «Zack», «Zack».

«Verstehe.» Schweigen.

«Mark, magst du schon mal den Kuchen ins Wohnzimmer auf den Tisch stellen?» Samira drückt mir das Tablett in die Hand. Kuchenduft steigt mir in die Nase und löst eine Revolution in meinem Magen aus. Kimchi, Japchae, Bulgogi toben: «Hey, wir sind schon zu viele hier unten. Es passt nichts mehr rein.»

«Und nimm dich vor der Katze in Acht.»

«Seit wann habt ihr eine Katze?», fragt Nuri.

«Frag nicht. Mein bescheuerter Ehemann hat sie den Kindern gestern zu Weihnachten geschenkt. Dem Kian hat sie direkt in den Finger gebissen, als er sie streicheln wollte, und jetzt traut sich keiner mehr, das Biest anzufassen.»

Der bescheuerte Ehemann sitzt am Esstisch im Wohnzimmer und schüttelt mir mit gequältem Lächeln die Hand.

«Mark, oder? Ich bin Baris. Ich nehm dir das mal ab.» Er stellt den Kuchen in die Mitte des Tisches. Es dauert eine Stunde, bis Nuri und Samira mit dem Tee kommen. Vielleicht auch bloß zwei Minuten, aber es fühlt sich deutlich länger an. Wir setzen uns, und Samira fängt an, den Kuchen zu verteilen.

«Für mich nur ein ganz kleines Stück», flehe ich. «Ich schaff nicht mehr viel.»

«Jetzt stell dich nicht so an, du bist doch ein Mann, oder nicht?»

«Manchmal schon, ja, aber im Moment ...»

Pflatsch landet ein Riesenstück auf meinem Teller. Ich habe mal eine Doku im Fernsehen gesehen, in der Mitglieder eines Indianerstammes mit einer Liane am Fuß von einem Felsen springen mussten, um als Mann zu gelten. Das würde ich jetzt lieber machen, als noch ein Stück Kuchen zu essen. Leider habe ich nicht die Option.

Baris: «Hast du diesmal mehr Zitrone drangetan? Beim letzten Mal war er trocken.»

Samira: «Wenn du ihn nicht magst, kannst du ihn ja liegen lassen.»

Die Stimmung am Tisch ist polarmäßig. Manchmal unternimmt einer von uns einen Versuch, ein Gespräch zu starten.

Samira: «Nuri, jetzt erzähl doch mal: Wie gefällt dir München?»

Nuri: «Ich hab noch nicht so viel gesehen, weil wir noch mit dem Auspacken beschäftigt sind, und mein Mann hier», dabei legt sie mir die Hand auf die Schulter, «leider ein Stubenhocker ist. Aber abgesehen davon ganz gut.»

Samira: «Ich muss dich unbedingt bald mal für ein Wochenende besuchen kommen. Dann gehen wir beide aus und erkunden die Stadt.»

Baris: «Du kannst gerne auch länger wegbleiben.»

Schweigen. Verlegen schieben wir uns die Kuchengabeln in den Mund. Sogar ich, obwohl das Essen schon wieder aus der Speiseröhre rausguckt. Hauptsache beschäftigt wirken.

Baris: «Wie habt ihr euch eigentlich kennengelernt?»

Ich: «Auf Xing. Nuri hat mich kontaktiert, weil sie mich für einen Artikel interviewen wollte.»

Samira: «Hörst du, Baris? Vielleicht solltest du dich da auch mal anmelden, dann lernst du eine bessere Frau kennen.»

Baris: «Als ob ich dafür ins Internet gehen müsste.»

Wieder Schweigen.

Wenn es wirklich so etwas wie ein Weihnachtswunder gibt, dann fällt mir jetzt ein Rentier auf den Kopf und erlöst mich von diesem Elend. Kein Rentier kommt. Aber Samira mit dem nächsten Kuchenstück. Ich kann gerade noch schützend meine Hand über den Teller halten. «Ich bin wirklich satt.»

Baris: «Er findet ihn zu trocken.»

Samira guckt mich an: «Findest du ihn zu trocken?»

«Überhaupt nicht. Er schmeckt super!»

«Na also!» Sie klatscht mir das Kuchenstück hin. Und jetzt wird mir wirklich schlecht. «Wo ist das Bad?», frage ich locker in die Tischrunde und versuche, mir nicht anmerken zu lassen, dass wir nur einen Teigkrümel davon entfernt sind, dass mein Mageninhalt sich auf dem Tisch verteilt.

«Am Ende des Flurs», sagt Samira.

«Linke Seite», ergänzt Baris.

«Am Ende des Flurs gibt es nur eine Tür», giftet Samira.

«Ich find's schon.» Ich eile ins Badezimmer, um gleich darauf zurückzutaumeln, weil eine Katze mich anspringt und ihre Krallen in meine Brust bohrt. Und es passiert: Ich kotze vor Schreck das Vieh an. Eine gelbliche Fontäne spritzt auf das graue Fell. Sofort lässt das Tier von mir ab und verzieht sich in die Ecke neben dem Klo, wo es sich kleine halbverdaute Kimchi-Klumpen von den Pfoten leckt. Das ist so eklig, dass ich mich fast noch mal übergebe. Und nun? Bin ich schon bereit, an den Tisch zurückzukehren? Früher oder später wird jemand kommen und sich fragen, warum Bulgogi-Bröckchen auf der Katze kleben. So was will man doch wissen. Mir bleibt nichts übrig, als das Tier am Nacken zu greifen und mit ausgestrecktem Arm unter die Dusche zu halten. Das Vieh schimpft und strampelt, aber ich bin stärker. Wenn die CIA anfängt, auch die Haustiere von Terroristen zu waterboarden, bewerbe ich mich.

Jemand klopft. «Schatz, alles in Ordnung?» Ich öffne mit meiner freien Hand und ziehe Nuri hastig herein, bevor noch jemand sehen kann, was hier vorgeht. «Was ist denn passiert?» Nuri schlägt sich die Hände auf den Kopf. Die Katze hat mittlerweile aufgegeben und hängt in meiner Hand wie ein tropfender Schwamm. Vor der Dusche hat sich ein kleiner See gebildet. In der Mitte des Raumes kleben Kimchi, Japchae, Bulgogi und Tofu auf den Fliesen. «Ist nicht schlimm», sagt sie. «Du schnappst dir einen Föhn und trocknest den nassen Kater, ich kümmere mich um den Fußboden.»

Eine der Eigenschaften von Nuri, für die ich sie so liebe,

ist, dass ich mich immer auf sie verlassen kann. Statt mir einen Vorwurf zu machen, dass ich sie in diese unmögliche Situation bringe und vor ihren Freunden blamiere, hält sie zu mir und beruhigt mich. Liebe ist, wenn man gemeinsam Kotze aufwischt.

Sie stopft die Badehandtücher, mit denen wir die Sauerei beseitigt haben, in den Wäschekorb, als Samira an die Tür klopft. «Alles okay?» Nuri wirft noch mal einen prüfenden Blick durch den Raum und öffnet die Tür. Die Katze erfasst ihre Chance und huscht blitzschnell zwischen Samiras Beinen hindurch.

«Ich hab einen Föhn gehört ...»

«Mark fühlt sich nicht so gut. Ich glaube, er hat ein bisschen zu viel gegessen. Er hat sich überm Waschbecken das Gesicht frischmachen wollen und dabei seine Hose ein bisschen nassgemacht.»

«Du Armer! Geht's denn jetzt wieder?» Samira guckt mich an wie ein angeschossenes Kaninchen.

«Alles wieder gut», sagt Nuri. «Ich hab ihm ein paar von meinen Magentropfen gegeben. Aber vielleicht fahren wir jetzt besser, damit er sich hinlegen kann.»

«Wie schade! Aber schön, dass wir uns mal wieder gesehen haben», sagt Samira und fügt in meine Richtung hinzu: «Und dass ich dich endlich kennengelernt habe.»

Wir lassen das glückliche Paar zurück und steigen ins Auto. Erleichtert, dass der Tag vorüber ist, und mit Vorfreude aufs Bett schlage ich die Tür zu.

«Danke, dass du mitgekommen bist», sagt Nuri und streicht mir über das Haar.

«Hab ich gerne gemacht. Aber kannst du mir was versprechen?»

«Was denn?»

«Nächstes Jahr bleiben wir bitte zu Hause, in Ordnung?»

«Du bist ein Stubenhocker», sagt Nuri und gibt mir einen Kuss. «Igitt – du musst dir unbedingt die Zähne putzen.»

Sven Kummereincke

Christdemokraten

Es ist 15.02 Uhr am 16. November, und soeben hat die Alterspräsidentin die Sitzung eröffnet. Mit ihrer Rolle fremdelt sie noch etwas, aber das tun wir alle, seit wir Delegierte geworden sind. «Das Allerwichtigste», sagt sie mit unsicherer Stimme, «ist, dass wir eine Lösung finden, mit der alle Beteiligten leben können.» Sie schaut mit dem Anflug eines Lächelns in die Runde, dann erläutert sie die Tagesordnung: Auflistung aller Punkte, die geregelt werden müssen. Einbringen aller Empfehlungen aus den Ausschüssen. Überprüfung, ob und in welchen Punkten Konsens herrscht. Diskussion und gegebenenfalls Beschluss zu den Punkten, in denen die Positionen noch nicht übereinstimmen. Weiteres Vorgehen.

Ich seufze und schaue der Alterspräsidentin in die Augen: «Müssen wir das wirklich so förmlich machen, Mama?»

«Ja, verdammt!»

Mein Vater, der ein paar Meter abseits vom Verhandlungstisch auf dem Sofa Platz genommen hatte, erhebt sich und nimmt eine staatstragende Pose ein. «Wenn ich achtundsechzig irgendwas gelernt habe, dann, dass unstrukturiertes Gelaber nichts bringt.» Zustimmendes Gemurmel – vor allem, um zu verhindern, dass er zu einem seiner gefürchteten Monologe ansetzt. Mit zufriedenem Grinsen setzt er die Brille wieder auf. Er ist fein raus.

Ich sitze im Schlamassel, also am Esstisch im Haus meiner Eltern, im Plenum. Als Delegierter meines Familienzweiges. Mit Mama, meinem Neffen Felix, mit Schwägerin Julia und

Tante Elisabeth. Wir sitzen hier, um Weihnachten zu retten. Wie hat es nur zu dieser absurden Komödie kommen können?

Weil Weihnachten im vergangenen Jahr in einer Katastrophe endete. Meinetwegen – das war in weiten Teilen der Familie Konsens. Letztes Jahr hatte ich unter Alkoholeinfluss – was die einen als mildernden Umstand gelten ließen, andere als erschwerend betrachteten, denn es war vor dem Essen gewesen –, da hatte ich also meine Schwägerin Julia, die mit meinen Neffen, mit Mama und Tante Elisabeth in die Kirche gegangen war, nach der Rückkehr gefragt, wie sie sich denn so fühle als Teilzeitchristin. Das sollte nur eine harmlose Provokation sein, aber Julia war sofort auf Betriebstemperatur. Sie fauchte mich an, das sei ihre Privatsache, und was mir eigentlich einfiele, und dass ich «einen Scheiß» beurteilen könne, wie oft sie in die Kirche gehe. «Wie oft gehst du denn?», fragte ich unschuldig. «Darum geht's doch gar nicht! Ich finde es jedenfalls gut, was die Kirche macht, gerade im sozialen Bereich.»

Damit war dann leider der Punkt erreicht, an dem ich mich nicht zurückhalten konnte. Nun musste ich einen meiner Lieblingsvorträge beginnen: über das Multi-Milliarden-Unternehmen Kirche, diesen Immobilien-, Kita-, Krankenhaus- und Seelsorgekonzern, der seine Mitarbeiter ausbeute, absurde Steuerprivilegien genieße und ein Epizentrum der Heuchelei sei. «Und wenn du da aber schon hingehst, empfehle ich dir die Katholiken, die bieten fürs gleiche Geld die bessere Show!»

«Du bist so ein Arschloch!», fiel ihr dazu ein.

Mein Bruder Thomas sagte gar nichts, denn im Stillen gab er mir recht. Tante Elisabeth sagte: «Kommt, ihr Lieben, das Essen ist fertig.»

Mit diesem Auftritt hatte ich vorhandenen Hemmungen den Garaus gemacht. Felix nörgelte an der Gans rum, die «voll eklig fettig» sei; er wolle lieber Steak mit Pommes, das gebe es bei Papa immer zu Weihnachten.

«Aber dieses Jahr bist du bei mir und nicht bei Papa», sagte meine Schwester Sabine.

«Ich wär aber lieber bei Papa», sagte Felix.

Sabine begann zu weinen, und meine Neffen Piet und Jan erkundigten sich, ob es bei Felix' Papa echt Steak mit Pommes gebe. Mama verriet, dass sie Steak und Pommes für die Kinder hätte machen können. Papa erklärte, dass das hier kein verdammtes Restaurant sei. Mein Sohn Max fragte, ob er Felix' Gänsebrust haben könne. Mein Bruder Thomas forderte Sabine auf, sie solle mit dem Geflenne aufhören. Und meine Frau Claudia zischte mir zu, ich solle den Mund halten.

Während Papa, Thomas und ich den Tisch abräumten (das war unser Beitrag zur Unterstützung der Frauenrechte), flötete Tante Elisabeth: «Und jetzt machen wir schön Bescherung!»

Es dauerte eine Stunde, bis jeder jedem sein Geschenk gegeben hatte. Papa sah als Einziger zufrieden aus; er hatte wie immer Rotwein bekommen. Die Kinder beschwerten sich, weil die anderen alle viel bessere Geschenke hätten. Julia fand es «echt peinlich», dass Claudia sich von meinem Geld selbst etwas gekauft hatte, während ihr Thomas sich wenigstens etwas hatte einfallen lassen. In diesem Fall Parfüm. Thomas und ich nahmen Blickkontakt zu Papa auf, der es nicht mochte, wenn wir ihn auch «Papa» nannten, weil das einen *patriarchalischen Impetus* hätte. Der holte die Cognacflasche, während Sabine Julia anblökte, weil die hier eine «absurde Geschenkeladung» über ihren «Blagen» ausschütte, obwohl sie genau wisse, dass sie, Sabine, als Alleinerziehende kaum Geld habe und sich jetzt «scheiße» wegen ihres Sohnes fühle, der von seinem Vater eh schon zum Konsumterroristen erzogen werde.

Julia bepöbelte Thomas, weil der sich aus allem raushielt, obwohl es schließlich seine Familie sei. Claudia beschimpfte mich, weil ich angeblich gegrinst hatte. Mama entdeckte, dass Papa sich «als Salon-Bolschewist die Welt schön säuft». Papa bellte Mama an, dass er nicht saufe, sondern genieße; die Linke habe sich immer zum Hedonismus bekannt, was sie ja als Kleinbürgerin nie kapiert habe! Sabine bezeterte Mama und Papa, weil die sich für sie, die kleine Sabine, nie wirklich interessiert hätten. Thomas beschuldigte mich, obwohl ich diesmal nicht gegrinst hatte. Schließlich beschimpfte Tante Elisabeth alle: «Was seid ihr nur für eine Familie! Theo hätte euch aber was erzählt!» – «Wir fahren.» – «Beruhigt euch doch.» – «Wir fahren, sage ich!» – «Ich kann nicht mehr fahren.» – «Aber wir wollten doch noch spielen!» – «Sag du doch mal was!» – «Wir hatten abgemacht ...» – «Erwachsene sind so dermaßen bescheuert.» – «Ich hasse euch alle!»

Die Telefonkonferenzen begannen am Tag danach. Claudia stellte mich vor die Wahl: Mich bei Julia zu entschuldigen oder nie wieder Sex zu haben. Aber Julia legte gleich wieder auf. Es wurde viel wieder aufgelegt in nächster Zeit. Die einzig funktionierende Verbindung lief über Mama, die im Geiste der Versöhnung Informationen zielgerichtet auf die Familienzweige verteilte, also vieles wegließ und manches dazuerfand. Bei Besuchen des elterlichen Hauses wurde darauf geachtet, dass auch niemand von «den anderen» anwesend war.

So wurde es Herbst. Die Einzigen, die sich unbeschwert weiter trafen, waren die vier Jungs. Sie lagen nur zwei Jahre auseinander (Jan war mit zwölf der Älteste) und hatten sich immer bestens verstanden. Das Fundament der gemeinsamen Interessen war mit PS4, Wii und Fußball ausgesprochen stabil.

Als sie sich Anfang Oktober mal wieder trafen, begannen sie Weihnachtswunschlisten zu erstellen. Doch als sie errechnet hatten, dass, wenn die Bescherung um 19.30 Uhr durch sei und sie bis Mitternacht wach blieben, sie viereinhalb Stunden Nettospielzeit für *Final Fantasy XV* hätten (oder zweieinhalb, wenn sie zwei Stunden für *Need for Speed* abzwackten), als sie sich das gerade ausmalten, fragte Max: «Feiern wir denn überhaupt zusammen?» – «Unsere Eltern reden doch kaum miteinander», sagte Piet. – «Ich muss zu Papa dieses Jahr», sagte Felix. – «Was für ein Mist», sagte Jan. «Fragen wir Oma!»

Und so erschien wenig später die vollständig versammelte jüngste Generation der Familie bei den Großeltern und erklärte: «Wir wollen, dass wir alle zusammen Weihnachten feiern!» Piet ergänzte: «Und alle müssen sich vertragen!»

Die Oma war gerührt. Sie wusste nicht recht, wie sie den Enkeln die Schwierigkeiten dieses Unterfangens erklären sollte. Aber Jan, der Älteste (er ging schon in die Sechste), verkündete eine Idee: Streik! «Das lernen wir gerade in *WiPo*», erklärte er. «Ihr lernt streiken in der Schule?», fragte Max neidisch. Und Jan erzählte von Arbeitern, die vor hundert Jahren oder so total mies behandelt worden seien, und deswegen hätten die dauernd gestreikt, damit man sie besser behandelte. «Klasse, wir streiken», sagte Felix. – «Endkrass!», sagte Piet. – «Damit kommen wir nie durch», sagte Max. – «Warum denn nicht, du Weichei?»

Sie überlegten, womit sie ihre Eltern erpressen könnten, und kamen auch drauf. «Waschen!», sagte Piet. «Wir waschen uns nicht mehr!» – «Und Zähne putzen auch nicht.» – «Bis wir so krass stinken, dass die Lehrer bei unseren Eltern anrufen.» – «Mega.» – «Deal!»

Ziemlich lange saßen sie mit Oma und Opa an diesem Tag noch zusammen. Als sich die Jungs schließlich auf die Fahrräder setzten, ließen sie zwei stolze Großeltern zurück.

Claudia und ich schmunzelten zuerst. Der Kleine streikt, ist ja süß. Als wir merkten, dass er es ernst meinte, versuchten wir es mit Argumenten. Wir erklärten, dass die Zähne schwarz würden. «Dann denken alle, dass ihr Rabeneltern seid.» Dass die anderen Kinder ihn hänseln würden. «Ist mir egal.» Dass er krank werden würde. «Ja, und daran wäret ihr schuld!»

Üblicherweise reagiert man auf einen Streik mit Aussperrung – das ging in diesem Fall eher nicht. Gewalt auch nicht. Der Einsatz von Streikbrechern schien eine lustige Idee, aber ein Nachbarskind, das sich in unserem Badezimmer demonstrativ duscht und die Zähne putzt, hätte Max nicht zum Aufgeben bewogen. Nach drei Tagen rief ich meinen Bruder an, Claudia meine Schwester, wir alle unsere Eltern, und schließlich hatten wir die Lösung. Die Einzige, die uns aussichtsreich erschien: Wir gaben auf.

Bevor Max sich in die Badewanne setzte, ließ er uns schwören, dass wir es ernst meinten. Dann schickte er Oma eine SMS. Und während er sich schrubbte, ging eine E-Mail ein. Darin erläuterte meine Mutter «im Namen von Jan, Piet, Felix und Max» das weitere Verfahren. Die Familie werde in fünf Gruppen geteilt: die Kinder, die Großeltern, Sabine und Elisabeth, Julia und Thomas sowie Claudia und mich. Im ersten Schritt solle jede Gruppe zwei Listen erstellen – auf der einen solle stehen, auf was man Weihnachten auf keinen Fall verzichten wolle, auf der anderen, was es auf keinen Fall geben dürfe. Die sollten binnen drei Tagen an sie zurückgeschickt werden, dann werde sie erklären, wie es weiterginge.

Das war albern. Allerdings machte Max uns deutlich, dass der Streik lediglich ausgesetzt, nicht abgeblasen sei. Mein elfjähriger Sohn, indoktriniert von seinem Großvater, hielt Vorträge über demokratische Prinzipien. Etwa dass die Stimme eines Kindes genauso viel zähle wie die eines Erwachsenen. Er war zum altklugen Naseweis mutiert, redete über Minderheitenrechte und unveräußerliche Freiheiten.

Ein paar Tage später wurden wir informiert, dass sich die Familie über folgende Punkte zu einigen hätte: Essen, Form der Bescherung, Art und Wert der Geschenke, Alkohol, Umgangsformen, Kirchenbesuch, Spielen, Übernachtung, Singen sowie die Zulassung von Felix' Papa zur Feier. Dazu würden drei Ausschüsse gebildet (ich war im Ausschuss für Essen, Alkohol und Felix' Papa), Max konferierte mit Elisabeth, Thomas und Piet im «GBS» (Geschenke, Bescherung, Spielen), während Claudia über Kirche, Singen, Umgangsformen (KSU) zu debattieren hatte. Es wurde ein Sitzungsmarathon.

Tante Elisabeth bestand darauf, dass Schimpfwortverbot herrsche und zumindest ein Lied gemeinsam gesungen werden müsse. Sabine wollte auf keinen Fall «Felix' Vater» (sie nannte ihn nie beim Vornamen) dabeihaben, Felix aber bestand genau darauf. Beim Essen taten sich Schluchten der Zerrissenheit auf (Gans, Pizza, Steak mit Pommes, Spaghetti, Karpfen, ein Essen für alle, jeder sein Lieblingsessen, Buffet, Fondue, Würstchen mit Kartoffelsalat). Weiterhin sollten wir uns gar nichts schenken, nur den Kindern, oder jeder seinem Partner plus den Kindern, während die Kinder darauf bestanden, dass jeder jedem etwas schenken müsse. Die Bescherung sollte vor, während oder nach dem Essen stattfinden, während alle bei den Großeltern übernachten sollten oder nur die Kinder dort oder niemand. Felix' Vater wiederum hatte gleichzeitig anwesend, teilweise anwesend oder komplett abwesend zu sein. Demokratie funktioniert einfach nicht.

Quer durch die Ausschüsse bildeten sich diverse Koalitionen. Bei der Bescherungsfrage gab es ein Elisabeth-Max-Julia-Claudia-Bündnis, das die Geschenke-für-alle-Gruppe Oma-Jan-Felix-Piet (OJFP) unter der Voraussetzung auf ihre Seite ziehen konnte, dass sie sich in den Punkten Alkohol und Spielen kompromissbereit zeigte. Gleichzeitig sondierte OJFP mit SOS (Stefan, Opa, Sabine) und Elisabeth über eine Aufweichung des Schimpfwortverbots («scheiße» sollte zugelassen werden), wofür man bereit sei, einer Bescherung vor dem Essen zuzustimmen, was die Bescherungs-Hardliner Max, Julia und Claudia bewog, ihr Kompromissangebot in der Kirchenfrage zurückzuziehen. Wir hatten uns festgefahren.

Jetzt trat im Hintergrund der AStA-gestählte Oberstudiendirektor i.R. Dr. Wolfgang Tietze alias Opa auf den Plan, traf sich heimlich mit den Kindern und erklärte ihnen, dass sie zwar nur vier von zwölf Stimmen hätten, aber als geschlossene Interessengruppe der wichtigste Machtfaktor seien. «Wenn ihr euch einig seid, geht gegen euch gar nichts», versicherte er. Als Kinder verfügten sie über die höchsten Sympathiewerte, was es auszunutzen gelte. Sie sollten sich als Opfer der Erwachsenenwelt stilisieren und so «auf emotionaler Ebene punkten». Als die vier ihn ratlos ansahen, formulierte er um: «Fangt an zu jammern und zu nörgeln!» Und das taten sie.

Und wie sie das taten! Sie jammerten («Weihnachten ist ein Fest für Kinder, und ihr macht alles kaputt»), sie nörgelten («Fette Gans ist voll letztes Jahrhundert»), sie erpressten («Sonst feiern wir eben allein mit Oma und Opa»), und schließlich beschämten sie uns («Wir haben beschlossen, dass die Geschenke für uns insgesamt nicht mehr als 150 Euro kosten sollen»).

Und so kam es, dass meine Mutter, die Alterspräsidentin, unter Punkt drei der Tagesordnung eine beeindruckende Liste von Themen präsentieren konnte, über die Konsens herrscht: Alle Erwachsenen erklären sich bereit, bei allen anderen Erwachsenen wegen etwaiger oder tatsächlich erfolgter Beleidigungen um Entschuldigung zu bitten (Mama nahm sehr zufrieden zur Kenntnis, dass wir das bereits getan hatten). Zum Essen gibt es Gans mit Pommes (selbstgemachten, darauf bestand Tante Elisabeth) und Rotkohl (nicht aus dem Glas, darauf bestand Julia); beschert wird vor dem Essen, allerdings verzichten die Kinder darauf, ihre Geschenke sofort auszuprobieren. Die Kinder bekommen Geschenke im Wert von maximal 150 Euro pro Nase, alle anderen schenken sich etwas für maximal fünf Euro – und das gesparte Geld wird für arme Kinder gespendet. Alkohol gibt es erst nach dem Essen (aber keinen Schnaps). Alle verpflichten sich, nett zu sein und keine Fäkalsprache zu verwenden. Alle übernachten bei Oma und Opa (weil es nicht genug Betten gibt, sind Luftmatratzen mitzubringen), und vor der Bescherung singen alle ein Lied (ein Unterausschuss hatte sich, nachdem es heftige Widerstände sowohl gegen Kirchen- als auch Arbeiterlieder gegeben hatte, auf *Let It Be* verständigt). Nach dem Essen schließlich wird in drei Vierergruppen gespielt: Canasta, Wii-Tennis und Monopoly.

So blieben nur noch zwei ungelöste Probleme, die es allerdings in sich hatten: der Kirchenbesuch – und Felix' Vater. Zwei Wochen später war das, und es war wirklich eines, Wunder vollbracht. Felix hatte seinen Vater, Thomas und ich unsere Schwester bearbeitet – und als Felix' Vater dann einen sehr langen Brief an Sabine geschrieben hatte, war sie tatsächlich – «aber nur wegen Felix und nur ein Mal!» – einverstanden, dass «der Mann, für den das Wort Arschloch erfunden wurde» mit uns Weihnachten feierte. Also der Mann, in den sie sich beim Lesen des handgeschriebenen Briefes wahrscheinlich mal wieder verliebt hatte, aber das sollten wir ihr besser nicht sagen. Ich möchte nicht unerwähnt lassen, dass ich eine mindestens ebenso große Kröte zu schlucken hatte. Ich sollte mit in den Weihnachtsgottesdienst gehen; meine vage Hoffnung, dass ich da Hausverbot haben könnte, wird sich wohl nicht erfüllen.

Viel mehr gibt mir etwas anderes zu denken. Nicht nur, dass ich meine Abende damit verbringe, Fotokalender zu basteln und Kindheitserinnerungen aufzuschreiben – was soll man machen, wenn das Budget fünf Euro beträgt? Nein, da ist auch noch so ein merkwürdiges Gefühl. Etwas, das ich das letzte Mal vor ungefähr dreißig Jahren empfunden habe: Es sind noch dreieinhalb Wochen bis Weihnachten – und ich freue mich drauf. Richtig doll sogar.

Emily Philippi
Eine Kurve dritter Ordnung

Nach dem Abi hatte ich das Bedürfnis, etwas Sinnvolles zu tun. Meine Eltern blätterten einiges hin, damit ich in Mombasa ein Jahr lang mit Kindern basteln konnte, die bis dahin auf der Straße gelebt hatten. Eigentlich hatte ich als Englischlehrerin nach Nairobi gehen wollen, aber weil ich beim Toefl-Test zu schlecht abschnitt, ließ die Organisation das nicht zu. Die Zeit in Kenia war aufregend, ich habe eine Menge zu erzählen, aber nicht jetzt. Nur so viel: Mein Blick auf die Welt hat sich geändert. Ich bin vielleicht kein besserer Mensch geworden. Aber erwachsen. Ich muss mir nicht mehr von Hanne und Henrike erzählen lassen, wie schlimm das echte Leben ist. Ich habe es selbst anfassen und angucken können. Und, ja, es ist schrecklich. Ich werde dieses Weihnachten keinen Zimtstern ohne schlechtes Gewissen essen können. Und andererseits werde ich ihn wertschätzen. Waka waka, this time for Africa. Ich schlafe unterm Moskitonetz, und manchmal finde ich eine Schabe unter der Dusche.

Kurz vor Weihnachten habe ich plötzlich Heimweh bekommen und kurzfristig einen Flieger nach Hause gebucht. Überraschung für Mama und Papa, habe ich gedacht und alles selbst bezahlt. Sie werden mir das Geld zurückgeben. Aber erst mal die Überraschung.

Und jetzt bin ich wieder hier. In Hamburg. Für immer in Afrika wäre zu viel.

Airport, Ohlsdorf, Barmbek.

Ich erinnere mich an einen anderen Dezembertag. Graues

Licht fiel durch die ungeputzten Scheiben des Klassenzimmers. Henrike summte Griegs Morgenstimmung. Henrike hatte immer die besten Zeugnisse des Jahrgangs. Ich mochte sie nicht. Sie gab keinem die Hand, wenn man sie nicht vorher mit Sterilium desinfiziert hatte. Wenn sie sich im Unterricht meldete, ratterte sie mit monotoner Stimme Listen herunter: «Johann Christoph Friedrich von Schiller, geboren am 10. November 1759 in Marbach am Neckar, gestorben am 9. Mai 1805 in Weimar, 1802 geadelt, Arzt, Dichter, Dramatiker, Lyriker, Philosoph und Historiker ...»

Henrike bekam alles: das Streichersolo im Weihnachtskonzert und die Amalia von Edelreich in der Theater-AG. Auf Klassenfotos stand sie süß lächelnd in der ersten Reihe, ich neben Bulimie-Benita in der letzten Reihe, das Ohr vom Bildrand abgeschnitten.

«Das hat einen einfachen Grund», erklärte Betty. «Henrike ist ein schlankes Engelchen und du ein untersetzter Streuselkuchen.»

«Danke», sagte ich. «Und was bist du?»

«I am the Evil. Und das ist heißer.»

Ja, Betty war ein Teufelchen, Henrike ein Engelchen. Die Engelchen waren in der Überzahl. Henrike hatte eine Zwillingsschwester, Hanne, mindestens genauso sympathisch. Als Hanne bei *Jugend forscht* mit ihren Versuchen zum erhöhten Testosteronspiegel 14–17-Jähriger durch regelmäßigen Alkoholkonsum einen Preis gewonnen hatte, hatte Betty ihr einen zipfelförmigen Kuchen gebacken. Bei dem Anblick war Hanne knallrot aus dem Klassenzimmer gerannt, ohne jemals zu erfahren, was Betty alles verbacken hatte. Das war Hanne. Ich war mit den Zwillingsschwestern im Mathe-LK. Und mit Betty, the Evil. Und mit Mathejesus, der immer zu spät kam. Die wenigen Leute an meiner Schule, die was auf sich hielten, waren im Mathe-LK. Auf mich traf das streng genommen nicht zu. Ich war nicht gut in Mathe und hatte mich damit abgefunden, in den hinteren Reihen zu verkümmern, im Schatten von Leuten wie Betty. Ich ging trotzdem hin, weil ich auf Reinhold Wisch stand, den hinreißenden Lehrer. Das sagte ich keinem, und wie immer wussten es alle.

Mathejesus war zu Beginn der zwölften Klasse zu uns auf die Schule gekommen. Eigentlich hieß er Theo. «Theo wie Theorie», hatte er sich vorgestellt. Das half aber nichts, bei seinen Sandalen, seinen langen Haaren und seinem nicht ganz so langen, aber für siebzehn doch ziemlich beachtlichen Bart. Er hatte ein Tattoo mit dem Spruch *You only die once.* Seine Stimme war weich, man könnte sagen weichlich.

Er trug immer kurze löchrige Shorts. Als es kälter wurde, trug er immer noch diese löchrigen Shorts, aber darunter lilafarbene Leggins. «Haste keine normale Hose, Penner?», fragte Betty. Betty war unverblümt, dafür beneidete ich sie.

«Ich finde die Hose schön», antwortete Mathejesus.

«Und was ist dann in deinem fetten Rucksack drin?» Er kam immer mit einem uralten Riesenwanderrucksack, der so aussah, als sei er schon in Woodstock dabei gewesen.

«Das spielt keine Rolle», antwortete Mathejesus.

«Lass mal sehen», meinte Betty und schnappte sich den Rucksack. Ich fand das auch interessant. Mathejesus wollte sich wehren, aber Betty hatte das Ding schon aufgeschnürt und ausgeschüttet. Heraus flogen Collegeblöcke, zerfleddert wie tote Möwen, eine Packung Alnatura-Haferflocken, ein Band *Der Waldbruder*, ein Mathebuch, an dem etwas Ekliges klebte, und ein Taschenmesser. Außerdem ein kleiner Nebel aus Sand, Krümeln und Haaren, der Henrike und Hanne zum Kreischen brachte.

«Du weißt, dass Taschenmesser in der Schule verboten

sind?!», sagte Betty zufrieden. Sie waren tatsächlich verboten, seit beim Abikrieg ein besoffener Abiturient einen ebenso besoffenen Abiturienten der verfeindeten Nachbarschule angegriffen hatte. Die Messerattacke, wenn es auch nur ein Buttermesser gewesen war, hatte zu einer Herzrhythmusstörung bei einer sensiblen Deutschlehrerin geführt.

Hasselbrook, Berliner Tor, Hauptbahnhof. Ein riesiger Weihnachtsbaum steht in der Wandelhalle. Kegelförmig. Im Mathe-Abi hatten wir für Tannenwälder die Volumina berechnen müssen. Ich habe ziemlich schnell vergessen, wie das geht. Leute mit geröteten Wangen und wolligen Mützen machen letzte Besorgungen bei *Accessorize* oder *Depot*. Familien zersägen im *Schweinske* tellergroße Schnitzel. Schnitzel, vertrauenswürdige Schnitzel! So was gibt es in Afrika nicht. Ich kaufe bei *Arko* ein Waffelherz. Ist das die herzkranke Deutschlehrerin, die bei *Hugendubel* mit ihrem Gatten nach dem Lyrikregal sucht? Denen gehe ich aus dem Weg.

In der Pause saß Mathejesus am Tor und aß seine Haferflocken. Seine Mama machte ihm keine Pausenbrote. Eigentlich bekamen wir alle noch Pausenbrote von den Mamas geschmiert. Und die, die das nicht bekamen, hatten genug Taschengeld, um sich was in der Cafeteria zu holen. Meine Mama packte mir auch nichts ein, weil sie schon früh zur Bank musste. Dafür bekam ich das Körnerbrot mit Camembert plus drei Schokoriegel von der magersüchtigen Klara. Klara kriegte Ärger, wenn sie mit voller Brotbox zurückkehrte.

Als ich Mathejesus mit seinen Haferflocken sah, bekam ich Mitleid. «Willste'n Brot?», fragte ich. «Ja, wenn du es nicht willst?!», sagte er und nahm es. Während er das Brot von Klara aß, beobachteten wir uns. «Du hast echt kein Geld, oder?», vermutete ich. Auf dieser Schule hatte fast jeder Geld.

Nicht alle lebten in einer Villa. Aber Mathejesus war eine unübersehbare Ausnahme. «Wo wohnst du?», fragte ich. «Osdorfer Born?»

Betty hörte uns. «Am Wedeler Bahnhof wohnt er, stimmt's?» Mathejesus antwortete nicht. «Übrigens», fing Betty noch mal an, «du siehst weiß aus. Iss mal Karotten. Das ist gut für die Gesichtsfarbe. Und Sport hilft auch.»

Sie zog mich mit sich. «Was treibst du denn mit dem Penner?», zischte sie. «Er tut mir leid», antwortete ich. «Da habe ich ihm das Brot von Klara gegeben.»

«Das hättest du vorher noch an Bulimie-Benita geben können», witzelte Betty. «Dann wäre die Wertschöpfungskette perfektioniert.»

«Und am Ende düngen wir damit im Schulgarten die Rosen, die Johann dir schenkt, sobald er es über sich bringt, dir seine Liebe zu gestehen», sagte ich.

«Oh, Mädchen, wir vögeln schon seit drei Wochen!» Betty schüttelte den Kopf. «Du kriegst echt gar nichts mit.»

Danach redete ich lange nicht mehr mit Mathejesus. Herr Wisch heiratete die Lateinreferendarin, was meinen liebsten Traum zerstörte. Das war erst mal wichtiger, und ich verbrachte viele Stunden mit Trauer. Mathehausaufgaben machte ich nun nicht mehr.

Betty wurde zweimal fast schwanger. Bevor wir die Tests machten, kaute sie auf Empfehlung ihrer *Homöopathie App* Mistelblätter. Aus Solidarität kaute ich mit. Alles ging gut. Betty war also mit Johann von der Jungen Union zusammen, der damit protzte, mit welchen Stadtverordneten er privat verkehrte. Ich kapierte nicht, was sie an dem Kerl mochte und warum er sie ständig beinahe schwängerte.

Als ich mit meinem Koffer voller bunter Tücher und Ethnoketten vor dem Haus meiner Kindheit stehe, klopft mir das Herz bis zum Hals. Bestimmt hat Mama das Abendessen schon vorbereitet. Aber es macht keiner auf. Ich klingele mehrmals. In der Küche brennt kein Licht. Oben im Schlafzimmer schimmert es matt. Ich klingele Sturm.

Und irgendwann macht sie auf, meine Mutter. Sie trägt einen lila Morgenmantel aus Seide. Im dunklen Hintergrund lugt ein Mann um die Ecke, den ich nicht kenne. Er trägt ein Unterhemd und Boxershorts.

«Herrgott, was machst du denn hier!», ruft meine Mutter. «Ich denke, du bist in Kanada! Kannst du nicht vorher Bescheid sagen?» Sie scheint sich kein bisschen zu freuen.

«Ich war bis gestern in Afrika», sage ich. «Soll ich wieder gehen?» Ich bin wütend oder traurig, ich weiß es nicht, und drehe mich schon um und stapfe davon.

Sie rennt barfuß hinterher und zieht mich ins Haus. «Sei nicht dumm, komm rein!» Sie tätschelt mich und wischt mir mit einem Tempo die Tränen von den Augen. «Wir müssen jetzt ein bisschen tapfer sein. Aber das können wir, nicht wahr? Ich erkläre dir alles.»

Und dann stellt sie dieses Unterwäschemodel vor, Carsten. Er ist ihr Filialleiter. Carsten druckst herum und sagt, er habe schon viel von mir gehört. Kann ich umgekehrt nicht behaupten. Er nimmt eine Flasche Barolo und verdrückt sich. Mama und ich bleiben allein in der Küche.

«Ich wollte es dir sagen, wenn du wieder hier bist, nicht so aus der Ferne, verstehst du?» Mama erstattet Bericht. Sie tut das schnell und unsentimental. Es ist schon alles durch. Die Scheidung ist geregelt. Mama ist befördert worden und verdient jetzt so gut, dass sie das Haus halten kann. Papa ist nach Düsseldorf gezogen und hat das große Auto mitgenommen; das kleine wollte er auch mitnehmen, aber das hat Mama nicht zugelassen. Papa hat zuerst betrogen, sagt Mama.

Ich heule und bin wütend. Ich würde am liebsten sofort zurück nach Mombasa, aber der Rückflug geht erst in zwei Wochen.

«Das werden ja schöne Weihnachten», sage ich. Da sagt Mama, sie verreise morgen in die Karibik, mit ihrem neuen Schatz. Flitterwochen.

Ich gehe in mein Zimmer, schließe die Tür ab und werfe mich aufs Bett. Das Edward-Cullen-Poster, das ich aus Selbsttreue und weil junge Liebe lange hält, nie abhängen wollte, ist ausgeblichen. Die stolze Sammlung an leergetrunkenen Erdbeer-Wodka-Flaschen wirkt mittlerweile peinlich. Und der Schminktisch, den ich mir mit dreizehn so sehr zum Geburtstag gewünscht hatte, ist vollgestapelt mit alten Heften. Um die Arme des Plastikkronleuchters windet sich noch immer mein erster BH. Betty hat ihn da mal festgebunden und fand das sehr lustig. Das Bett ist nicht bezogen. Früher hat Mama das gemacht. Wegen solcher Fürsorge hatte ich mich geborgen gefühlt.

Ich komme auf die Idee, die Wodkaflaschen auf die Terrasse zu werfen. Das grausame Geräusch zerspringenden Glases verschafft Genugtuung. Dann lege ich mich mit *Passenger* ins Bett und mache die Musik so laut, dass ich die da oben nicht bumsen höre.

Damals hatte ich nach ein paar Wochen die Trauer über Wischs Hochzeit halbwegs verschmerzt. In PoWi musste ich ein Referat über Obdachlosigkeit halten. Da fiel mir Bettys Behauptung über Mathejesus wieder ein. Mein Referat hatte ich bei Wikipedia abgeschrieben. Trotzdem fühlte es sich diesmal anders an als ein gewöhnliches Referat. Es gab eine halbe Million Obdachlose in Deutschland. War Mathejesus einer von ihnen?

Auf meine Karteikarten schrieb ich: «Häufige Ursachen sind materielle Not, Obdachlosigkeit der gesamten Familie, Gewalt und Missbrauch im Elternhaus, zu enge Wohnverhältnisse, Konflikte mit Familienmitgliedern, Flucht aus Heimen.»

Passten diese Kriterien? Mathejesus sah ein bisschen traurig aus. Er redete mit fast niemandem. Er saß immer nur mit seinem Mathebuch herum. War das ein Fluchtverhalten? Wie nannte man das: Soziophobie? Vielleicht traute er sich nicht, mit uns zu sprechen, weil er Angst vor uns hatte.

In der Schule wurde dann oft über die Flüchtlingskrise geredet. Das Bild von einem Kind aus Syrien wurde herumgereicht, und Hanne, deren Mutter an Human Rights Watch spendete, sagte, ihr tue dieses Kind leid. «Und was willst du jetzt machen?», fragte Betty. «Na, man muss doch was machen!», sagte Hanne. «Sei froh, dass du deinen Arsch im Trockenen hast», sagte Betty. «Du hast kein Herz!», rief Hanne und begann zu weinen. «Aber einen tollen Arsch», ergänzte Johann. Der Bezirksvorsitzende der Jungen Union hatte schon länger zugehört und rechnete uns jetzt vor, warum jeder, der in Deutschland aufgenommen werde, heilfroh sein könne. Ich fand das alles schwierig. Meine Eltern sagten immer: Die Flüchtlinge sollten sich anpassen, aber wir dürften auch nicht herzlos sein. Meine Großtante war Sudetendeutsche gewesen. Damit war ich auch ein bisschen Flüchtling.

Hanne fing an, mit ihrer Schwester zum Flüchtlingskochen in der Gemeinde zu gehen. Seitdem machten die beiden uns ein schlechtes Gewissen. Manchmal erzählte uns Hanne, was für Geschichten die Flüchtlinge, die sie beim

Kochen traf, erlebt hatten, und mir fielen bald keine guten Argumente mehr ein gegen Hannes aufopfernde Bereitschaft, jede Woche syrischen Frauen zu erklären, wie man *Petersilie* ausspricht. Gegen die Schicksale dieser Leute konnte man nicht argumentieren. Das Unglück hier an der Schule – Klaras Magersucht oder Mathejesus' Armut – taugte nicht zum Vergleich. Mathejesus sollte gefälligst aufhören, immer so wehleidig auszusehen.

Am nächsten Morgen kann ich beobachten, wie Mama die Scherben auf der Terrasse zusammenfegt. Beim Putzen sieht sie aus wie früher. Ihr Hintern gibt eine hübsche Figur, wenn sie sich bückt, um Sachen aufs Kehrblech zu fegen. Später klopft sie mehrmals. Sie sagt, sie habe Frühstück vor die Tür gestellt. Ich antworte nicht einmal.

Erst als ich Mama und Carsten mit dicken Samsonite-Koffern den Gartenweg entlangzockeln und in ein Taxi steigen sehe, verlasse ich das Zimmer. Es ist der 23. Dezember.

Ich habe keine Ahnung, was ich machen soll. Auf Facebook lade ich meine Stufe zur Weihnachtsparty ein. Keiner reagiert. Für Betty hätte jeder alles stehen- und liegengelassen. Und Betty und Johann sind jetzt auf Hawaii und arbeiten als Surflehrer. Ich kann nicht mal surfen. Ich stelle mir vor, wie Betty mit ihrem fast perfekten Körper und ihrem fast perfekt sitzenden Bikini auf dem Handtuch liegt, ihre Sonnenbrille aufsetzt und zufrieden in den Himmel guckt, weil sie weiß, dass sie die Königin des Strandes ist und ein Dutzend Typen sich nacheinander aufs Dixiklo verdrücken müssen, nur weil sie Betty gesehen haben.

Ich hole meine alte Klassenliste raus und rufe bei Hanne und Henrike an. Die Großmutter der beiden hebt ab; die Zwillinge seien im Hirschpark beim Rodeln. Ich versuche es bei der magersüchtigen Klara. Die wünscht mir eine gute Party, ist aber in der Klinik.

Einen Moment lang erwäge ich, Reinhold Wisch anzurufen, dessen Nummer auch auf der Klassenliste steht. Aber das wäre Wahnsinn. Stattdessen gucke ich Weihnachtsfilme. *Eisprinzessin*, *Starlight Express*, *Tatsächlich Liebe*. Das macht alles noch trauriger. In Afrika habe ich nie Sex gehabt, vorsichtshalber. Betty hat bestimmt jeden Tag Sex.

Damals dachte ich, ich würde auch gerne mal zum Flüchtlingskochen gehen. Jedes Mal, wenn ich bei *Budni* Wattepads kaufte, regte sich in mir das Gewissen. Jeden Tag eine gute Tat, hieß es ja. War da nicht was dran? Betty widersprach. Das sei Pfadfinderkram; müffelnde Strohhutträger und Christen sagten so was. Mit denen wollten wir nichts zu tun haben. Genauso wenig wie mit den SV-Leuten und ihrem Lachsbuffet für den Brunnenbau in Tansania. Aber ich konnte Bettys Härte nicht so leicht verkraften, wie ich behauptete. Ich hatte geweint, als bei *Game of Thrones* der nette König geköpft wurde. Ich war stolz gewesen auf meine Empathie.

Aber dann hatte ich doch zu viel für die Schule zu tun, um Zeit für gute Taten zu haben. In der Mathearbeit schrieben Henrike, Hanne und Mathejesus Einsen, Betty eine Zwei und alle anderen schlechter als Vier. Ich eine Fünf. Meine Eltern engagierten einen Studenten, der mir Infinitesimalrechnung beibringen sollte. Er befreite mich von meiner Jungfräulichkeit («Na endlich!», seufzte Betty) und brachte mir andere wichtige Sachen bei, während ich die Augen schloss und an Reinhold Wisch dachte. Die Mathenoten wurden nicht besser. Ich beobachtete Mathejesus, wie er fehlerfrei an der Tafel vorrechnete. Meistens schlug er mehrere Lösungswege vor und begründete, welcher am schönsten war. Wieso konnte einer wie Mathejesus das einfach so? Womit hatte der das verdient?

Wie jedes Jahr gab es kurz vor Weihnachten ein Konzert in einer der großen Hamburger Kirchen. In dem Jahr spielten wir Brahms. Nach dem Konzert kam Mathejesus zu mir und sagte, ich hätte gut gegeigt. Ich fühlte mich geschmeichelt. Eigentlich war er ein umgänglicher Charakter. «Sag mal, wie fandest du Henrike?», fragte ich ihn. Doch bevor er antworten konnte, platzte Betty in unser Gespräch. «Ich muss dich wohl ein bisschen aufbauen nach dieser Blamage, nach diesem verpatzten Einsatz bei der Reprise», sagte sie. «Hier, ich hab dir Sekt mitgebracht. Was machste denn bei dem Stinker?» Sie drückte mir ein Glas in die Hand. Ich hatte die Idee, ihr das Glas über dem Kopf auszukippen, aber ich war zu feige. Die Stimmung war eisig, Betty störte das nicht. Fröhlich erzählte sie, dass sie mit Johann für zwei Wochen auf die Kapverden reisen wolle. Weihnachten am Strand. «Und wo feiert unser Mathejesus eigentlich Weihnachten?», fragte sie. «Im Kuhstall?» – «Natürlich am Wedeler Bahnhof», sagte Mathejesus und lächelte.

Das ist jetzt ein Jahr her.

In der Nacht zum 24. Dezember träume ich von *Barbara Salesch*. Irgendetwas habe ich verbrochen, aber ich weiß nicht was. Zum Schluss werde ich abgeführt wie der Typ aus dem Deutsch-Abi. Am nächsten Morgen wache ich auf und weiß, was zu tun ist. Ich denke an Mathejesus und all die anderen Leute, die Weihnachten am Wedeler Bahnhof verbringen müssen. Ich werde Mathejesus einladen. Er könnte im Billardkeller schlafen, ach, er könnte auch das Gästezimmer haben, das wir mal für Mamas Schwester eingerichtet haben, falls die kommt, was sie nie tut. Bestimmt ist Mathejesus in Not. Er soll nicht erfrieren. Ich denke an mein Referat. Vielleicht hat er sich zugedröhnt. Vielleicht spürt er den Schmerz schon nicht mehr.

Jetzt kann ich endlich mal was tun. Etwas tausendmal Besseres als Hanne und Henrike, die ihre Flüchtlinge im Stich gelassen haben, als es in die Abivorbereitungsintensivphase ging.

Als Kind wollte ich immer sein wie der barmherzige Samariter. Oder wie Mutter Teresa. Ich helfe nicht nur Straßenkindern in Afrika, auch für meinen alten Mitschüler bin ich da, wenn er an Weihnachten allein am Bahnhof Wedel kauert und um die letzten Cent der Passanten bettelt.

Bei *Rewe* stelle ich mich in die Schlange mit einem Bund Karotten und ein paar Dosen *Beste Wahl Grüne Bohnen Eintopf*. Der ist billig und nahrhaft. Jetzt komme ich nicht mit leeren Händen zu Mathejesus.

Was ist *Wedel*? Wedel ist das Ende der S1. Wedel ist ein trauriger Ort. Die Leute in Wedel gehören nicht so richtig dazu. Da kann man auch gleich in Elmshorn leben. *Wedel – Stadt mit frischem Wind*, steht auf einem kleinen Schild.

Der Bahnhof ist leer. *Shooters* hat zu, *Europlay* hat zu. Alles zu. Der Blumenladen hat eh dichtgemacht. Die Apotheke ist vor einem halben Jahr ausgebrannt, ein Skandal, an den das *Elbe Wochenblatt* alle paar Monate erinnert. Bis heute steht sie ausgebrannt da, die Apotheke. Auch der Dönerladen hat geschlossen. Sind das nicht muslimische Türken? Unheimlich. Und kein Penner zu sehen. Auch kein Mathejesus.

Ein bisschen verzweifelt lasse ich mich auf einer grauen Recyclingbank nieder. Es ist schon dunkel. Mit meinen Eltern bin ich immer in die Kirche gegangen. Da entdecke ich eine räudige Bahnhofskneipe am anderen Ende des Platzes. Hinter den Fenstern brennt Licht, und ein bisschen Musik dudelt heraus. An der Eingangstür muss ich lachen. *Das arme Schwein*, heißt die Kneipe. Wenigstens mal reingucken und aufs Klo gehen könnte ich ja.

Drinnen ist es schummrig. Die Luft riecht nach billigem Tabak. Das sind also arme Schweine, die an den Tischen sitzen und Kniffel spielen. Andere trinken Bier und reden mit Stimmen, die viel zu laut sind. Da ist ein Typ im Pippi-Langstrumpf-Kostüm. Und einer mit Seemannsmütze, der pfeift mit der Nase. Ich beobachte eine Frau mit einer Frisur, die nach explodiertem Föhn aussieht. Die meisten schauen einfach verhärmt aus. Eine Oma mit St.-Pauli-Pullover und einer großen Narbe im Gesicht. Ein greiser Junkie, ganz in Jeans gekleidet. Keiner hier hat gewaschene Hände.

In der Ecke steht ein Weihnachtsbaum, überfrachtet mit Lametta. Es wundert mich kaum noch, als ich Mathejesus krumm an der Bar hocken sehe. Er beugt sich über ein Mathebuch. Er sieht nicht ganz so dünn aus, wie ich befürchtet habe.

«Mathejesus!», rufe ich.

«Könntest du mal aufhören, mich Mathejesus zu nennen?» Er hat mich gleich erkannt. «Ich nenne dich auch nicht Diskalkuliemarie.» Er wendet sich wieder dem Buch zu.

Ich stelle die Dosen auf den Tisch. «Ich hab dir was zu essen mitgebracht. Leckeren Eintopf. Du musst hier nicht bleiben in diesem Loch. Wir können zu mir nach Hause.»

Er hebt den Kopf.

«Ich helfe dir, einen Job zu finden», verspreche ich. «Du wirst ja nicht gerade vorbestraft sein. Aber selbst dann – wir finden einen Weg!»

«Wie bitte?» Er versteht nicht. Es ist zu viel Gutes auf einmal.

«Na, ich hol dich hier raus!», beteuere ich.

«Hier raus?», wundert er sich. «Ich wohne hier!»

Ich lehne mich an die Bar.

«Diese Stühle und diese Tische hier habe ich zu zwei Dritteln selbst gezimmert», erklärt er mit einer raumgreifenden Geste. «Weil der Apothekenbrand auch uns erwischt hat. Im Sommer habe ich den halben Schnapsvorrat gebrannt, den du hier siehst. Jeden ungeraden Wochentag stehe ich hier und schenke aus. Das ist die Kneipe meines Vaters.»

Ich kann nicht behaupten, dass ich zu folgen vermag. «Dann kann ich ja gehen», bringe ich hervor. «Ich dachte, du brauchst vielleicht Hilfe.» Er wirkte doch immer so! «Wenn du uns nur angeschmiert hast, das ist gemein!» Er guckt fragend. «Ja!», sage ich. «Mit so was spaßt man nicht!» Ich muss heulen.

«Wenn du so einen Terz machst, Diskalkuliemarie, dann solltest du besser gehen. Du vertreibst die Kundschaft.»

Wir werden unterbrochen, weil ein Kunde nach Eierlikör kräht. «Theo, sei so lieb! Noch ein letztes Glas!», bettelt der Mann mit der Augenklappe. Er hat eine hohe Stimme, wie eine Frau. Mathejesus seufzt und bringt dem Alten ein Senfglas randvoll mit Eierlikör. Vorher hat er Wasser hineingerührt. «Peter hat längst genug», murmelt er. «Ich senke die Dosis bei jedem Glas um zehn Prozent. Nachher kriegt er Vanillepudding mit Rum-Aroma.»

Während Mathejesus bedient, gucke ich mir sein Buch an. Kreise und Kurven sind da zu sehen. «Was ist die *Versiera der Agnesi?*», frage ich, als er wiederkommt.

«Eine Kurve dritter Ordnung», sagt er. «Haben wir doch in der Schule gehabt! Eine ebene Kurve auf Kreisgrundlage!»

«Ebene Kurve, genau», sage ich mit leergefegtem Gehirn. «Und warum stehen da Bade-Enten auf dem Tresen?» Denn da stehen wirklich Quietsche-Enten in vielen verschiedenen Farben.

«Wenn einer von den Stammgästen stirbt, dann stellt mein Vater eine Ente hin für ihn. Das ist Tradition. Mein Vater hat sich dieser Kneipe verschrieben. Das ist sein Lebenswerk. Ich arbeite hier nur zur Aushilfe, solange sein Oberschenkelhalsbruch ihn lahmlegt.»

«Kann ich was trinken? Rotwein?»

Wir stoßen mit Barolo von *Lidl* an. Ich trinke ziemlich schnell ziemlich viel. Ich weiß nicht, was ich sonst machen soll. Dann kriege ich Schluckauf.

«Mein Vater will, dass ich den Laden übernehme», erzählt Mathejesus. «Weil der Laden bestehen bleiben soll, für arme Schweine. Wo sonst sollen Leute wie du hingehen an Weihnachten? Aber ich bin nicht zum Witwentröster geboren. Ich werde Mathematiker.»

Als mir nichts dazu einfällt, wendet Mathejesus sich wieder seinem Buch zu. Ich trinke alleine weiter. Die Flasche ist bald leer. Ich wünsche mir nichts mehr, als dass irgendwann eine Ente für mich auf dem Tresen steht.

Der Mann mit dem Pippi-Langstrumpf-Kostüm fängt an, ein Weihnachtslied zu singen. Ich singe mit. Mathejesus hält sich die Ohren zu. «Mariechen, du lässt dich gehen», sagt er.

Ich bekomme Hunger und löffele den Eintopf kalt aus der Dose. Lecker. Peter isst mit. Dann fühle ich mich so nüchtern, dass ich ihn bei seiner nächsten Runde Eierlikör begleite. Er erzählt von seiner toten Frau, und ich sage *ja* und *achso*. Pippi Langstrumpf lädt mich an den Kniffeltisch ein, und wir trinken Bockbier. Mir ist schwindelig, aber ich versuche, es nicht zu zeigen. Ich habe keine Ahnung, ob ich verliere oder gewinne. Später steigen wir auf Erdbeerwodka um, und ich zettele einen Streit mit der St.-Pauli-Frau an, der damit endet, dass ich Eintopf mit Bockbier auf ihren Schoß kotze.

«Da hast du dich verrechnet, Mariechen», sagt Mathejesus und bugsiert mich eine Treppe hoch und verfrachtet mich in ein frisch gemachtes Bett. Ich bin gerade noch wach genug, um ein letztes Mal aus dem Fenster zu gucken. In der Ferne funkeln die Blinklichter des Kohlekraftwerks wie bunte Sterne.

Monty Arnold
Stille Nacht auf der Autobahn

Ich musste mich verfahren haben. Die ganze Umgebung kam mir fremd vor, irgendwie kahl und apokalyptisch, und seit gut vier Stunden hatte ich kein Verkehrsschild mehr gesehen. Dass mir kein Navigationssystem in die Karre kommt, finde ich sportlich, aber keinen Autoatlas mitzunehmen, war dann vielleicht doch ein wenig lebensuntüchtig, das muss ich zugeben.

Als es dunkel wurde, bemerkte ich, dass ich mich schon eine ganze Weile in einer Art brabbelndem Selbstgespräch beschimpfte. Ich legte noch eine letzte kritische Anmerkung nach – sie lautete: «Jetzt aber still, du elender Brabbelheini!» –, dann schwieg ich eisern und suchte im flüchtigen Dämmerlicht nach einem Zeichen der Zivilisation. Kurz vor dem völligen Hereinbrechen der Nacht entdeckte ich ein Schild, das wie die Ankündigung einer Raststätte wirkte. Es war nur ein kleines Piktogramm, wie ich es noch nie gesehen hatte, aber wer wollte in einer solchen Lage pingelig sein?

Ich setzte brav den Blinker, wie ich es in der Fahrschule gelernt habe – obwohl mir seit langer Zeit niemand mehr untergekommen war, der es hätte sehen können –, und bog ab, sobald sich die Abzweigung auftat.

Und tatsächlich: Die Lichter eines Gebäudes wurden sichtbar, ein vorgelagerter Parkplatz beschwor eine vertraute Atmosphäre herauf. Halleluja! Dies war also doch noch nicht das Ende der Welt. Schade, dass ich nicht pinkeln musste oder Durst hatte. (Ich weiß ja, was sich auf einer Raststätte gehört!) Zu einer solchen Sehnsucht nach menschlicher Gesellschaft hatte ich mich nicht für fähig gehalten, doch die hinter mir liegende Autofahrt hatte mich weichgeklopft. Vielleicht war mir auch das Weihnachtsfest ins Gemüt gefahren, vor dem ich gerade davonfuhr.

Ich konnte von Glück sagen, dass ich noch eine freie Lücke auf dem verblüffend gut besetzten Parkplatz fand, und betrat das einsame Gebäude. Als ich die Tür öffnete, duftete mir so etwas wie Bahnhofsgaststättenmief entgegen, die nikotingelben Vorhänge heimelten mich an, sogar eine uralte Jukebox war in Betrieb: Julio Iglesias verströmte verblichenes sonniges Lebensgefühl. Nicht nur die schmuddeligen Gardinen, die ganze Einrichtung wirkte wie eine *Tatort*-Deko aus den Siebzigern – ehe die Zeit der Bistrokultur über die Innenstädte gekommen war.

Die Tische waren gut und gleichmäßig besetzt: ein Querschnitt durch die versinkende bürgerliche Gesellschaft, alle so zwischen 35 und 75. Niemand sagte ein Wort. Ich spürte den guten Willen des Forschers aufsteigen, der ein primitives Eiland betritt und beschließt, vorsichtshalber das zu tun, was alle immer so machen. Ich würde als Erstes – müssen oder nicht – die Toilette aufsuchen und schon auf dem Weg dorthin ein Bier und einen Korn bestellen. Also geschah's. Als ich zurückkam, warteten die Getränke bereits. Es versprach ein heiterer Abend zu werden.

Jetzt fiel mir auf, dass es keinerlei Weihnachtsdekoration gab. Die hornhautfarbene Wand harmonierte ungestört mit den dunkelgrünen Polstern der Sitzgelegenheiten. Ein solcher Betrieb war ja auch eher eine zweckmäßige Einrichtung. Aber warum redete niemand? Kannten diese Menschen einander nicht? Egal. Aber seltsam. Ob ich mich irgendwo dazusetzen sollte und mit einer fremden Person einfach so?

Die Zeit hatte gerade für solche Überlegungen gereicht, da erhob sich ein Mann an einem der rückwärtigen Tische, gleich beim Zigarettenautomaten. Alle Blicke richteten sich auf ihn. Er begrüßte die Anwesenden knapp «zur heutigen Zusammenkunft».

Du liebe Güte, dachte ich – dem Vereinsmeierei fast noch mehr zuwider war als Bier und Korn –, aber ich hatte mir ein Versprechen gegeben: keine Quertreibereien heute! Ich würde still und unauffällig auf einem Platz am Tresen verharren und die Veranstaltung höflich mit aussitzen. Eigenartig, ausgerechnet am Heiligen Abend eine solche Versammlung abzuhalten, und das auch noch an einem so entlegenen Ort. Aber auch das sollte heute nicht mein Problem sein. Der Leiter des Happenings hatte inzwischen angefangen, den Ernst der Lage zu beschwören. «Es sind bedrohliche Zeiten angebrochen», sagte er gerade, «die Welt ist aus den Fugen, man muss auf der Hut sein» ... so ging das ein paar Minuten. Ich nickte unwillkürlich. Wo der Mann recht hatte, hatte er recht!

«Doch nun habe ich eine schreckliche Meldung zu machen», fuhr er fort. «Dieser Ort ist nicht mehr sicher! Diese letzte Zuflucht, diese Stätte der Stille und Betrachtung ist enttarnt!»

Für wenige Sekunden brach eine leichte Unruhe aus – «Ich wusste es, ich habe es immer gewusst», quakte eine Frau mit Seidenschal –, doch das Volk fing sich gleich wieder.

«Die Gegenseite ist schon auf dem Weg hierher!», sagte der Redner weiter. «Es ist nur noch eine Frage kurzer Zeit, bis sie persönlich im Türrahmen steht, um diesem Idyll ein Ende zu machen, und dann geht es ... dann heißt es ... dann müssen wir alle wie ein Mann ...» Der missratene Satz blieb unvollendet. «Lasst es uns mit Fassung tragen und dem Untergang ohne zu klagen ins Auge blicken. Schließlich haben wir es eine sehr, sehr lange Zeit vermocht, der Tyrannei der bürgerlichen Welt zu trotzen, ihr eine lange Nase gezeigt, die Kehrseite, den Stinkefinger!»

Ich spürte einen Kloß der Rührung im Halse. Was dieser Mensch andeutete, wenn auch in der Vergangenheitsform, klang wie für mich gemacht. Und das schon seit «sehr, sehr langer Zeit». Warum hatte mir niemand Bescheid gesagt? Verdammte Kiste!

«Niemand weiß, wie viel Zeit noch bleibt! Ihr kennt mich, Freunde – ich bin kein sentimentaler Trottel! Und doch kann ich mir an jenem Scheideweg ein paar kurze Bilder der Rückschau nicht verkneifen. Nie werde ich vergessen, wie mich der alte Sonnenhaken – er ruhe in Frieden, und wir alle sollten uns bekreuzigen, wenn wir seinen Namen nennen – einst überraschend beiseitegenommen hatte. Ich war noch ein junger Hüpfer – na ja, inzwischen bin ich ja auch schon hoch in den Fuffzigern –, als er mich mitten im vorweihnachtlichen Gedränge entdeckte. Dieser wildfremde Mensch hat mich urplötzlich fixiert, kam diagonal auf mich zu und hat mich mit seiner biblischen Aura sofort in Bann geschlagen. Sodann hat er mich am Arm gegriffen und mir auf den Kopf zugesagt, dass ich mich für dieses Weihnachtsgetue im Kreise der Familie zu alt fühlte, dass ich den Rummel zwar noch ertragen könne und die Ankurbelung der Wirtschaft ja auch etwas Gutes habe, dass ich aber starr würde bei dem Gedanken, als erwachsener Mensch in wenigen Tagen auf eigene Kosten 841 Kilometer zurücklegen zu müssen, nur um in mein Elternhaus zurückzukehren. In dieses Haus, in dem mein gruseliger, maulfauler Vater festsaß, der in all den Jahren kein Gespräch mit mir geführt hatte, dieser mit den Jahren immer krötenartiger werdende

Menschenfeind, der seinen Familienvorsitz durch nichts Gescheiteres zu manifestieren wusste, als beim Mittagessen mit seiner Gabel in sämtlichen Schüsseln und Töpfen herumzustochern. In dieses Elternhaus, in dem meine schöngeistige, gescheite, musische und phantasievolle, aber ohne jedes Rückgrat agierende Mutter saß, wie eine Primel leise und duldsam verdorrend, ein Mahnmal der Selbstbescheidung und der Erziehung ihres Nachwuchses zur Rückgratlosigkeit. In dieses Haus, in dem ich an der Seite dreier Geschwister herangewachsen war – und seither weiß ich, warum der Begriff ‹großgezogen werden› diesen schmerzhaften Unterton trägt –, diese Geschwister, die mir mein andauerndes Single-Dasein gallig neideten ... und meine eigenen vier Wände in der Stadt und meine freiberufliche Existenz, das Fehlen größerer Verantwortung – schließlich besaß ich nicht mal einen Hund. Diese Quadratspießer würden vollständig zur Stelle sein – sogar früher als ich, um mir ein Gefühl der Selbstkritik zu ermöglichen. Mein großer Bruder zum Beispiel, der im Kindesalter ein witziger und großzügiger Gemütsmensch gewesen war, ein fabelhafter Imitator des frühen Jerry Lewis, ausgestattet mit einem messerscharfen Blick für die Risse in bürgerlichen Fassaden, der dann jedoch die törichteste Frau des ganzen Dorfes geheiratet hat – ein rechthaberisches Stiefmütterchen, das sich später auch noch als Rabenmutter erwiesen hat –, um unter ihrer Fuchtel allmählich zu jenem Trauerkloß herunterzuschrumpeln, der da in wenigen Tagen, fahl und früh gealtert, vor mir sitzen würde. Meine jüngere Schwester Nummer eins würde da sein, die ich nicht nur für einen schlechten, sondern für einen richtiggehend bösartigen Menschen halte, beim Betreten jedes Raumes mit der Präzision des Terminator die anwesenden Personen nach ihren Schwachstellen scannend, zielsicher und sprungbereit den am wenigsten Wehrhaften erkennend und imstande, in wenigen Sekunden einen Streit vom Zaun zu brechen, der den Rest des Tages verfinsterte. Meine jüngere Schwester Nummer zwei würde nicht fehlen, diese verfallssehnsüchtige selbsternannte Heilige, die auf der Flucht vor den Nachstellungen eines tumben Verehrers aus der Heimatgemeinde ins Ausland geflüchtet war, um dort in restauratorischer Selbstbeschränkung Buße zu tun, für was auch immer! Stellt euch das vor, meine Lieben! Das alles wusste dieser wildfremde alte Mann von mir! Auswendig! Er hat mich erkannt!»

«Genauso war es bei mir auch», murmelte es von einem der Tische. Von zwei weiteren kam Ähnliches, und viele schweigende Köpfe nickten teilnahmsvoll.

Der Redner rang sichtbar mit den Tränen. «Ich konnte nicht fassen, dass dieser forsche Alte aus der Menge, der sich unterdessen vorgestellt hatte – Sonnenhaken – sogar die Kilometerzahl auswendig kannte ... meine Kilometerzahl ... also 841.»

Ich wusste sehr genau, worin die Wichtigkeit dieser Zahl lag. Sie ist der Weihnachtsfaktor. Er bezeichnet die Länge der Strecke, die man eigens zurücklegt, um sich von Verwandten, die man das ganze Jahr über nicht ertragen muss, hänseln, anöden und provozieren zu lassen. Mein eigener Faktor beträgt 912. Ich hätte nicht platter sein können auf meinem Barhocker. Ich erkannte mich wieder in dieser fremden Jugenderinnerung – nur dass mich bis heute kein gut unterrichteter Greis angesprochen und – ich begann zu verstehen – aus diesem Elend einer zwangsverlängerten Kindheit gerettet hätte.

«Was soll'n wir denn nu' machen?», rief ein mottenartiger Herr in der zweiten Reihe, der sich weniger im Griff hatte als wir Übrigen. Der Vorsitzende hob beschwichtigend die Hände – es sah ein bisschen nach Kapitulation aus. «Es sollte uns alle trösten, dass Bohumil Kai-Uwe Sonnenhaken den heutigen Abend nicht mehr erleben muss, er, der so viele Verzagte erlöst hat aus ihren familiären Oppressionen zum Fest.»

Ich betrachtete mich endgültig als eingewiesen, saß hier etwas abseits und doch als Gleicher unter Gleichen. All die armen Kneipengäste waren von diesem Herrn Sonnenhaken oder einem seiner Subalternen in ähnlicher Weise aus dem Mahlstrom der jeweiligen Innenstadt herausgepickt und an der Fahrt aufs Land gehindert worden. All diese lebensuntüchtigen, konfliktunfähigen Stiesel – ich will mich selbst da keineswegs ausnehmen –, die nie dazu imstande gewesen wären, zu sagen: «Mutter, ich komme nicht zum Fest!» Er hatte sie mit dem Klammergriff des Erlösers gepackt und an diesen versteckten, schmucklosen, aber gutgeheizten und familienfreien Ort gebracht!

Es war nicht ein einziger Angehöriger im Raum, kein einziges Elternteil, niemand, der auch nur entfernt wie ein Ehepaar aussah. Das Gesicht des Redners nahm eine Festigkeit an, die das Ende der nostalgischen Trunkenheit signalisierte. Nach einem knappen «Schluss jetzt!» kam er zu seiner unliebsamen Botschaft. Denn das heutige Ende dieses Arkadiens eines stillen Individualismus habe einen Grund! Alle Anwesenden ahnten, was kommen musste. Ein kurzer Kontrollblick über die Schulter verriet mir, dass auch der Wirt es wusste. Dennoch sprach der Redner es nun aus: «Wir haben einen Verräter in unserer Mitte!» Jetzt war erregtes Gemurmel nicht mehr zu verhindern. «Nehmen Sie sich doch zusammen, Frau Hacker», sagte ein karierter Mann zu einer älteren Dame am Nebentisch. Potz Blitz, die kannten einander also doch. Offenbar verstanden sie sich normalerweise wortlos.

«Nun gilt es», fuhr der Vorsitzende fort, «dem Schicksal in den Rachen zu greifen! Jeder hat sich selbst zu wehren, so gut er kann! Der Lauf der Zeit ist nicht aufzuhalten, doch wir dürfen es dem Feinde nicht zu leichtmachen. Die verbleibenden Minuten sollten wir nutzen, herauszufinden, wer denn nun ...»

Da erbebte die Szenerie mit knallendem Gerumms. Die Tür war aufgeflogen. Die Vorhut einer größeren Menschengruppe streckte ihre Köpfe durch die Kneipentür. Einzelne wohlbekannte Phrasenfetzen wurden von den Angreifern ausgestoßen: «Das ist nun der Dank!», «Hier also ...», «Komm du mir nach Hause!» und «Bedenke, dass ich dich unter Schmerzen ...!»

Dann taten die Eindringlinge ihre Pflicht – und das ging bemerkenswert geräuschlos vonstatten. Ohne panisches Gedränge flossen die Familienmenschen herein und fanden rasch und zielsicher ihre Gegenstücke. Mitunter waren es kleine Grüppchen, die die Verhaftung durchführten. Die durchweg erwachsenen Versammelten hatten sogleich beschämt die Köpfe eingezogen – wie minderjährige Marmeladenmopser, die man nachts am Kühlschrank gestellt hatte.

Ich war etwas enttäuscht. War nicht eben noch feierlich von Standhaftigkeit und Gegenwehr die Rede gewesen?

Selbst der Statthalter des großen Sonnenhaken wurde mit eingerollten Ohren abgeführt – von zwei mageren Damen, kaum halb so groß wie er, die seine Mutter und seine Schwester hätten sein können. Nach wenigen Minuten war der Spuk vorüber. Das Lokal hatte sich restlos geleert. Es war nicht einmal jemand zurückgeblieben, bei dem ich mein Bier und meinen Korn hätte bezahlen können. Obwohl das in amerikanischen Filmen immer sehr cool aussieht, verzichtete ich darauf, im Aufstehen einen Geldschein aus der Hosentasche zu ziehen und an meinem Platz zurückzulassen. Ich spürte, dass niemand mehr kommen würde, um ihn zu kassieren.

Erwartungsgemäß war der Parkplatz vor der Gaststätte nun leer. Schweigend stieg ich in meinen Wagen und verließ diesen Ort. Im Rückspiegel sah ich, dass die Lichter des Hauses bereits erloschen sein mussten. Das Gebäude sah aus wie eine seit Jahren verwitternde Ruine – aber vielleicht war das auch nur eine optische Täuschung. Bald war ich wieder auf meinem Weg durch mondlose Nacht. In einigen Stunden würde ein neuer Tag heraufdämmern. Für einige von uns.

Kirsten Fuchs
Eine Lüge im Lebenslauf

«Weißt du noch, Weihnachten 2017?», sagte er.

Ich streichelte über seine Hand, die aussah wie ein lappriger weißer Gummihandschuh mit Kaffeeflecken. «Lass gut sein.»

Weihnachten 2017. Ich konnte es nicht mehr hören, und eigentlich fand ich es gerade jetzt das völlig falsche Thema.

«Lass uns doch nicht jetzt wieder davon anfangen», sagte ich.

Er schluckte so schwer, als wären Kiesel in seiner Kehle. «Nein, ich wollte dir unbedingt was sagen.»

«Martin, Martin, lass es. Ich war doch nicht dabei, weißt du doch. Weißt du doch noch, oder? Weißt du das?»

Ich hatte angefangen, mit ihm zu sprechen wie mit einem Katzenbaby. Ich wollte gern anders mit ihm sprechen, aber seine klapprige Gestalt brachte mich dazu. Diese langen Haare im Ohr, die eingefallenen Höhlen über den Schlüsselbeinen. Er war nur noch ein Regenschirmgerüst ohne Bespannung, der Rest meines größten Bruders. Vielleicht war es leichter, ihn zu behandeln, als wäre er etwas kleines Süßes, obwohl er es nicht war, gerade weil er es nicht war.

«Ich war in dem Jahr nicht da, weil ich nicht wollte. Weißt du noch? Ja, Martin? Ja?»

«Hm», knarrte er, und die Beatmungsmaschine schien auch «Hm» zu sagen. Eigentlich immerzu *hmhmhmhmhmhm*, und es klang weder nach ja noch nach nein. Es war ein *Dazwischen*, wo alles sich aufhob, wo Yin und Yang die Übergänge verloren und Yiang wurden, ein einziges Grau. *Hmhmhmhm*, machte die Maschine und wechselte Martins verbrauchte Luft in unverbrauchte. Vielleicht ging seine Luft als *Ja* rein und kam als *Nein* wieder raus.

«Wir haben dir doch immer gesagt, wie toll es war in dem Jahr.» Er schluckte die Kieselluft schwer.

Nun machte ich *hm*.

Das alles hatte ich jahrzehntelang immer und immer wieder gehört, zu jedem Weihnachtsfest, immer wieder. 2017, da war's schön, ach, war das schön. Perfekt war es Weihnachten 2017, als du nicht da warst, alles, die Geschenke, jedes, jedes war schön, keins war Plunder, kein zusammengekaufter Ramsch, billig und auf den letzten Drücker gekauft, keines der Geschenke wurde umgetauscht, alles wurde gebraucht, keine Gutscheine, die kurz vor dem Fest ausgedruckt worden waren und nie eingelöst werden würden, 2017, als du nicht da warst. Jedes Geschenk war das richtige und das Geschenkpapier ... Sogar das Geschenkpapier war in diesem Jahr schön. Alle hatten sich zufällig für Geschenkpapier mit Rottönen entschieden, rote Muster, rote Weihnachtsmannmotive, rote Herzen. Es war ein einziges rotes Gefunkel unter dem Baum, die Liebe schlechthin in noch mehr Liebe eingewickelt. Jedes Weihnachten danach wurde davon gesprochen. Von 2017, «als du nicht dabei warst».

«Ich wollte dir dazu etwas sagen», Martin versuchte meine Hand zu drücken mit dem bisschen Kraft, was da war. «Ich kann so nicht von dieser Erde gehen, ohne es dir zu sagen.»

«Nun lass doch», sagte ich. «Das ist doch so lange her.»

Martin und die Maschine sagten *Hmhmhm*. «Es tut mir leid», sagte er. «Es war falsch von uns.»

«Nein, nein, Martin, nein!» Ich sprach schon wieder mit ihm, als sei er niedlich und klein.

«Doch, du sollst von mir die Wahrheit erfahren.»

«Ich hab wirklich genug gehört über dieses Weihnachten.» Ich wurde langsam sauer, so wie immer, wenn sie davon gesprochen hatten, geschwärmt, es immer wieder in ihren Geschichten hatten aufleben lassen. *Dieses eine Weihnachten ohne Streit, als ich nicht da war.*

Und selbst wenn es ganz nett war an einem Weihnachten die Jahre danach, zumindest der Streit nicht eskalierte, dass nur gezischt und nicht gebrüllt wurde, dass kein Kind zwischen die Wütereien der Erwachsenen geriet, dass keiner der Brüder von einem Stuhl fiel, eine Klobrille zerstörte, gegen eine nicht schnell genug geöffnete Terrassentür erbrach, meine Schwester kein Feuer aus Versehen beim heimlich Rauchen in der Garage entzündete, die Mutter nur kurz weinte, der Vater nicht zum Nachbarn verschwand, das Scrabblespielbrett nicht wütend vom Couchtisch gefegt wurde, weil es angeblich nicht erlaubt sei, Finnenerbe zu legen, weil zwar Finnen sicherlich erben, aber Finnenerbe deshalb trotzdem kein wirkliches Wort sei. Selbst in den Jahren der milderen Eskalation begann irgendwann einer zu sagen: «Wisst ihr noch, Weihnachten 2017?» Und alle nickten. Nur ich nicht. «Ja, das war noch schöner, das war perfekt», sagten sie, obwohl es gar nicht perfekt gewesen sein konnte, denn ich war ja nicht da, und darum mag zwar der Braten perfekt gewesen sein, aber die Familie nicht, denn ich war ja nicht da, und so kann kein perfektes Weihnachten sein. Ohne die jüngste Tochter, die jüngste Schwester. Ohne mich.

«Dieser Braten», sagte einer, und dann ging es los. Der hätte so schön im Saft gestanden und kein Stück Fett und keine zatterige Haut, alles knusprig, aber nicht zu sehr, und ein Duft, ein Duft war das! Noch heute könnten sie es riechen. Und sie schlossen die Augen und schnupperten in ihre Vergangenheit, in der ich nicht dabei gewesen war. So ein Duft. Rosmarin war da dran. Nie wieder sei der Braten so gut gelungen. Und am Nachtisch war ein wenig Zitrone, es war ein sehr heller Pudding, ein neues Rezept und diese leichte Zitrone, das war ein Traum. Danach hatte Mutter das Rezept verloren und nie wiedergefunden. «Dieser Nachtisch!», sagten sie. «Du hättest dabei sein müssen. Das kann man gar nicht beschreiben.»

Und manchmal dachte ich, dass ich doch dabei war, denn sie hatten mir alles erzählt, so oft und jedes Detail, dass mir dieses Weihnachten mehr vor Augen stand als jedes andere. Es war in seiner Abwesenheit anwesender als andere Weihnachtsfeste. Es war die Lücke, die größer ist als das Drumherum.

Sie haben da eine Lücke im Lebenslauf, sagt man ja auch.

Ich hatte auch eine.

Dieses Fest.

«Marlies!», rief Martin, und ich wusste nicht, warum er so krähen musste. Der Kieselatem und die sterile Ruhe im Krankenhaus, und er krähte meinen Namen so.

«Marlies! Ich kann es nicht mehr für mich behalten. Wir haben geschworen bei unseren Leben, aber nun sag ich es dir.» Und sein ganzer alter Körper bebte. Er war wie das letzte zur Gänze ausgespülte Stück Wurzel eines ufernahen Baumes, so entrindet, geschält und vom Sand geschliffen.

«Marlies, es war gar nicht schön, Weihnachten 2017.»

Ohne dass ein Gewitter vorher aufgezogen war, schlug ein unsichtbarer Blitz in meinen Bruder. Ein kurzes Aufbäumen, und der morsche Stamm brach.

«Der Fluch!», rief er, und alle Muskeln lockerten sich. Alles Wollen hörte auf zu wollen, und die Entspannung legte den Körper von Martin ab, als wäre er geglättet worden vom Zimmerservice des Lebens.

Ich hatte zu viel mit Weinen zu tun. Ich beweinte nicht Martin, sondern uns alle. Er war der Erste, der starb, und das hieß, dass es nun losging. Einer nach dem anderen. Dann rief ich die drei Geschwister an. Teilte ihnen mit, teilte mit ihnen den Trost, aber auch die Ruhe, denn es war Zeit gewesen, zweiundachtzig war er geworden.

Erst am nächsten Tag hatte ich Zeit nachzudenken. Hatte er wirres Zeug geredet? Wieso hatte er mit Weihnachten 2017 angefangen? Wieso sagte er so einen Blödsinn? Es wäre nicht schön gewesen? Dieses perfekte Weihnachten mit diesem perfekten Baum, genau dreieckig und die Äste dicht geschlossen und keine Unebenheit im Nadelkleid, die man mit einer großen Kugel verstecken musste. Und die Zweige regelmäßig verteilt und alle Nadeln gerade und glänzend und der Duft. Und Vater hatte den Baum so geschmückt, dass er von allen Seiten betrachtet ganz regelmäßig behängt war, keine Ballungen, keine Auslassungen, wie am Computer entworfen, und obenauf der Engel, der nur in diesem Jahr ganz gerade stand.

Wieso hatte Martin behauptet, dass es nicht schön war? Weil ich nicht dabei war?

Und dann diese letzten Worte: *der Fluch*.

Natürlich wollten die Geschwister wissen, wie er starb und was seine letzten Worte gewesen waren, aber das konnte ich ihnen nicht sagen.

Es machte mich ratlos, und ich rang mit mir, ob ich das Thema bei meinen Geschwistern ansprechen sollte. Ich hasste es, über Weihnachten 2017 zu sprechen, und ich hätte niemals davon begonnen, aber auf der Beerdigung von Martin kam es von allein dazu.

Und es war nicht das übliche Gespräch. Weißt du noch? Du warst ja nicht dabei und dann die endlose Aufzählung von

Besonderheiten, die Fluffigkeit des Kuchens, die Klebrigkeit der gefüllten Makronen. Und der gebuchte Weihnachtsmann. Am meisten hasste ich diese Weihnachtsmannschwärmerei. Er hatte einen echten Bart und einen ganz edlen dunkelroten Brokatmantel mit aufgestickten Schneeflocken und einem Kragen aus Schafsfell, ganz lockig war das. Und als er an die Terrassentür klopfte und dann eintrat, begleitet von dem leichten Klingeln der Glöckchen an seinen schweren Lederschuhen, da begann es zu schneien. Und die Kinderaugen. Das hätte ich sehen müssen. Wie die Kinder gestaunt haben. Hatte ich aber nicht. Aber in diesem Gespräch bei Martins Beerdigung kam nichts davon.

Nach dem Essen bei der Trauerfeier waren Gerd und ich rauchen gegangen. Wir waren die letzten verbliebenen Raucher. Er schnippte sein Zippo an und hielt mir die wie immer sehr hoch eingestellte Flamme hin. Dabei sah er mich an, als hätte ich ein Sudoku um die Augen. Er liebte Sudokus. Er starrte drauf, und sein Blick flitzte von Kästchen zu Kästchen. Er versuchte mich zu lösen, aber ich war schweres Level.

Gerd paffte einen Ring zwischen uns. «Hat Martin», begann er. «Hat Martin irgendwas ... Weiß nicht, noch irgendwas Besonderes gesagt, bevor er gestorben ist?»

Ich rauchte meinen Rauch in seinen Kringel, und mein Rauch verschluckte ihn. «Er hat ... na ja, was meinst du denn?» Und damit hatte ich fast schon ja gesagt.

«Wir haben uns mal was geschworen. Dumme Geschichte.» Er lachte. Obwohl er inzwischen über siebzig war, lachte er noch wie früher. Er hat genauso gelacht, als die Blindschleiche im Garten den Schwanz verlor und als der Campingstuhl unter Onkel Basti zusammenklappte. Da hat er auch so gelacht. Einfach ein Luftablassen, keine Töne wie

Haha und Hihi, nur wie wenn man Luft aus einer Luftmatratze lässt. Wenn er dolle lacht, dann war ein Fahrradreifen geplatzt. Jetzt lachte er eher wie eine Luftmatratze. So lustig war's auch gar nicht, und das hier war eine Trauerfeier.

«Ich dachte nur, wenn er den Schwur gebrochen hätte, dann ...» Gerd rieb sich mit der Rauchhand die Stirnfalten hin und her, die Zigarette zwischen den Fingern, der Rauch stieg im Zickzack über seinem Kopf auf.

«Dann könntest du den Schwur auch brechen?», fragte ich. Das war sehr geschickt. Wenn das hier Schach war, dann wäre das die Schäfereröffnung.

«Ja, so ungefähr. Es wäre ... ich glaube, es wäre gut. Es würde mir schon helfen, es zu wissen, weil ich es seit über vierzig Jahren mit mir herumtrage.» Er ließ wieder Luft aus der Matratze.

Jetzt musste ich klug handeln. Zog ich jetzt Bauer oder gleich die bewegliche Dame? «Er hat das mit Weihnachten erzählt, aber ich wollte nicht mit euch darüber sprechen.» Ich ließ eine lange Pause, und Gerd bröckelte ein Stück seiner Statur ab. Ein Stück Rückgrat, und die Fassade kam ins Rutschen. Er nahm einen Zug, als sollte das der Zug sein, der den lang erwarteten Lungenkrebs auslöste.

«Ich wollte euch nicht darauf ansprechen. Wegen des Fluchs.»

Jetzt lachte Gerd kurz den geplatzten Fahrradreifen, und seine Hände fuchtelten, als gelte es, eine Fliege zu verscheuchen. «Ach, das.» Fuchteln. Fahrradreifen. «Das war doch Unsinn.»

Er sah mich an. «Aber dass wir dich so lange belogen haben, das tut mir leid. Ich weiß gar nicht mehr, wie das kam, wer die Idee hatte und warum wir das so lange durchgezogen haben.» Er winkte ab. «Der Fluch kam erst Jahre später dazu. Eigentlich haben wir es Schwur genannt. Es sollte dir auch nach all den Jahren keiner mehr erzählen.» Er zuckte die Schultern. «Eigentlich wollten wir dich vor der Wahrheit beschützen. Wir wollten es mit ins Grab nehmen. Und nun hat Martin es nicht geschafft, es mit ins Grab zu nehmen.»

Es war also etwas dran. Etwas war gewesen, etwas Krummes, Verlogenes, Geheimes. Nach all den Jahren der Verletzung, weil ich nicht dabei gewesen war, nun das. Alle hatten sich geschworen, mir nichts zu erzählen, und nun wo Gerd wusste, dass Martin mir alles erzählt hatte, fragte er nicht einmal, wie es mir damit ging. Davon abgesehen, dass Martin gar nichts erzählt hatte und ich nur ahnte, dass Weihnachten 2017, dieses wunderbare, perfekte Weihnachten 2017 ohne mich gar nicht so gewesen war, wie sie es mir erzählt hatten: die weichen, großen Flocken, während es geregnet hatte, wo ich war 2017, der Sonnenschein am nächsten Morgen, während es geregnet hatte, wo ich war 2017, der Glitzer im Garten auf allen Bäumen, während es geregnet hatte, wo ich war 2017. Und die Fußstapfen des Weihnachtsmannes, die von der Terrassentür in den Garten führten und mitten auf der Wiese endeten, als wäre er fortgeflogen. Die Augen der Kinder, jaja, diese Augen der Kinder immer.

Unsere Zigaretten waren fast aufgeraucht, und wir konnten hier nicht ewig stehen. Ich brauchte endlich Informationen. Ich konnte nicht einfach sagen: «Wie war es denn nun wirklich Weihnachten 2017?»

Ich fragte: «Wie kamt ihr denn darauf, mich anzulügen?»

«Du, hm, komische Sache!» Er lachte kurz. Luftmatratze. «Mutter war sauer auf dich. Und sie hat die ganze Zeit darüber geredet, wie sauer sie war. Du warst damals mit diesem ...»

«Richard», sagte ich trocken.

«Mit diesem Typ zusammen, den niemand mochte. Und Mutter hatte vorher gesagt...»

«... entweder kommst du ohne ihn, oder du kommst nicht», ergänzte ich.

«Ja, so was in der Art. Also bist du nicht gekommen. Weil du den Typ echt gut fandest.»

«Ja», sagte ich. «Ich fand den gut, aber seine Familie hat mich so gehasst wie unsere ihn. Es hat nicht sollen sein. Gegen Familie kann man nicht an.»

Gerd nickte. «So hat sich Mutter das auch gar nicht vorgestellt. Dass du nicht kommst. Sie hat extra für dich mitgedeckt, weil sie nicht glauben konnte, dass du wirklich nicht kommst. Weihnachten. Das Fest der Familie. Sie hat den ganzen Abend den Kopf geschüttelt und über dich geredet. Es war schrecklich. Und dann stand da dieses Gedeck für dich.» Er zeigte vor sich auf einen unsichtbaren Teller, der auf einem unsichtbaren Tisch stand. «Kennst du den Brauch, dass man für einen Obdachlosen mitdeckt? An Weihnachten? Und wenn wirklich einer kommt, dann muss man ihn hereinbitten. Kennst du das?»

Ich nickte.

«Jedenfalls kam an dem Abend einer.» Gerd verzog das Gesicht. «Ich sage dir...»

Weiter kam er nicht, weil Suse aus der Tür schaute und uns zum Kaffee rief. «Kommt ihr?»

«Moment!», sagte Gerd. Aber Suse blieb stehen.

«Moment!», sagte Gerd lauter.

Aber Suse blieb stehen.

«Ich wollte», sagte er und griff sich ans Herz. «Ich wollte nicht.» Er sah mich an. «Siehst du!»

Suse schrie. Ich stand wie versteinert. Alle kamen angerannt. Ein Arzt wurde gerufen. Und er konnte nur noch feststellen. Der Kaffee wurde kalt.

«Was hast du getan?», zischte Suse mir zu.

«Nichts.»

«Was hat er gemeint mit *Siehst du?*», fragte sie eine Tonlage zu hoch. Sie hatte Schiss. Das sah ich. Gab es einen Fluch? Dann betraf er sie auch.

«Ich glaube, du weißt besser als ich, was er gemeint hat mit *Siehst du*. Ich weiß gar nichts.»

Sie wandte sich von mir ab. Sie brauchte ich nicht zu fragen.

Blieb also Olaf, mein jüngerer Bruder.

Aber wollte ich ihn wirklich fragen? Bis jetzt hatte es mich zwei Brüder gekostet, und wofür? Martin war alt gewesen, und Gerd hatte ein schwaches Herz und hatte stark geraucht, schon immer und ständig. Martin hatte ein schlechtes Gewissen und wollte kurz vor seinem Tod beichten, und Gerd hatte sich einfach aufgeregt, aber nicht meinetwegen! Alles war erklärbar. Olaf war jung und gesund. Ich könnte ihn fragen. Da würde nichts passieren. Ich glaube nicht mehr an den Weihnachtsmann, nicht mehr an das perfekte Weihnachten 2017 und nicht an irgendeinen Fluch.

Die Gelegenheit, Olaf zu fragen, ergab sich bei Gerds Beerdigung.

Obwohl Suse mich kaum aus den Augen ließ. Sie wurde immer mehr wie unsere Mutter. Ein Kontrollfreak. Alles musste nach ihrer Nase laufen. Dieselbe Nase wie meine Mutter. Stülpnase hatte meine Mutter sie genannt, denn für Stups war ihre Nase zu groß. Und überall hatte sie ihre Stülpnase hineinstecken müssen. Bis sie irgendwann, ich glaube, nach dem Weihnachten 2017, damit aufgehört hatte. Seltsam.

Ich wurde noch wahnsinnig von all den Andeutungen. Das sagte ich Olaf auch genau so, als Suse gerade auf Toilette war. Aber Olafs Frau beäugte uns seltsam, als habe sie von Suse den Auftrag bekommen, auf mich achtzugeben.

«Olaf, bitte, sag mir, was los ist!»

Er schüttelte den Kopf. So entschlossen, dass ich wusste, dass da nichts zu machen war. Ich konnte mich gut daran erinnern, wie willensstark Olaf schon als Kind gewesen war. Ich hatte ihn fast mit erzogen, oder das, was wir für Erziehen hielten, denn eigentlich hatte er schon immer getan, was er für richtig hielt, mit einem klaren Leitstern ausgestattet, bewundernswert.

«Dann muss ich Suse fragen ...», sagte ich.

«Ich schreib es dir», sagte er. «Wir haben nur geschworen, es nicht zu erzählen. Ich glaube, schreiben geht. Und ich bin froh, wenn du es endlich weißt.» Dann wechselte er die Tonlage und Lautstärke: «Gabriel nimmt mich mit, er hat auch frei!»

Seine Frau war zu uns gekommen.

«Schön», sagte ich schnell. «Das ist nett von Gabriel.»

Karen stand nun neben ihm, streckte ihre akkurat gerade gehaltene Hand nach Olafs Oberarm aus und streichelte ihn, als wäre sein Arm ein Bedienfeld, auf dem Feuermachen durch Reiben simuliert wird. Zärtlich war anders. Olaf bewegte den Kopf, als habe er einen nervösen Tick. War mir nie aufgefallen.

«Erzählst du von dem Ausflug?»

«Ja», sagte er, und sein Kopf zuckte leicht.

An diesem Tag erfuhr ich nichts, aber immerhin starb auch niemand.

In der Nacht träumte ich von Martin und Gerd. Im Traum war Weihnachten, und ich war nicht dabei. Sie aßen einen

Obdachlosen, und meine Mutter schlug meinen Vater, und der Baum brannte. Ich wachte auf und wusste nicht wohin mit mir. Erst nach dem Duschen beruhigte sich mein Puls.

Als das Telefon klingelte, ging er allerdings sofort wieder hoch. War Olaf etwas geschehen?

«Susanne», stand auf dem Display.

Ich wollte nicht rangehen. «Ja?»

«Ich bin's.» Und Pause. Das tat sie immer, als hätte nicht sie mich angerufen, sondern ich sie.

«Ja?», sagte ich noch mal. Und sie daraufhin «Jaaaaa», sehr gedehnt, dieses Jaaaaa sollte nicht aufhören, denn danach müsste ja etwas anderes kommen.

«Ich wollte mich entschuldigen, aber mehr will ich nicht sagen. Weil ...»

Und mehr sagte sie auch nicht.

Den Brief von Olaf zerriss ich, ohne ihn zu lesen.

Vielleicht war ja jedes Weihnachten, das schön war, eine Lüge, die man Leuten erzählte, die nicht dabei gewesen waren.

Dietmar Bittrich

Nachhaltig

Es gibt Geschenke, die stürzen eine Familie unwiderruflich ins Unglück. Vor einigen Jahren taten mein Bruder, meine Schwester und ich uns zusammen, um meinen Eltern etwas Harmloses mitzubringen. Wie alle anderen in unserem Alter hatten wir vereinbart, einander nichts zu schenken, allenfalls eine winzige Kleinigkeit. Das Buch, das wir entdeckt hatten, hielten wir für so eine Kleinigkeit. Jeder von uns hatte acht Euro beitragen müssen. Nie haben wir eine so geringe Gabe so gründlich bereut.

Nach der Pensionierung meines Vaters waren meine Eltern aufs Land gezogen. Sie hatten einen sanierten Resthof erworben, dem die bäuerliche Herkunft schon nicht mehr anzumerken war. Ein großer Garten gehörte dazu. Zum ersten Weihnachtsfest in dem neuen Haus hielten wir es für angebracht, unseren Eltern den Klassiker schlechthin zu überreichen: John Seymours *Großes Buch vom Leben auf dem Lande*. Darin geht es um Bienen und Sauerkraut, ums Regensammeln, Körbeflechten, Hufebeschlagen, um Anbau und Ernte, um das vorbildliche Leben steinzeitlicher Bauern und um die Selbstversorgung im Sinne der Jäger und Sammler.

Als wir durch die brandenburgische Dunkelheit irrten, konnten wir bereits viele Kilometer vor dem Dorf das Navi ausschalten. Ein heller Widerschein strahlte von den niedrigen Wolken. Es war, als hätte Gott persönlich über einem auserwählten Fleckchen sein Auge aufgetan. Es war die grandiose Weihnachtsdekoration, mit der unsere Eltern das alte Gemäuer geschmückt hatten. Lichterketten schwangen sich durch die hohen Eichbäume der Grundstücksgrenze. Ein leuchtender Hirsch stand im Garten und witterte gütig hinüber zur anderen Seite des Plattenweges, wo ein Rentier mit Schlitten und Santa blinkte. Lichterketten in Gestalt von Eiszapfen hangelten sich an der Dachrinne entlang. Lichterpyramiden flankierten die Eingangstür. Unter den Leuchtgirlanden der Fenster flimmerten Schwibbögen.

Uns war das peinlich. Was mochten die Nachbarn von uns halten und von unserem Klimabewusstsein? Es war klar, dass diese hochfrequente Strahlung nicht allein mit Solarenergie zu betreiben war. «Wir haben ja dieses neue Atomkraftwerk in Polen», freute sich unsere Mutter, und unser Vater führte uns ums Haus, um die acht verschiedenen Modi zu erläutern, nach denen Blinktempo und Farbe wechselten.

Das erzähle ich nur, weil wir in jenem Jahr unsere Eltern zum letzten Mal bei Licht sahen. Denn in jenem Jahr, unter dem prächtigen Baum, der märchenhaft überladen war mit Kerzen, Kugeln, Lametta und Kunstschnee, überreichten wir ihnen unsere Kleinigkeit, das Buch. Wir hatten ein nachsichtiges Lächeln erwartet. Doch sie reagierten enthusiastisch. Es war nicht mal der Inhalt, der sie in Begeisterung versetzte. Allein das Titelbild reichte.

«Mensch, den Wälzer hatten wir doch in der Community!», jubelte unsere Mutter. «The book of self-sufficiency!», übersetzte Vater entzückt. «Danach habe ich persönlich noch in Oregon gearbeitet, ja, Mauern gezogen, einen Ofen gebaut!» – «Nur den Brunnenbau», dämpfte die Mutter, «den hast du nicht hingekriegt.» – «War Sheilas Schuld», stellte er klar.

Das hatten wir nicht gewusst. Ganz offensichtlich kannten unsere Eltern die Originalausgabe des Buches aus jener fernen Epoche, als unser Vater noch auf den Namen *Pra-*

sadanand hörte, was *Geschenk Gottes* bedeutete, und unsere Mutter auf *Veetchinta*, was so viel hieß wie *Jenseits aller Sorgen*. Ende der Siebziger hatten sie sich in Poona kennengelernt. Ich selbst soll dort während eines Tantra-Workshops gezeugt worden sein; meine Schwester ein Jahr später während einer dynamischen Meditation. Unser kleiner Bruder mit der etwas dunkleren Hautfarbe wurde Anfang der Achtziger in Rajneeshpuram in Oregon nicht so sehr *gezeugt* als vielmehr, wie unsere Mutter es ausdrückte, *empfangen*, und zwar mit liebender Billigung unseres Vaters.

So viel wussten wir noch aus ihren Erzählungen. Bald danach waren die Tage der Osho-Kommune und des anarchischen Lebens zu Ende gegangen. Meine Eltern hatten zurück nach Deutschland und in bürgerliche Berufe gefunden. Sobald wir Kinder es vermochten, wehrten wir uns gegen die tibetischen Massagen und auferlegten Meditationen. Und wir verbaten uns, dass unsere Eltern ihre sogenannten *Sannyas*-Namen benutzten, deren Bedeutung uns meilenweit von der Wirklichkeit entfernt schien. Unsere Mutter war niemals jenseits der Sorgen, und den Vater empfanden wir nicht als göttliches Geschenk. Dass mehr als dreißig Jahre später unsere bescheidene Gabe die spirituelle Jugend der beiden im Einklang mit dem Kosmos wieder heraufbeschwor, das hatten wir nicht beabsichtigt.

Der Abend wurde nun von Stunde zu Stunde heiterer bei havelländischem Whisky und beim Austausch von Geschichten aus dem Ashram. Wir drei Kinder konnten nicht mitreden und mussten es auch nicht. Wir durften ungestört schlemmen. Denn das konnte unsere Mutter: eine Gans so üppig stopfen wie einen in Oregons Wäldern erlegten Truthahn und dann den Braten so knusprig gebräunt servieren, dass im ganzen folgenden Jahr nichts an diesen sinnlich strotzenden Genuss mehr heranreichen konnte. Abgrundtief satt und vollmondrund wälzten wir uns nach Mitternacht in die Federbetten der kleinen Dachstuben, lauschten dem Glucksen und Gurgeln der Verdauung und wurden bis zum Morgen bunt unterhalten von Lichterketten, Sternen und Eiszapfen aus Plastik in wechselnden Farben.

Am folgenden Tag zogen wir mit unseren Gaben wieder ab, mit digitalem Rasierapparat, sprechendem Lockenstab und Projektionsthermometer, und trennten uns in Berlin, mein Bruder nach Rosenheim, meine Schwester nach Frankfurt, ich selbst nach Flensburg. Wenn nichts Dramatisches dazwischenkäme, würden wir uns erst zum nächsten Weihnachtsfest wiedersehen.

Im folgenden Jahr benötigten wir das Navi. Der 24. Dezember war kalt und klar. Keine Wolke gönnte uns den Widerschein des elterlichen Lichterprunkes. Wir kamen verspätet an, zumal wir noch im Dorf herumgeirrt und mehrmals einem fremden Flimmern auf den Leim gegangen waren. Das Haus der Eltern war diesmal nur dämmerig beleuchtet. Ein Windlicht flackerte neben dem Eingang, bestückt mit einer handgerollten Bienenwachskerze. Unterm Windfang leuchtete ein Strauß Tulpen, Solartulpen, wie meine Schwester feststellte. Jede Kunststoffblume trug an der Oberseite ein kleines Sonnenpanel. An der Tür hing ein schief gewickelter Kranz aus brüchigen Zweigen, vertrockneten Beeren und handgefärbten Wollfäden. Wir ahnten, dass unser diesjähriges Mitbringsel, John Seymours Nachfolgeband *Neues Buch vom Leben auf dem Lande*, möglicherweise nicht mehr vonnöten war.

«Das Dorf entwickelt sich ganz toll», schwärmte unser Vater. «Im Frühjahr hat ein Hofladen aufgemacht, und dann ist ein junges Paar hergezogen, das Schafe hält.» – «Anja und

Christian», wusste unsere Mutter. «Genau, und dann haben wir noch die Annekatrin, die ist etwas eigen, aber die stellt Seife her», erzählte unser Vater. «Und Sven und Detlef haben eine Saftpresse gegründet.» – «Und Dorothee filzt», ergänzte unsere Mutter und zeigte auf die unförmigen Pantoffeln, die beide trugen. Außerdem hatten sich offenbar einige Künstler im Experimentierstadium niedergelassen, zeichnend, bildhauend, schnitzend, sowie ein alternativer Bestatter, der zugleich buddhistische Sterbebegleitung anbot. «Für die jungen Leute hier sind wir so etwas wie die weisen Alten», berichtete unser Vater stolz. «Obwohl wir uns noch gar nicht so alt fühlen», lächelte unsere Mutter.

«Von was leben diese Leute?», fragte meine Schwester, die in ihrer Ratingagentur von uns bei weitem am meisten verdiente.

«Sie sind genügsam», erklärte unsere Mutter.

«Von der Grundsicherung», wusste unser Vater.

«Von meinen Steuern», stellte meine Schwester klar.

Wir bekamen Gästepuschen aus nachwachsenden Rohstoffen. Die Wolle für den Filz stammte von extraalten unverfälschten Schafrassen, und so rochen nun auch unsere Füße. Eigentlich roch es im ganzen Haus so. Unsere Eltern kehrten zur Natur zurück. Das Buch vom letzten Jahr hatte einen Nerv getroffen. Sie hatten die Lichterketten abgeschafft und den Baum ressourcenschonend geschmückt. «Lametta ist voller Giftstoffe», bekamen wir jetzt zu hören. «Es muss als Sondermüll abgeliefert werden.»

Ein paar beklagenswerte Strohsterne, Papierengel und ungelenke Wachsfiguren hingen von den Zweigen, handgebastelt von der Inklusionsabteilung der Brandenburger Werkstätten. Dazu kamen aufgefädelte Dinkelplätzchen, ein Kastanienmännchen, einige noch nicht ganz getrocknete

Orangenscheiben und zwei Zimtstangen. «Wunderwunderschön», sagte mein Bruder. Er besitzt die Begabung, komplett nach innen zu kichern, während er nach außen seriös erscheint; man sieht nur den Bauch vibrieren.

Serviert wurde Biogans vom Lämmerhof aus dem Nachbardorf. «Artgerechte Haltung und kurze Transportwege, das ist uns wichtig», erläuterte unsere Mutter. «Das Tier soll glücklich aufgewachsen sein», sagte unser Vater. «Aber es hat sich gewehrt», stellte mein Bruder nach kurzem Kauen fest.

Wir aßen weniger als in den vergangenen Jahren, zumal die Füllung eine Spur zu ökologisch geraten war. Die Eltern hatten sich einen Dörrkasten angeschafft, der ohne Strom betrieben wurde. Die natürliche Wärme Brandenburgs und der Luftzug von den Windparks sollten ausreichen, um Apfelschnitze, Birnenscheiben, ganze Pflaumen perfekt zu trocknen, nach streng traditioneller Art, also genauso, wie es schon den Urgroßeltern zum Verhängnis geworden war.

«Bei Pilzen generell weiß man kaum, ob sie gesund sind», sagte mein Bruder, als wir in unsere Dachstuben kletterten. «Aber bei Schimmelpilzen ist die Sache doch ziemlich klar.»

«Sicher kommt es uns mal auf irgendeine Weise zugute», orakelte unsere Schwester.

Wir schliefen schlecht. Das lag nicht am fehlenden Flimmern vor den Fenstern, sondern an der neuen Bettwäsche, die aus uckermärkischem Hanf handgewebt und mit einer im Dorf handgeschöpften Seife handgewaschen worden war. Die Laken und Bezüge fühlten sich an wie etwas, das man bei Schleifpapier *grobkörnig* nennt. Jedes Umdrehen glich einem Peeling, sodass wir am nächsten Morgen zwar unausgeschlafen aussahen, aber doch rosig, mit feinen Schleifspuren auf der Wange.

Trotz aller Bedenken hatten wir den Eltern, da wir es nun

mal erworben hatten, John Seymours *Neues Buch vom Leben auf dem Lande* ausgehändigt. Darin werden auch die verhängnisvollsten Irrtümer des ersten Buches korrigiert. Unsere Eltern studierten es bereits wissbegierig. Wir selbst hatten ein paar Trockenfrüchte aus eigener Herstellung überreicht bekommen, jeder eine randvolle Tüte aus Recyclingpapier, die wir vollständig, aber fachgerecht entsorgen wollten, also bei der Giftmülldeponie.

Obendrein waren wir in den Genuss einer Geschenkmitgliedschaft bei *Nabu* gekommen, die unsere Eltern sich hatten aufschwatzen lassen. Meine Schwester hatte schon vernommen, dass *Nabu*-Drückerkolonnen das ganze Jahr über in der Provinz fleißig gewesen waren und Gelder eingeworben hatten. «Bonzen wollen nun mal feiern», sagte sie.

So waren wir ohne unser Zutun selbst Mitglied geworden, im ersten Jahr noch als Geschenk der Eltern, für alle weiteren jedoch zu hohen Kosten. Kündigen ließ sich die Mitgliedschaft laut Kleingedrucktem nur exakt ein Kalenderjahr im Voraus. Am ersten Weihnachtstag war es dafür schon zu spät. Es ist immer zu spät, wie ich inzwischen weiß. Man kann nicht wieder austreten, nie mehr. Selbst der eigene Tod wird nicht anerkannt; er gilt unter ökologischen Kämpfern als faule Ausrede.

«Wenigstens muss ich keine Patenschaft für eine Ziege übernehmen», seufzte mein Bruder, als wir winkend abfuhren. «Du hast ja auch schon eine», sagte meine Schwester, denn sie mochte seine Frau nicht.

Im Jahr darauf zögerten wir, ob wir noch einmal hinfahren sollten. «Sommer wäre besser», sagte mein Bruder. «Man könnte am Abend noch was sehen, und für die Nacht würde ich mein Zelt mitbringen.» – «Weihnachten ist Tradition», beharrte meine Schwester. – «Aber im Sommer müssten wir keine Biogans essen!», argumentierte mein Bruder. – «Seien wir lieb», entschied sie. «Wir sollten es wenigstens versuchen.»

Wieder hatten wir ein Buch von John Seymour dabei. Diesmal aber sein nachgelassenes Werk, das – umraunt wie ein Mysterium – lange unter Verschluss geblieben war. Über vollständig vereiste Straßen schlitterten wir durch die öde graue Mark. Dem Land Brandenburg war im Herbst ein Preis für Nachhaltigkeit verliehen worden, dotiert mit einer Urkunde auf Maispapier. In diesem Winter unterstrichen die Verwalter ihr ökologisches Bekenntnis durch den vollkommenen Verzicht auf Streumittel. Das hatte den willkommenen Nebeneffekt einer klimafreundlichen Auslese. Fahrer mit hohem Schadstoffausstoß klatschten jetzt in Top Speed an die Bäume. Die alternativen Bestatter des Landes begrüßten die Maßnahme.

Für uns hatte sie zur Folge, dass wir uns nur in Schrittgeschwindigkeit fortbewegen konnten und uns noch mehr Verspätung aufluden als im Jahr zuvor, wenn auch nicht ungern. Das Navi ließen wir eingeschaltet, bis wir vor dem Gartentor zum Halt kamen. Das Haus präsentierte sich als Klumpen aus Dunkelheit. Als wir über die Platten staksten, mit der Taschenlampe voran, erkannten wir bald den Grund: Es war eingewachsen. Die Eltern hatten sich für eine umfassende Begrünung entschieden. Das alte Backsteinmauerwerk und das hellrote Ziegeldach waren verschwunden unter Teppichen von Efeu. «Das mindert den Wert», bemerkte unsere Schwester.

Ein bärtiger alter Gärtner öffnete uns. Es war unser Vater. Auch er selbst hatte sich zuwachsen lassen, zum Schutze des Klimas. In seinem zauseligen Vollbart hingen Bruchstücke fair gehandelter Kekse. Unsere Mutter trug die Haare so offen und beinahe so lang, wie wir es von Fotos aus der Osho-Zeit kannten; nur jetzt in Grau und bedenklich schütter. Es war gut, dass wir Seymours letztes Werk als Geschenk dabeihatten. Womöglich war es noch nicht zu spät. Es war sein Alterswerk: *Warum ich lieber wieder in die Stadt gezogen bin.*

Allerdings fragten wir uns, wie unsere Eltern diese Bußschrift, verfasst aus Reue über die Naturverklärung der frühen Jahre, überhaupt würden lesen können. Das Innere des Hauses war nahezu lichtlos. Es gab einige Solarleuchten; doch die Tageshelle, in der sie ihre Energie sammelten, währte zu kurz und reichte nur für wenige Funzeleinheiten. Wir hatten eine einzige Taschenlampe dabei; die Herrschaft darüber mussten wir freiwillig der Schwester abtreten. Sie musste auch nicht lange herumleuchten. «Ihr habt Mäuse!», schrie sie und wiederholte dann, erschrocken über die eigene Panik, noch einmal ruhiger: «Ihr habt Mäuse. Wisst ihr das?»

Unsere Eltern lächelten so liebenswürdig wie Friedensnobelpreisträger. «Wir leben endlich wieder – und das solltet ihr auch, das sollten wir alle! – im Einklang mit der Natur. Den Efeu habt ihr gesehen. Er gibt vielen kleinen Tieren Schutz und Unterschlupf, Marienkäfern, Schwebfliegen, Spinnen, dazu kommen die Vögel, ja, und die Mäuse laufen nach Herzenslust auf den Zweigen herum, sogar hoch bis aufs Dach!»

«Bis in die Dachstuben?», fragte mein Bruder.

«Das müsst ihr selbst herausfinden», schlug unsere Mutter vor.

«Dann dusche ich unten», beschloss meine Schwester.

«Ach so, ja», räusperte sich unser Vater. «Das muss ich euch zeigen.» Unter seiner Führung begaben wir uns zum Duschbad. Die Mutter zog sich in die Küche zurück.

«Was ist das?», fragte meine Schwester, als er die Tür geöffnet hatte.

«Eine Growbox», sagte mein Bruder.

Das Badezimmer war nicht groß gewesen, wie meistens in alten Bauernhäusern. Jetzt aber war es vollständig verschwunden. Es hatte sich in ein Gewächshaus verwandelt. Darin roch es nach Erde und Fäulnis und grünem Kraut.

«Das Problem ist, dass wir mit Bordmitteln keine guten Ergebnisse kriegen», räumte unser Vater ein. «Für wirklich gutes Cannabis brauchst du Licht und noch mal Licht, da brauchst du eine Natriumdampflampe mit Reflektor, du brauchst vierhundert Watt.»

«Und das habt ihr nicht?»

«Wir versuchen ja, ohne Strom zu leben. Mutter Natur ist auch nicht elektrifiziert.»

Da hatte er allerdings recht. Und deshalb also roch es hier so natürlich wie in einem ungelüfteten Bioladen, besonders in der Ecke, wo lange niemand mehr nach den Kartoffeln geschaut hatte. Ohne Strom konnte man nicht Staub saugen, nicht mal sehen, wo Staub lag oder Schimmel wuchs. Ohne Strom konnte man niemals heiß duschen, nicht einmal warm. Man konnte weder backen noch kochen. «Oh doch!», sagte mein Vater. «In der Küche haben wir den alten Ofen wieder in Gang gebracht. Der wird ganz natürlich mit Holz befeuert.»

«Und was kocht ihr da so?», wollte mein Bruder wissen.

«Lasst euch überraschen», verhieß unser Vater.

«Mein Magen spielt heute nicht mit, leider, leider», gab meine Schwester bekannt.

Die Eltern hatten eine Regenwassersammelanlage gebaut zum ressourcenschonenden Duschen oder wenigstens zum Händewaschen. Die Scheiben blieben ungeputzt, damit kein Vogel dagegenflog. Und was das Ende der Nahrungsverwertung betraf, war ein Häuschen am Rande des Gartens errichtet worden, dort, wo er in die Storchenwiesen überging. «Neben dem Loch liegt ausreichend Altpapier», versicherte unser Vater. «Aber Laub geht auch.»

Im Lichtkegel der Taschenlampe konnten wir erkennen, dass kein Zimmer hatte bleiben dürfen, wie es mal nach idyllischem bäuerlichem Vorbild gewesen war: Überall hatten sie die Möbel in die Mitte des Raumes geschoben. «Wegen der besseren Luftzirkulation, nur so ist eine gleichmäßige Temperierung gewährleistet.»

«Apropos Temperierung», sagte mein Bruder und zog die Schultern hoch. «Dürfen wir schon mal in die Küche? Wenn ich richtig verstanden habe, brennt dort ein Feuer? Denn in den Wohnräumen heizen wollt ihr offensichtlich nicht mehr.»

«Unseretwegen soll das Klima nicht kapeister gehen», antwortete unser Vater ein wenig scharf.

«Leben eure Nachbarn auch so?», fragte meine Schwester, während wir uns Richtung Küche vortasteten. Ein wenig hatten sich die Augen schon an die Dunkelheit gewöhnt, und wie bei Hafeneinfahrten glimmten links und rechts Solarlämpchen, die allerdings wenig mehr beleuchteten als sich selbst.

«Fast alle leben so», sagte unser Vater. «Wir haben in diesem Jahr erstmals den Preis für das klimafreundlichste Dorf Brandenburgs bekommen.» Er stieß die Küchentür auf.

Oh ja! Hier gab es tatsächlich einen prächtigen alten Eisengussofen mit Kacheln und Messinggriffen und mit Ofenringen, aus deren Mitte die Flammen züngelten. Eine umlaufende Reling war mit Handtüchern und einer Unterhose behängt. Davor stand unsere Mutter mit einem antiken Kessel. «Heißes Wasser», erläuterte sie.

Es war nicht zu erkennen, dass es etwas zu essen gab. Schon im vorvergangenen Jahr hatten die beiden vegetarisch gelebt und lediglich zu Weihnachten eine Ausnahme gemacht. Im Frühling hatten sie zum Veganismus gefunden, ein Schritt, von dem wir nichts mitbekommen hatten, geschweige denn vom nächsten. «Im Sommer sind wir dann endlich Frutarier geworden! Wir essen nur noch, was die Pflanzen freiwillig geben. Auch Pflanzen haben eine Seele!»

Man kommt ihnen deshalb nicht mit der Schere nahe oder gar mit dem Mähdrescher, man presst einer unschuldigen Olive nicht das Öl ab, man tötet keine Kartoffelpflanze, indem man ihr die Knollen raubt, keine Möhre, indem man sie mörderisch aus dem Boden zieht. «Es gibt ja so viel Gutes anderes!», lächelte unsere Mutter. «Baumfrüchte, wenn der Baum sie freiwillig fallen lässt, Spitzwegerich, Grashalme, natürlich immer nur einzeln! Auch vom Salat nehmen wir niemals den ganzen Kopf, sondern begnügen uns mit einem einzelnen Blatt. Und wir fragen den Salat vorher! Erst wenn er leicht mit dem Kopf nickt, ist es in Ordnung.»

«Wir tun nichts ohne das Einverständnis der Natur», murmelte unser Vater in seinen Bart, in dem möglicherweise längst schützenswerte Kleinstlebewesen heimisch geworden waren.

«Ich würde gern ein Glas warmes Wasser trinken», sagte meine Schwester. «Das genügt dann auch.»

Mein Bruder, der ein paarmal in Indien gewesen war, um seinen genetischen Vater zu suchen, sagte: «In Rajasthan soll es Leute geben – ich weiß nicht, ob es eine Sekte ist –, die leben nur von Erde.»

«Gibt ja auch Heilerde», fiel mir ein.

«Das ist keine Sekte», wusste unser Vater. «Die Mikronesier tun das, die Jakuten, die Burjaten, die Hoti am Orinoco.»

Er war bedrohlich gut informiert.

«Kinder in der Sandkiste essen Erde», unterstützte ihn unsere Mutter. «Die Erde beschenkt uns mit allen wichtigen Mineralstoffen und Spurenelementen.»

«Man nennt es Urkost», dozierte unser Vater. «Da sind wir im Herbst gelandet.»

«Wie bitte?», stutzte meine Schwester. «Frutariertum schon wieder zu Ende?»

«Hörst du doch», sagte mein Bruder und stöhnte nach innen.

«Ja, Ende mit Grünzeug», gab mein Vater zu. «Um unseretwillen soll sich keine Pflanze mit Photosynthese abquälen, nur damit wir ihr dann Blätter, Blüten, Samen, Früchte nehmen. Wir können alle wichtigen Stoffe direkt aus dem Boden aufnehmen!»

Meine Geschwister und ich waren verstummt. Aus dem Kessel verdampfte das Wasser. Es war doch recht warm in der Küche.

«Wir haben im September Erdbeete angelegt mit verschiedenen Arten», erläuterte unsere Mutter. «Von Weißgrau über Gelb und Rot bis zu Tiefbraun und Schwarz.»

«Es schmeckt unterschiedlich», trug unser Vater bei.

«Und das dürfen wir heute probieren?», fragte meine Schwester mit unterdrücktem Würgen.

«Nur wenn ihr wollt. Es gibt getrocknete Tonerde zum Knabbern, delikate Erdfladen, knusprige Erdkekse oder aromatische weiße Tonknollen, so ähnlich wie Rumkugeln.»

Unsere Mutter hob Handtücher von zwei Kuchenblechen, auf denen die aus Staub zusammengebackenen Köstlichkeiten aufgereiht waren. Wir schwiegen erschüttert.

«Ihr müsst nicht», sagte unser Vater versöhnlich. «Ihr dürft auch fasten.»

Dazu entschlossen wir uns. Das Reuebuch von Seymour legten wir irgendwo im Dunkeln ab. Es war zu spät gekommen.

In der Nacht rückten wir Geschwister uns eine handgeschreinerte Bank mit herausstechenden Fasern an den Herd und blieben möglichst nah zusammen, während die Eltern in der Eiseskälte offensichtlich gut schliefen. Wir schwiegen ratlos und gönnten uns nur ab und zu einen Schluck warmes Wasser. Vielleicht war das nicht mal so ungesund. «Ich rühre mir mal ein bisschen Heilerde rein», sagte unser Bruder und nahm einen Erdklecks vom Blech.

Als wir meinen Vater schnarchen hörten, suchte meine Schwester mit der Taschenlampe hastig den Schreibtisch ab. Post bekamen die Eltern noch. «Es ist alles weg», meldete sie nach gründlichem Sichten. «Sie haben alles an die Naturbündler überschrieben. Hier – eine Waldpatenschaft. Dann hier – Delphinsponsoring. Es gibt unendlich viele sogenannte Baumsparverträge, an denen verdient nur der Baumpfleger; dann Forstprojekte, Wiederaufbau von Windmühlen, Renaturierung von Flussauen, Wolfspatenschaft, Zeckenförderung, Gesangsunterricht für Wale. Und wo man überall Mitglied werden kann!» Sie fuchtelte mit den Papieren aller geldhungrigen Klimaschutzorganisationen des Landes.

So war es. Und es war nicht zu ändern. Wir konnten nichts tun. Mit welcher Begründung auch. Wir hatten die Eltern ja überhaupt erst auf die Idee gebracht, ein paar Jahre zuvor!

«Also, das mit dem Erde-Essen», begann ich am nächsten Morgen, als wir in die klimafeindliche Welt zurückkehren wollten.

«Geophagie», sagte unser Vater, «Urkost, ja, das mit dem Erde-Essen ist nur ein Übergang.»

«Im Frühling», frohlockte unsere Mutter, «beginnen wir mit der Lichtnahrung.»

«Das ist ein Prozess», sagte unser Vater.

Meine Schwester druckste herum. Dann gestand sie: «Wir fühlen uns ein bisschen mitverantwortlich.»

«Also, weil wir diesen Trend ja vor ein paar Jahren mal angestoßen haben», ergänzte mein Bruder.

«Ja, und das war lieb von euch!», lächelte unsere Mutter.

«Da sind wir jetzt nicht mehr so sicher», sagte ich, «damals hatten wir gedacht: um der Nachhaltigkeit willen.»

«Ja», sagte unser Vater. «Und ihr hattet recht! Und wenn nächstes Jahr der Alternative bei euch anruft und wenn dann zwei kompostierbare Urnen auf eurem Gabentisch stehen, dann könnt ihr zufrieden sagen: Wir haben es geschafft.»

Die Autoren

Monty Arnold, geboren 1967, nach vielen Jahren als Solo-Kabarettist und musikalischer Comedian heute Medienautor (*Upps, die Pannenshow*, Dialogbücher), Blogger und Comiczeichner (*The St. George Herald*), Sprecher (Hörbücher, Hörspiele, Trickfilme, Werbespots) und Dozent für Medien- und Musicalgeschichte.

www.montyarnold.de, blog.montyarnold.de

Paul Bokowski, geboren 1982, ist seit über zehn Jahren aktives Mitglied der Berliner Lesebühnenszene. Er ist Gründungsmitglied der Lesebühne *Fuchs & Söhne*. Seinem erfolgreichen Kurzgeschichtenband *Hauptsache nichts mit Menschen* folgte 2016 der Band *Alleine ist man weniger zusammen*.

www.paulbokowski.de

Kirsten Fuchs, 1977 in Karl-Marx-Stadt geboren, gewann 2003 den Literaturwettbewerb *Open Mike*. 2005 erschien ihr Debütroman *Die Titanic und Herr Berg*, 2008 der Roman *Heile, heile*, 2015 der Roman *Mädchenmeute*, der 2016 mit dem Jugendliteraturpreis ausgezeichnet wurde. Sie schreibt Theaterstücke, die am Grips-Theater gezeigt werden.

www.kirsten-fuchs.de

Sandra Girod, geboren 1963 und aufgewachsen in Schleswig-Holstein, hat zunächst für Tageszeitungen und Frauenzeitschriften gearbeitet. Im Jahr 2014 erschien ihr erster Roman

Nenn mich nicht Hasi! Zwei Jahre später erschien der zweite: *Manchmal will man eben Meer*; jetzt ist der dritte in Arbeit. Sandra Girod lebt mit ihrem Mann und zwei Kindern in Hamburg.

www.litlove.de/autorin-sandra-girod/

Matthias Gretzschel, geboren 1957, studierte Theologie in Leipzig und ging mit seiner Familie 1989 nach Hamburg. Er arbeitet als Redakteur beim *Hamburger Abendblatt* und ist Autor zahlreicher kulturgeschichtlicher Sachbücher (zuletzt *Geister der Südsee*). Über seine Kindheit als Pfarrerssohn in Dresden hat er mehrfach geschrieben.

Tobias Haberl, geboren 1975 im Bayerischen Wald, hat Literaturwissenschaften in Würzburg und Großbritannien studiert und arbeitet seit 2005 für das *Süddeutsche Zeitung Magazin*. Über das Experiment seiner einjährigen Mitgliedschaft in der Partei *Die Linke* hat er das Buch *Wie ich mal rot wurde* geschrieben. Er lebt in München.

André Herrmann lebt in Leipzig. Er ist Mitglied der Lesebühnen *Schkeuditzer Kreuz* (Leipzig) und *Fuchs & Söhne* (Berlin) sowie Autor der TV-Sendungen *Comedy mit Karsten* und *sla(m)dr*. Mit dem *Team Totale Zerstörung* gewann er zweimal die Deutschsprachigen Meisterschaften im Poetry Slam. Sein Debütroman *Klassenkampf* erschien 2015. Eine Fortsetzung ist in Vorbereitung.

www.andreherrmann.de

Hilmar Klute, Jahrgang 1967, ist Redakteur bei der *Süddeutschen Zeitung*, wo er das *Streiflicht* verantwortet. Er hat mehrere Bücher veröffentlicht, zuletzt eine Ringelnatz-Biographie. Er lebt abwechselnd in Berlin und Paris.

Sven Kummereincke, geboren 1967, lebt in Hamburg. Er ist stellvertretender Lokalchef beim *Hamburger Abendblatt* und Co-Autor der beiden Bücher *Hamburger Geheimnisse* und *Hamburger Zeitreise.*

Käthe Lachmann, bekannt als Komikerin, hat drei Romane veröffentlicht (*Draußen nur Männchen, Ich bin nur noch hier, weil du auf mir liegst* und *Wenn zwei sich streiten, freut sich Brigitte*), dazu Geschenkbücher (*Handbuch für Supermütter, Handbuch für glückliche Paare*) und in diesem Jahr *Die fabelhafte Weihnachtswelt der Emily*. Sie lebt mit ihrem Partner in Hamburg.

www.kaethelachmann.de

Judith Luig schreibt am liebsten über Frauen und Männer und Paralleluniversen. Ihre journalistischen Texte wurden mehrfach ausgezeichnet. Sie lehrte Literaturwissenschaften und Genderstudies an der Freien Universität und an der Humboldt-Universität Berlin. Zuletzt erschien von ihr bei Rowohlt *Und jetzt alle noch mal aufs Klo. Wie meine beste Freundin Mutter wurde*. Gerade arbeitet sie an ihrem ersten Drehbuch.

twitter.com/luigologie

Helmut Maaß, bundesweit unbekannter Erfinder der *Pasewalker Pfeffidosen*, verdient sein Brot als Buchhändler und Verleger in Vorpommern. In Büchern und Kurzgeschichten beschreibt er seit Jahren das eigenwillige Wesen seiner pommerschen Landsleute. Bisweilen so ehrlich, dass er auf das streng gehütete Pseudonym Paule Pommel ausweichen muss.

www.buecher-maass.de

Emily Philippi, geboren 1997, ist in Hamburg zur Schule gegangen und hat ein Jahr Freiwilligendienst als Übersetzerin bei *Yad Vashem* in Jerusalem geleistet. Sie studiert Physik in Marburg.

Tillmann Prüfer, geboren 1974, wurde an der Deutschen Journalistenschule in München ausgebildet und war Gründungsredakteur der *Financial Times Deutschland*. Heute ist er Mitglied der Chefredaktion des *Zeit-Magazins*. Er ist Autor der Bücher *Früher war das aus Holz* (2012) und *Der heilige Bruno* (2015). Er lebt mit seiner Familie in Berlin.

Maximilian Reich, geboren 1984 in München, schreibt, um mehr Follower auf Instagram zu bekommen (Maximilian_Reich). Seine Texte erscheinen im *Playboy*, auf *Jetzt.de* und in der *freundin*. 2018 erscheint sein Debütroman über das Leben in einer Patchworkfamilie.

www.maximilianreich.de

Sebastian Schnoy, Jahrgang 1969, gilt als Deutschlands unterhaltsamster Historiker. Seine Bücher *Smørrebrød in Napoli* und *Heimat ist, was man vermisst* avancierten zu Bestsellern ebenso wie *Von Napoleon lernen, wie man sich vorm Abwasch drückt*. Sein neuestes Buch heißt *Von Krösus lernen, wie man den Goldesel melkt*. Zurzeit tourt er mit dem Kabarettprogramm *Dummikratie – warum Deppen Idioten wählen*.

www.schnoy.de

Michael Schweer-de Bailly wurde 1947 in Iserlohn geboren. Heute lebt der Journalist mit seiner Frau Christine und einer neuen Aortenklappe, Hund Willi und Kater Tom in der Nähe von Berlin und im schwedischen Värmland. Er ist Autor der satirischen Geschichten vom Landleben *Wie kommt die Kuh aufs Dach*.

www.sfkom.de

Katrin Seddig, geboren 1969 in Strausberg, studierte Philosophie in Hamburg, wo sie auch lebt. 2008 und 2015 erhielt sie den Hamburger Förderpreis für Literatur. Ihr jüngster Roman *Das Dorf* ist im August 2017 bei Rowohlt · Berlin erschienen. Sie schreibt wöchentlich eine Kolumne in der *taz*.

katrinseddig.blogspot.com

Sören Sieg wurde 1966 in Elmshorn geboren. Er studierte Soziologie, Politik und Musik in Hamburg und Bielefeld, sang 18 Jahre im A-cappella-Quartett *LaLeLu* und lebt heute als Schriftsteller (*Die dünnen Jahre sind vorbei*) und Komponist in Hamburg. Seine Werke für Blockflöte werden von Kalifornien über Paris bis Tokio auf der ganzen Welt gespielt.

www.soerensieg.de

Stefan Stutz bebilderte als Kleinkind mit Spinat die Küchenwand, seither ist er Zeichner und Autor. Er veröffentlichte Cartoons, arbeitete für Fernsehen und Werbung und illustrierte zahlreiche Bücher. Mit Dietmar Bittrich schrieb und zeichnete er *Griechify your life*.

www.stefanstutz.de

Kathrin Weßling lebt in Hamburg und arbeitet als Journalistin und Social-Media-Redakteurin. Sie hat zahlreiche Kolumnen und Essays veröffentlicht. Nach den Terroranschlägen in Brüssel 2016 initiierte sie das Hashtag #AufDieLiebe, dem über Nacht Tausende folgten. Bisher sind zwei Romane von ihr erschienen (*Drüberleben* und *Morgen ist es vorbei*), am dritten Buch schreibt sie gerade.

www.kathrinwessling.de

Dietmar Bittrich bei rororo

Aber erst wird gegessen

Achtung, Gutmenschen!

Alle Orte, die man knicken kann

Das Gummibärchen-Orakel der Liebe

Das Weihnachtshasser-Buch

Der große Kotz

Diesmal bleiben wir bis Silvester!

Griechify your life

Lasst uns roh und garstig sein

Opa kriegt nichts mehr zu trinken!

Urlaub mit der buckligen Verwandtschaft

Weihnachten mit der buckligen Verwandtschaft

99 deutsche Orte, die man knicken kann

MIX
Papier aus verantwortungsvollen Quellen
FSC® C083411
FSC
www.fsc.org

Das für dieses Buch verwendete Papier ist FSC®-zertifiziert.